Ostbayern

Regensburg · Bayerischer Wald

Daniela Schetar · Friedrich Köthe

DUMONT
Reise-Taschenbuch

Unterwegs in Ostbayern

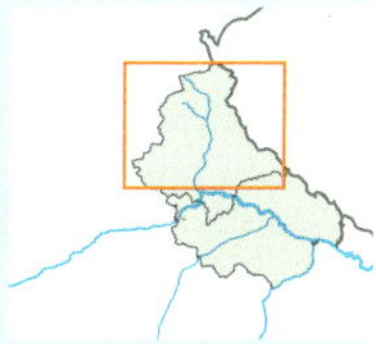

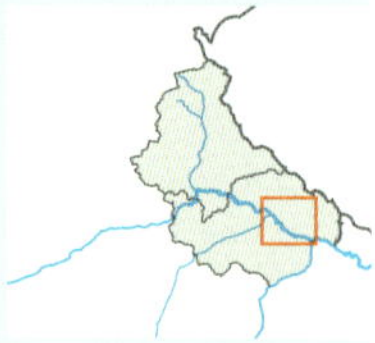

Auf Entdeckungstour

Karten und Pläne

▶ Dieses Symbol im Buch verweist auf die Extra-Reisekarte Ostbayern

Schnellüberblick

Oberpfalz und Naturpark Oberer Bayerischer Wald
Vulkankegel, dichte Wälder, Hunderte von Seen und dazwischen eigenwillige Kirchen machen Lust auf Entdeckungen und Sport. Mittelalterlich ist's in Amberg, Weiden und Cham und in Bad Kötzting dreht sich alles um Wellness und Glücksspiel. S. 130

Regensburg
Die mittelalterliche Metropole an der Donau bietet zahllose Architektur- und Kunstkostbarkeiten auf und trägt den Titel des UNESCO-Welterbes dabei durchaus mit jugendlichem Temperament. S. 78

Bayerischer Jura
Süffiges Bier und Asamscher Barock, z. B. im Kloster Weltenburg, sind nicht die einzigen Highlights zwischen Donau und Altmühl. Kelten und Römer waren auch schon da, und auf deren Spuren lässt es sich super kuren, wandern und radeln. S. 110

Zwischen Isar und Inn
Die Landshuter Altstadt bezaubert mit Mittelalter und Renaissance. Sanfte Hügel, Kirchenbarock, Wellness und Golf locken in die Landschaft zwischen Isar, Vils, Rott und Inn. S. 256

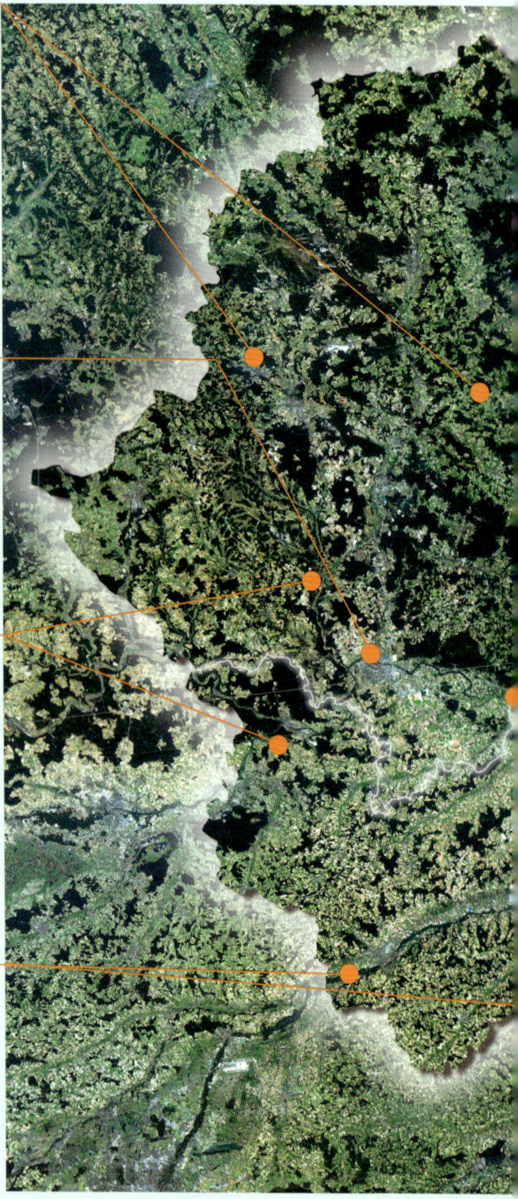

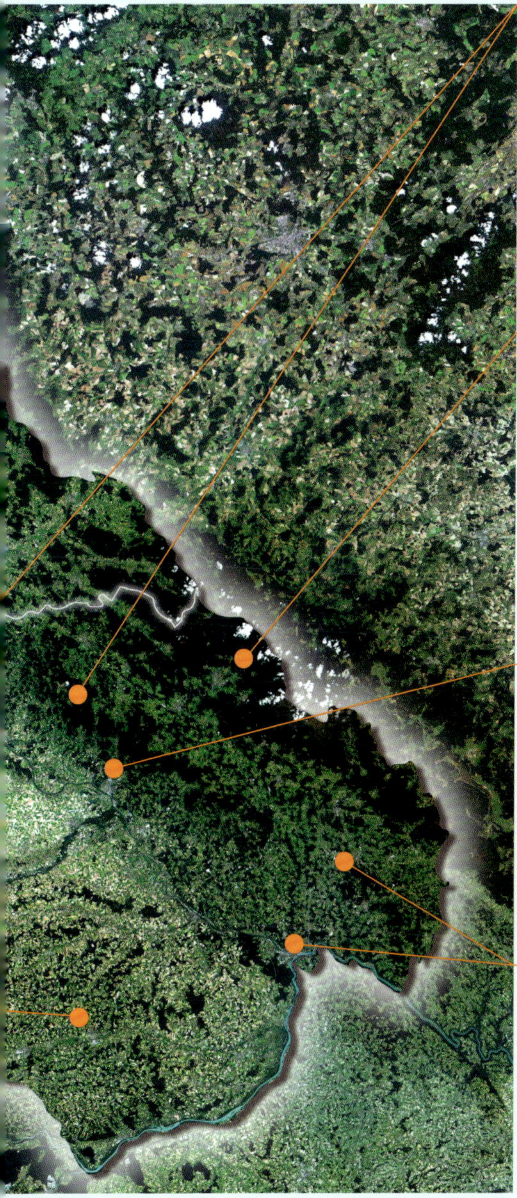

Straubing und Naturpark Bayerischer Wald
Gäubodenherrlichkeit in und um Straubing: fruchtbares Land, große Höfe und eine historische Altstadt mit Bauernmarkt. Das Kontrastprogramm heißt Downhill am Geißkopf, Gipfelwandern oder Zwieseler Glasmanufaktur. S. 158

Nationalpark Bayerischer Wald
Europas ›Grünes Dach‹ ist ein Wanderparadies – vom Spaziergang bis zum Gipfelsturm. Wie Urwald entsteht, lernt man im Haus zur Wildnis, und im Freilichtmuseum Finsterau geht's um den harten Alltag der Bauern. S. 184

Zwischen Donau und Bayerischem Wald
Barock versus Wildnis: Hinter Klostermauern stellen sich in Metten, Osterhofen-Altenmarkt und Niederalteich begnadete Künstler vor. An der Isarmündung und entlang der Ilz wuchern Urwälder. S. 200

Passau und Umgebung
Passau ist Hochburg des bayerischen Kabaretts. Das Geheimnis des Granits zeigen die Granitwelten in Hauzenberg und rund um den Dreisessel gilt das Dichterwort Adalbert Stifters. S. 228

Mit Daniela Schetar und Friedrich Köthe unterwegs
Daniela Schetar und Friedrich Köthe leben in München, also knapp eine Autostunde von Niederbayern entfernt. Nach anstrengenden Rechercheriesen in Afrika ziehen sich die beiden Reisejournalisten gerne für einen Kurztrip oder einen längeren Aufenthalt ans große Waldgebirge zurück. Dort freuen sie sich an der erdigen Schönheit der ostbayerischen Landschaften, staunen über die Barockexzesse der Asam-Brüder, erkunden die Kneipenszene in Regensburg oder Passau, stolpern immer wieder über die Querköpfigkeit der Menschen – und mögen sie zugleich dafür.

Urwald und Hightech

Ein Reiseführer über Niederbayern und die Oberpfalz? Ein Wander- oder Radführer natürlich! Wie bitte – auch Kultur? Und Lifestyle? Und Museen? Bei den Hinterwäldlern? – So ähnlich waren die ersten Reaktionen auf unsere Idee, ein Reisebuch über ein wenig bekanntes Stück Bayern zu schreiben. Wenig bekannt, aber mit umso mehr Vorurteilen ausgestattet. Angefangen mit den Leuten, die hinterm Wald leben und deshalb als Hinterwäldler Inbegriff von Stur- und Torheit sind. Über die Vorstellung, der Osten Bayerns bestünde nur aus Natur und sei kulturelles Ödland. Bis zur Behauptung, Niederbayern und besonders die Oberpfalz seien das Armenhaus Bayerns.

Unbekanntes Ostbayern

Den Bayerischen Wald kennt natürlich jedes Kind. Viele wissen, dass Landshut, Passau und Regensburg schöne historische Städte sind. Aber haben Sie von Kallmünz gehört? Wir waren bezaubert von diesem Postkartenidyll mit Fachwerk und Flussauen, in dem Gabriele Münter Wassily Kandinsky eroberte. Oder von Hauzenberg, einem auf den ersten Blick indifferenten Ort, der mit einem architektonisch wie inhaltlich spannenden Granitmuseum mächtig Aufsehen erregt. Jedes Mal, wenn wir ins östliche Bayern kommen, erleben wir Abenteuer – im Glasmuseum von Frauenau ebenso wie in den Urwäldern an der Isarmündung, in der Wallfahrtskirche von Hirschau wie beim Wandern am Kaitersberg. Und jedes Mal ist es das unerwartete Neben- und Miteinander von Alt und Neu, von Bewahren und Aufbruch, das uns fasziniert.

Das Spiel mit der Natur

Ostbayerns Kapital ist die ›unberührte‹ Natur. Unberührt ist sie zwar nicht, sondern überall, wo es geht, intensiv landwirtschaftlich genutzt oder aber, wie im Nationalpark, nach Jahrhunderten von Holzschlag nun zur Heilung sich selbst überlassen. Aber trotzdem

Wallfahrtskapelle Maria vom Guten Rat im Museumsdorf Bayerischer Wald in Tittling

ein Idyll: die Hügelketten des Vorwaldes, das dichte, fast schwarze Grün der Wälder, die schimmernden Teichkleckse der Oberpfalz, das unheimliche Quarzriff des Pfahls, die wild gurgelnde Ilz, die träge Donau. Naturschutz wird von Bayerns Dauer-Regierungspartei großgeschrieben, solange er dem vermeintlichen Fortschritt nicht im Wege steht. Wie die Donau eben, deren letztes unverbautes Teilstück in Niederbayern nun gegen alle Proteste ein Korsett bekommen soll.

Gegen den Strich gebürstet

Bei einem Abendessen im Passauer Scharfrichterhaus lernten wir zufällig Walter Landshuter, einen der beiden Gründer dieser Kabarett-Institution, kennen. Wir hatten das Gefühl, in ihm einem Spiegelbild Ostbayerns und seiner Bewohner gegenüberzustehen. Ruhig und mit tiefer Liebe erzählte er von seiner Kindheit im Bayerischen Wald. Doch als er über das CSU-Prestigeprojekt Neue Mitte donnerte, blitzte eine grimmige Lust am Widerstand auf. Ein Querkopf, nicht bereit, sich zu verbiegen. So wie andere prominente Ostbayern auch: der unheimlich-gemütliche Ottfried Fischer, der anarchische Wort- und Bildzauberer Herbert Achternbusch oder das Symbol niederbayerisch-türkischer Seelenverwandtschaft, Django Asül, der seine Worte setzt wie ein Messerwerfer.

Einladung zur Entdeckung

Wir möchten Sie mit diesem Buch nicht nur zu den kulturellen und landschaftlichen Höhepunkten Ostbayerns führen, sondern auch an jene Orte, wo sich das Wesen dieser Region offenbart. Folgen Sie uns durch die Regensburger Galerie Leerer Beutel zu den Werken ostbayerischer Künstler; suchen Sie mit uns nach den Akanthusaltären, den anrührenden Zeugnissen ländlicher Frömmigkeit, schenken Sie nicht nur dem Regensburger Dom und der Steinernen Brücke Aufmerksamkeit, sondern auch der apokalyptischen Schottenkirche, shoppen Sie sich durch die Passauer Höllgasse oder übernachten Sie im Wildniscamp. Und nicht zuletzt: Genießen Sie die Küche! Weil hier drei Länder aufeinanderstoßen, gibt's das beste Essen weit und breit.

Details *en masse* am Schottenportal von St. Jakob in Regensburg, S. 92

Französisch-bayerisches Café – im Bistro Orphée in Regensburg, S. 104

Lieblingsorte!

Freundliche Bewirtung in der Tafernwirtschaft Ehrn, S. 194

Harmonie im Feng-Shui-Park von Lalling, S. 210

Der Hauzenberger Gasthof Gidibauer und sein idyllischer Innenhof, S. 250

So weit das Auge reicht – auf der Burgruine Weißenstein, S. 178

Was verbindet den Gasthof Gidibauer mit der Burgruine Weißenstein? – Beides sind Orte, an denen wir eine besondere Stimmung spüren. Treten Sie in der Tafernwirtschaft Ehrn eine kulinarische Reise durch das Reich ostbayerischer Schmankerl an! Spüren Sie im Kurpark von Lalling die ausgleichende Wirkung von Yin und Yang auf Niederbayerisch! Eine ähnlich entspannende Atmosphäre schaffen die Themenhäuser im Hofgut Hafnerleiten, ganz gleich ob auf dem See oder im Baum. Am Regensburger Schottenportal von St. Jakob erwarten Sie Fabelwesen und Heilige; im Bistro Orphée ein klassisches französisches Café. Und beim Gasthof Stirzer in Dietfurt? Schnörkellose, ostbayerische Gastfreundschaft.

Gastfreundschaft drinnen und draußen – Gasthof Stirzer in Dietfurt, S. 122

Ruhe finden im Wasserhaus des Hofguts Hafnerleiten, S. 282

Reiseinfos, Adressen, Websites

Gutelaunefahrt auf einer Zille am Kloster Weltenburg

Informationsquellen

Infos im Internet

www.ostbayern-tourismus.de
Die Website des Dachverbandes aller ostbayerischen Tourismusgemeinden und -regionen liefert einen guten Überblick über das touristische Angebot in Ostbayern und weiterführende Links zu den einzelnen Orten. Das Portal informiert vor allem über Freizeit- und Sportmöglichkeiten sowie Veranstaltungen, hält aber auch Wissenswertes über Kunst, Kultur und Traditionen bereit. Prospekte und Broschüren können angefordert werden.

Auf folgenden Seiten stellen sich zu Marketinggemeinschaften zusammengeschlossene Unterregionen mit ihrem Angebot vor – Unterkunft, Aktivitäten, Events, Sehenswürdigkeiten, Kulinarisches, Feste etc.:
www.bayerischerjura.de: Amberg, Deggendorf, Landshut, Neumarkt i. d. Opf., Passau, Regensburg, Straubing, Weiden i. d. Opf.
www.oberpfaelzerwald.de: Landkreise Neustadt, Schwandorf, Tirschenreuth
www.bayerisches-thermenland.de: Bad Abbach, Bad Birnbach, Bad Füssing, Bad Gögging, Bad Griesbach
www.bayerischer-wald.de: Landkreise Cham, Deggendorf, Freyung-Grafenau, Regen, Passau, Straubing
www.ostbayern-staedte.de: Amberg, Deggendorf, Landshut, Neumarkt i. d. Opf., Passau, Regensburg, Straubing, Weiden i. d. Opf.

www.nationalpark-bayerischer-wald.de
Die Homepage des Nationalparks stellt das Naturschutzgebiet sowie seine Flora und Fauna vor. Beschrieben werden die Einrichtungen für Besucher, es gibt Veranstaltungshinweise, aktuelle Infos zum Waldzustand sowie weiterführende Links zu Naturschutzorganisationen bzw. zu ihren Sites. Beschreibungen von Wander-, Langlauf- oder Erlebniswegen sind als PDF abrufbar.

www.bayernbike.de
Die Website stellt die schönsten Radwanderwege in Bayern vor, darunter auch eine große Zahl in den ostbayerischen Urlaubsregionen. Es gibt Infos über Radl-Events, -Rennen und Meisterschaften, aber auch ganz Praktisches wie über die Radl-Busse der RBO.

www.bier-und-barock.de
Alles rund ums Bier: Brauereien, Auszeichnungen, Feste, dazu barocke Sehenswürdigkeiten, Wirtshäuser, Biergärten.

www.ostbayern-climb.de
Wo man klettern, bouldern, freeclimben kann – mit Forum, Beschreibung der Routen, Wetterdienst etc.

http://wildes-waldgebirge.de
Märchen, Legenden und Brauchtum aus dem Bayerischen Wald, außerdem Beschreibung schöner Wanderrouten.

www.jg-regensburg.de
Homepage der jüdischen Gemeinde Regensburg mit interessanten Text- und Bilddokumenten zur Geschichte der Juden in Regensburg.

www.waidlerblog.de
Der Blog aus dem Bayerischen Wald mit Veranstaltungstipps, Diskussionsforen, Literatur- und Musikhinweisen – viel Hintergründiges. Und auf Waidlerwiki gibt's Tipps für Wander-, Rad- und Skitouren. Immer ein interessanter Klick!

www.lichtung-verlag.de
Homepage des engagierten und gegen alle Bayernwaldklischees anpublizierenden Verlages, der neben einem ambitionierten Buchprogramm auch das Magazin »lichtung« herausbringt.

Fremdenverkehrsverbände

Überregional

Tourismusverband Ostbayern e.V.
Luitpoldstr. 20
93047 Regensburg
Tel. 0800 121 21 11 (kostenfrei)
www.ostbayern-tourismus.de

Regional

Die von Ostbayern-Tourismus (s. o.) herausgegebene und dort erhältliche Freizeitkarte Ostbayern listet alle ostbayerischen Tourismusbüros mit Adressen und Websites auf. Hier im Buch siehe bei den jeweiligen Orten.

Tourist Information Regensburg
Altes Rathaus
93047 Regensburg
Tel. 0941 507 44 10, Fax 507 44 18
www.regensburg.de

Passau Tourismus
Rathausplatz 3
94032 Passau
Tel. 0851 95 59 80, Fax 0851 351 07
www.passau.de

Lesetipps

Georg Britting: Die kleine Welt am Strom, Stuttgart 2001. Der gebürtige Regensburger hat seiner ostbayerischen Heimat mit seinen Gedichten ein großes Denkmal gesetzt. Ein Genuss für Lyrik-Interessierte.
Georg Dehio: Handbuch der deutschen Kunstdenkmäler, Bd. II Niederbayern; Bd. V Regensburg und die Oberpfalz, München 2008. Kunstinteressierte kommen an den beiden Standardwerken mit detaillierten Beschreibungen aller historischer Bauten und ihrer Baugeschichte nicht vorbei.
Gerald Huber: Kleine Geschichte Niederbayerns, Regensburg 2007. Knapper, unterhaltsam geschriebener, historischer Überblick.
Emerenz Meier: Aus dem Bayerischen Wald, Grafenau 2005. Die Bayerwald-Dichterin berichtet in Erzählungen und Gedichten von ihrer Heimat.
Andrea Maria Schenkel: Tannöd, Hamburg 2006. Der spannend aufbereitete historische Kriminalfall aus Niederbayern wurde zum Bestseller.
Adalbert Stifter: Aus dem bairischen Walde, Grafenau 2005. Notizen des Biedermeier-Schriftstellers aus dem Bayerischen Wald.
Anna Wimschneider: Herbstmilch, München 1998. Die Autorin beschreibt ihr hartes Leben als Bäuerin in Niederbayern.

Autorin und Bäuerin Anna Wimschneider

Wetter und Reisezeit

Klima

»Ein Dreiviertel Jahr Winter und ein Viertel Jahr kalt« sagt der Volksmund über das Klima im Bayerischen Wald – aber das sollte niemanden abschrecken! Geprägt ist Ostbayern durch kontinentales Klima mit langen, kalten Wintern und warmen Sommern. Frühjahr und Herbst haben nur einen kurzen Auftritt. Am Gebirgszug des Bayerischen Waldes ist es tatsächlich kälter als in vergleichbaren süddeutschen Mittelgebirgen; der Winter dauert länger und ist trotz Klimawandel, der auch in dieser Region spürbar ist, sehr schneesicher. Der erste Schnee fällt auf dem Großen Arber oft bereits im Oktober und er bleibt durchaus bis April liegen. Die Sommer sind wiederum sehr warm, im Gebirge niederschlagsreich, im Hügelland hingegen trocken.

Für ein besonderes Mikroklima sorgt die Donau mit ihren warmen Wassermassen im Frühjahr und Herbst: Sie begünstigt Inversionswetterlagen, das heißt, dass es in Tallagen oft neblig und kühler ist als an sonnenbeschienenen Hängen darüber. Wenn man also im Passauer Nebel kaum etwas erkennen kann, genügt oft nur eine kurze Fahrt bergauf, und man steht in der Sonne.

Klimadiagramm Regensburg

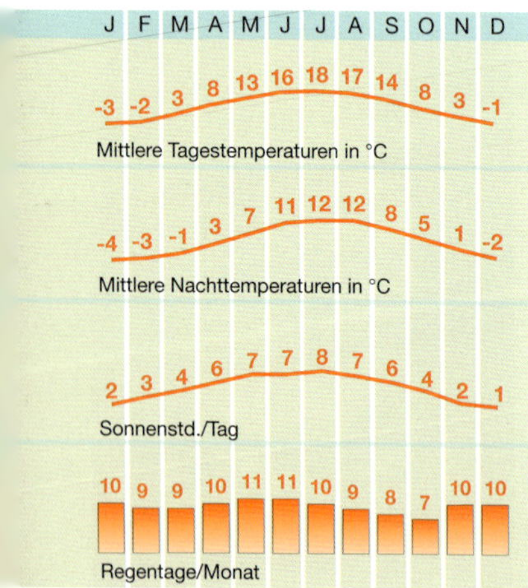

Schulferien

Ostbayern ist eine beliebte Familiendestination und deshalb zu Ferienterminen der benachbarten Länder bzw. Bundesländer gut gebucht. In dieser Zeit liegen auch die Preise höher.

Das Kreuz mit der Weltkultur

Regensburg ist stolz auf den Welterbestatus der UNESCO, aber die Konsequenzen sind zum Teil richtig unangenehm: In der warmen Jahreszeit und an Feiertagen wälzen sich Ströme von Reisegruppen aus aller Herren Länder durch die Altstadt.

Die beste Zeit für …

Städtereisen, z. B. nach Regensburg oder Passau, ist der regenarme Sommer. Im Frühjahr und Herbst droht Nebel; ein klarer Wintertag ist für City-Touren ebenfalls ideal.

Wandern, Fahrradfahren, Kanufahren etc. sind Frühjahr, Sommer und Herbst (April–Okt.); in den Wäldern ist es trotz sommerlicher Hitze relativ kühl. Es ist mit Regen oder Nebel zu rechnen.

Wintersport: Der Klimawandel lässt auch den Bayerischen Wald nicht kalt; über Schneelagen sollte man sich vorab informieren.

Wellnessreisen: Dafür ist immer Saison; Hotels und Fremdenverkehrsorte verwöhnen mit Indoor-Pools, Saunalandschaften, Massagen und Pflege rund ums Jahr.

Kleidung und Ausrüstung

Kleidung und Ausrüstung hängen davon ab, ob und welchen Sport man ausüben will. Selbst wer keine großen sportlichen Aktivitäten vorhat, sollte feste Schuhe und Regenschutz für Kurzwanderungen oder Spaziergänge mitnehmen. Bequemes Schuhwerk bewährt sich auch beim Stadtbummel über Kopfsteinpflastergassen. In der heißen Jahreszeit tun Sonnenhut und -brille sowie Sonnencreme mit hohem Lichtschutzfaktor gute Dienste. Im Winter gut einpacken!

Rundreisen planen

Das Wichtigste in vier Tagen

Die Tour startet in der UNESCO-Welterbestadt **Regensburg.** Einen Tag sollte man sich Zeit nehmen für das wundervolle Altstadtensemble an der Donau und nach Möglichkeit hier auch übernachten, denn Regensburgs Nachtleben ist spannend! Am folgenden Tag stehen gleich drei ehemalige Residenzstädte auf dem Programm: das idyllisch gelegene **Kelheim, Landshut** mit seinen Straßenmärkten aus Renaissance und Barock sowie **Straubing** mit seinem weit über Niederbayerns Grenzen bekannten Gäubodenmuseum. Ein Halt am Quarzriff des Pfahls in **Viechtach** und das Endziel der zweiten Tagesetappe, **Bad Kötzting,** ist erreicht. Tag drei gehört dem **Nationalpark Bayerischer Wald.** Die Strecke ist kurz und bietet ausreichend Zeit für kurze Wanderungen oder einen Besuch im **Glasmuseum** von **Frauenau.**

Durchs malerische **Ilztal** führt die Tour schließlich zurück an die Donau und in die Dreiflüssestadt **Passau.**

Walhalla-Panorama

Auch wenn einen die Büsten der verdienten Deutschen in der Walhalla bei Regensburg nicht interessieren – der Blick vom Ruhmestempel ist diesen kleinen Abstecher wert.

Niederbayern und Oberpfalz intensiv

Zwei Nächte in **Regensburg** eröffnen diese Tour mit einem Feuerwerk: mittelalterliche Architektur, moderne Kunst, ein riesiges Fürstenschloss, romanische und gotische Kirchenkunst, dazwischen Pausen in gemütlichen oder top-gestylten Cafés, Abendessen vor historischer Kulisse, vielleicht gar ein Konzert der Regensburger Domspatzen? Regensburg ist so facettenreich, dass die beiden Tage vergehen wie im Flug.

Am dritten Tag führt die Tour über **Kelheim** nach Nordwesten zu historischen Städtchen wie **Berching** und, nach Nordosten, weiter ins romantische **Amberg** mit seiner fast komplett erhaltenen Stadtmauer. Action pur ist am nahen **Monte Kaolino** angesagt – ob nun beim Sommerskifahren oder im Freibad –, bevor man in **Weiden** wieder auf geschichtsträchtigem Pflaster wandelt. Bei allem Charme der Altstadt – auch die nicht weit entfernte Jugendstilkirche ist unbedingt einen Besuch wert! Tag vier verbringt man im Oberpfälzer Wald, im Land der tausend Seen, wo zahllose Wander- und Fahrradwege locken, im **Kloster Waldsassen,** das diese Region kolonisierte. Die Tour führt zur einzigartigen Wallfahrtskirche **Kappl** und endet in **Furth im Wald** mit seinem Drachenmuseum.

Vorwald heißt die Region zwischen Donau und Waldgebirge: Von **Cham** geht's am fünften Tag über **Viechtach** und den beliebten Ferienort **Bodenmais** durch sanfte Hügellandschaft auf den höchsten Berg des Bayerwaldes, den **Großen Arber,** zu. Von **Bayerisch Eisenstein** und vielen anderen Ausgangspunkten führen Wege auf den Gipfel. Bequemer ist's mit der Gondelbahn. Natur im Nationalpark und Glas an der Glasstraße sind die beiden Schwerpunkte des sechsten Tages, der im Haus zur Wildnis bei **Ludwigsthal** beginnt und über große und kleine Glashütten und -galerien in Zwiesel, Frauenau, Spiegelau und Grafenau am Hans-Eisenmann-Haus Station macht, wo u. a. Wolf und Luchs in Gehegen die artenreiche Bayerwaldfauna repräsentieren. Wie man früher im Bayerischen Wald lebte, zeigt das **Freilichtmuseum Finsterau,** sogar die Tafernwirtschaft ist originalgetreu rekonstruiert. Ziel dieser Etappe ist **Freyung.**

Vom Fall des Eisernen Vorhangs hat das **Dreiländereck,** siebter Reisetag, besonders profitiert. Wanderer und MTB-Fahrer schätzen die vielen neuen Möglichkeiten, die sich ihnen in Tschechien eröffnen. Über den **Dreisesselberg** und **Neureichenau,** wo Adalbert Stifter seine Ferien verbrachte, führt die Tour über Waldkirchen nach **Hauzenberg,** dessen Granitmuseum unbedingt einen Besuch verdient. Dann geht's steil hinunter zur Donau und in die bezaubernde Bischofsstadt **Passau,** die ebenso von ihrer Lage zwischen Donau und Inn geprägt wird wie vom italienischen Barock.

Schwarze Perle wird das Flüsschen **Ilz** genannt, über dessen mäandernden Lauf die Schlösser des **Dreiburgenlandes** wachen. Tag acht bringt die Reisenden in das **Museumsdorf Bayerischer Wald,** zur nahen **Westernstadt Pullmann City** und schließlich ins bayerisch-behäbige **Vilshofen.** Von dort unternimmt man am neunten Tag der Intensivtour noch Besuche auf Schloss **Ortenburg,** beneidet Golfspieler und Kurgäste um **Bad Griesbach,** erweist den Asam-Brüdern im barocken **Osterhofen** die Reverenz und erfreut sich an den Kulturstädten **Deggendorf** und **Straubing.** Tag zehn gehört der alten Fürstenstadt **Landshut,** ihrem historischen Stadtbild, ihren alten und modernen Kunstschätzen und dem unnachahmlich italienischen Flair.

Anreise und Verkehrsmittel

Ostbayern verfügt über ein dichtes, gut ausgebautes Straßennetz und ausgezeichnete Verbindungen mit öffentlichen Verkehrsmitteln.

Anreise

... mit dem Auto

Von Süden: A 9 und A 93 von München nach Regensburg; A 92 von München nach Landshut, Deggendorf und Passau.

Von Norden und Westen: A 3 von Würzburg über Nürnberg nach Regensburg, Deggendorf und Passau.

Von Osten: A 9 von Berlin über Leipzig nach Hof, dann A 93 nach Weiden und Regensburg.

... mit der Bahn

Von Süden: Regionalexpress von München mehrmals täglich nach Regensburg; seltener nach Passau.

Von Norden und Westen: ICE- und EC-Züge mehrmals täglich von Frankfurt nach Regensburg.

Bahn zum halben Preis

Jeder Reisende, der eine Nacht in Ostbayern verbringt, bekommt mit dem RIT-Ticket der Bahn 50 % Rabatt auf den normalen Fahrpreis. Kinder bis 14 Jahren reisen in Begleitung ihrer Eltern oder ihrer Großeltern gratis. Einzige Bedingung: Buchungsbestätigung des Hotels. Infos erhält man unter Tel. 0800 121 21 11.

Von Norden und Osten: ICE von Berlin und Leipzig nach Nürnberg, dann Regionalexpress nach Regensburg (Auskunft unter Tel. 0800 150 70 90, www.bahn.de).

Verkehrsmittel vor Ort

Bus und Bahn

Busse und Bahnen verkehren häufig und fahren touristisch interessante Punkte an. Übersichtskarten des Verkehrsnetzes gibt's bei den Touristenin-

Immer gut unterwegs in Niederbayern und der Oberpfalz

formationen und an den Bahnhöfen sowie unter www.bahn.de und www.rbo.de. Mit dem Bayerwald-Ticket (www.bayerwald-ticket.com) kann man für 6 € einen Tag lang beliebig oft Busse und Bahnen im Bayerischen Wald benutzen.

Folgende Verkehrsmittel ermöglichen Wanderern und Radfahrern bequemen Zugang zum Nationalpark Bayerischer Wald und seinen Nachbargemeinden:

Igel- und Falkensteinbus: Die schadstoffarmen ›Igelbusse‹ verbinden die Nachbarorte mit den Wanderparkplätzen und den Info-Punkten im südlichen Nationalpark (www.rbo.de). Im nördlichen Teil sind Falkensteinbusse ab Zwiesel nach Lindberg, Buchenau und Zwieslerwaldhaus, zum Falkenstein und zum Haus zur Wildnis im Einsatz.

Waldbahn: Sie fährt vom Donautal in den zentralen Bayerischen Wald und entlang der Nationalparkgrenzen weiter nach Tschechien (www.ostbayernbahn.de).

Schiffsverkehr: Auf der Donau starten Ausflugsschiffe von Regensburg (www.schifffahrtklinger.de), Deggendorf und Passau (www.wurm-koeck.de) aus zu kurzen bis mehrstündigen Ausflugstouren. Von Kelheim zum Donaudurchbruch und Kloster Weltenburg verkehren regelmäßig Schiffe der Personenschifffahrt Stadler (www.personenschifffahrt-stadler.de) und Schweiger (www.renate.de), beide fahren auch auf der Altmühl (Rhein-Main-Donau-Kanal).

Auf dem Biker-Treffen in Thurmansbang

Infos für Biker

Motorradfahrer finden rund um den Bayerischen Wald reizvolle Strecken. Einige stellt die Website www.motorrad-urlaub-bayerwald.de vor, unter www.bayerwald-info.de können Motorradfreaks eine Broschüre mit Tourenvorschlägen bestellen. Das Event der Saison ist das Elefantentreffen in Thurmansbang im Bayerischen Wald, wenn mehrere tausend hartgesottene Biker aus ganz Europa ausgerechnet im Februar zusammenkommen, um bei klirrendem Frost am Lagerfeuer über ihr Hobby zu diskutieren.

Autofahren/Mietwagen

Mietwagen werden in allen größeren Orten angeboten; achten sollte man auf Sonderangebote oder günstige Pauschalen der Mietwagenunternehmen. In den Wintermonaten sollte Winterausrüstung, auch Ketten, an Bord sein. Viele Fahrer lassen auch tagsüber das Abblendlicht brennen, um besser gesehen zu werden. Einzige Unannehmlichkeit auf Ostbayerns Straßen sind die LKW, die häufig und gerne auf Bundesstraßen von und nach Tschechien unterwegs sind, um die LKW-Maut auf Autobahnen zu sparen. Vorsicht im Umfeld von Volksfesten vor alkoholisierten Fahrern.

Übernachten

Traditionell ist das östliche Bayern die Region der preiswerten Pensionen, Privatvermieter und Ferienwohnungen. Diese Struktur hat sich in den letzten Jahren stark verändert. Denn mit dem Wellness- und Aktiv-Boom erlebt besonders der Bayerische Wald nach Jahren sinkender Gästezahlen einen touristischen Aufschwung. Viele der früher eher einfachen Familienbetriebe sind heute zu komfortablen Wellnesshotels umgebaut. Es lassen sich aber nach wie vor günstige Zimmer finden.

Informieren und Buchen

Einen nahezu kompletten Überblick über private Vermieter, Hotels, Pensionen und Campingplätze mit Online-Buchungsmöglichkeit bieten die Webseiten der einzelnen Ferienorte (Adressen s. unter den einzelnen Orten in den Reisekapiteln) sowie die Homepage des Dachverbandes Ostbayern-Tourismus (www.ostbayern-tourismus.de).

Eine Vereinigung von Hotels und Privatvermietern aus dem Bayerischen Wald betreibt die Seite http://bayerwald.net mit Online-Buchungsmöglichkeit.

Im Prospekt »Bayerischer Wald – Hotels, Pensionen, Ferienwohnungen« werden Gastgeber aus dem Bayerischen Wald vorgestellt (bei Ostbayern-Tourismus oder auf www.bayerischer-wald.info).

Viele Beherbergungsbetriebe unterhalten einen eigenen Web-Auftritt mit der Möglichkeit der Direktbuchung. Wer sich über die Qualität bzw. Bewertung der Betriebe informieren möchte, findet viele Einträge auf www.hotelbewertungen.de oder auf www.holidaycheck.de.

Stadthotels

Die Hotels in den Metropolen Regensburg und Passau sowie in den kleineren Städten sind fast überall nach modernstem technischem Stand ausgestattet. Internet- und WLAN-Zugang sind bei Häusern ab vier Sternen selbstverständlich. Buchungsmöglichkeiten oder Links zur Buchungsadresse bieten die Websites der jeweiligen Gemeinden (s. Reisekapitel).

Ferien- und Wellnesshotels

Da inzwischen die meisten höherpreisigen Häuser auch Wellnesseinrichtungen haben, ist ein Unterschied in dieser Kategorie kaum noch vorhanden. Die meisten Ferienhotels bieten ebenso wie die Wellnessoasen ein umfangreiches Aktivprogramm, das vom Nordic Walking über Wirbelsäulengymnastik und Yoga bis hin zum Thaiboxen reichen kann. Ein gutes Haus erkennt man allerdings daran, dass es nicht nur mit Exotik punktet, sondern seinen Gästen auch Wander- und Fahrradwege in der Umgebung näherbringt. Neben den örtlichen Webseiten kann man sich in puncto Wellness auch auf www.wellness-regionen.de die jeweiligen Wohlfühlhotels anzeigen lassen. Der Prospekt »Wellness, Kur & mehr« stellt ebenfalls ostbayerische Wellnessbetriebe vor (bei Ostbayern-Tourismus, S. 15).

Fahrradhotels

Radler haben besondere Bedürfnisse; sie wollen meist keinen teuren Luxus, sondern einfache und zweckmäßige Unterkunft, dazu die Möglichkeit, den Drahtesel reparieren oder reinigen zu können. Spezielle Fahrradhotels wie das Rotel Inn in Passau (s. S. 240 und www.rotel-inn.de) oder die Fahrradpension Stirzer in Dietfurt (s. S. 123 und www.stirzer.de) erfüllen diese Anforderungen. Auf taugliche Unterkunft für Radler verweist außerdem die Seite www.bettundbike.de des Allgemeinen Deutschen Fahrradclubs (ADFC).

Ferien auf dem Bauernhof

Sicherlich die angenehmste Art, mit Kindern Urlaub zu machen: Die Kleinen finden schnell Familienanschluss und Kuscheltiere sowie Mitmachaktivitäten gibt's zuhauf. Auf der Website von Ostbayern-Tourismus www.ostbayern-tourismus.de findet man unter der Rubrik ›Ferien auf dem Bauernhof‹ Quartiere (Rubrik Themenurlaub auswählen) und kann dabei sogar noch speziell für Babys geeignete Bauernhöfe abrufen. Einige Ferienbauernhöfe sind auf www.bauernhof-bayerischer-wald.de vertreten. www.bauernhof-urlaub.com hat eine umfangreiche Datenbank und hilft mit Links weiter. Wer nicht online gehen möchte, kann sich auch an folgende sogenannte Anbietergemeinschaften wenden:

Wildniscamp
Für Gruppen von Kindern oder Jugendlichen ist das Wildniscamp am Falkenstein ein Super-Ding. Übernachtet wird in einfachen Hütten; Pädagogen und Ranger organisieren spannende Action (Infos unter Zwieslerwaldhaus 2b, 94227 Lindberg, Tel. 09925 90 31 21, www.wildniscamp.de).

Urlaub auf dem Bauernhof im Oberen Bayerischen Wald
Mönchshofstr. 35, 94234 Viechtach
Tel. 09942 431, Fax 09942 900 33

Urlaub auf dem Bauernhof im Mittleren Bayerischen Wald
Bodenmaiser Str. 25, 94209 Regen
Tel. 09921 10 03, Fax 09921 87 57

Urlaub auf dem Bauernhof im Unteren Bayerischen Wald
Bahnhofstr. 18, 94065 Waldkirchen
Tel. 08581 91 02 80, Fax 08581 91 06 82

Urlaub auf dem Bauernhof im Oberpfälzer Wald
St.-Peter-Str. 44, 95643 Tirschenreuth
Tel. 09631 704 40, Fax 09631 70 44 40
www.bauernhofurlaub-tir.de

Privatzimmer/ Ferienwohnungen

Eine Auswahl an Ferienwohnungen ist auf www.ostbayern-tourismus.de zu finden. Gesamtverzeichnisse und Empfehlungen bekommt man bei den jeweiligen Ferienorten (Adressen s. Reisekapitel ab S. 80).

Campingplätze

In der Region gibt es eine Vielzahl von Campingplätzen, die alle auf der von Ostbayern-Tourismus (s. S. 15) herausgegebenen Karte »Camping-Info« mit Adresse und Website vorgestellt werden.

Jugendherbergen/ Berghütten

Jugendherbergen in der Region listet das Jugendherbergsverzeichnis (im

Buchhandel erhältlich oder www.jugendherberge.de) auf. Über Berghütten in den Wanderregionen informiert www.bayerischer-wald.org (Naturpark Oberer Bayerischer Wald) und www.ostbayern-tourismus.de. Die Berghütten im Gebiet des Nationalparks finden sich auf der Seite www.nationalpark-bayerischer-wald.de.

Ferienhäuser

Ostbayern-Tourismus listet auf seiner Website (s. S. 14) auch Ferienhäuser mit Foto, Detailinfos, Direktbuchungsmöglichkeit und Links auf. Traditionelle Ferienhauskataloge wie Interchalet (www.interchalet.com) haben Ostbayern ebenfalls im Programm.

Essen und Trinken

Mit Bayern verbindet wohl jeder Braten, Knödel und Bier. Ganz falsch ist das nicht: Die bayerische Küche ist sehr bodenständig und nahrhaft, und Bier gehört einfach dazu, erst recht in Ostbayern, wo es über 160 Brauereien und das berühmte Zoigl-Bier gibt. Im südlichen Bayerischen Wald werden die bayerischen Traditionen durch kulinarische Einflüsse aus den Nachbarländern Österreich und Tschechien bereichert. In der Oberpfalz macht sich der Fischreichtum der über tausend Teiche auf den Speisekarten bemerkbar und im Altmühltal bringen die salzigen Weiden besonders schmackhaftes Lammfleisch vom Juradistl-Lamm hervor. Köstlichkeiten aus der Natur wie Pilze, Beeren und Kräuter veredeln je nach Jahreszeit die ostbayerische Küche.

Brotzeit

Fein gehobelter Radi (weißer Rettich), Presssack (Schweinskopfsülze), Bauernbrot und Bier – so sieht eine typisch

Zeit für eine Brotzeit ist immer …

bayerische Brotzeit aus. Auch Obazda (reifer Camembert, Frischkäse, Butter, Zwiebeln und Gewürze zu einem cremigen Brotaufstrich verrührt) oder Bayerischer Wurstsalat (in feine Scheiben geschnittene Lyoner, Zwiebelringe, Essig, Öl und Schnittlauch – mit Käse ist's ein ›Schweizer‹) sind typische Brotzeitgerichte. Zeit für eine Brotzeit ist immer, Hauptsache, man kann sie in einem schattigen Biergarten einnehmen.

Suppen und Eintöpfe

Klassiker ist die Leberknödel- oder Leberspätzlesuppe, eine feine Rindsbrühe mit Einlage. Auch Kartoffelsuppe ist beliebt und wird im Herbst gerne mit frischen Pfifferlingen oder Steinpilzen gewürzt. Im Bayerischen Wald erfunden wurde der Pichelsteiner, ein Eintopf aus Fleisch, Kartoffeln und Gemüse der Saison.

Fleisch, Geflügel, Fisch

Eine Wissenschaft für sich ist der Schweinebraten, der je nach Vorliebe mit (Krustenbraten) oder ohne Kruste gegessen wird und zu dem traditionell Kartoffelknödel und Krautsalat gereicht werden. Surhaxe ist gepökelter Schweinefuß, der gekocht und mit Sauerkraut serviert wird. Beim Rindfleisch machen sich österreichische Einflüsse bemerkbar: Das Tafelspitz ist ein in Brühe gekochtes, zartes Schwanzstück vom Rind, zu dem Meerrettich und Röstkartoffeln gereicht werden. Rindfleisch kommt häufig als Böfflamot, als Boeuf à la mode, auf den Wirtshaustisch. Es muss mehrere Tage in einer Rotweinmarinade ziehen und wird dann geschmort. Angeblich kam dieses Rezept mit Napoleon nach Bayern. Beliebt sind Innereien wie Saures Züngerl, das auch Herz und Bries in einer Essigsauce enthält. Ente und Gans sind typische Festtagsgerichte, die von Knödeln und Blaukraut begleitet werden. Hühnchen (Hendl) findet man auf so gut wie jeder Speisekarte, ebenso das Wiener Schnitzel. Je nach Saison werden Wildgerichte – Rehrücken, Hirschgulasch, Wildschweinragout etc. – zubereitet. Aus den Seen der Oberpfalz und aus den Flüssen wie Donau und Inn kommen Zander, Karpfen, Saibling und Forelle. Die Spezialität des Bayerischen Jura ist das Juradistl-Lamm. Die Gasthäuser und Restaurants im Altmühltal servieren es vom Grill, als oberpfälzisches Kebab oder aromatischen Rollbraten.

Knödel

Kartoffel- und Semmelknödel gehören zu den beliebtesten Beilagen im Osten Bayerns; eine besondere Variante wird in Deggendorf hergestellt: Die Deggendorfer Knödel bestehen aus einer eingeweichten Semmel, die von einem Teigmantel mit Schwarzbrotstückchen umhüllt ist. Böhmische Knödel kommen aus dem benachbarten Tschechien, bestehen aus eingeweichten Semmeln und Hefe und werden als Rolle in einer Serviette gekocht. In Österreich heißen sie deshalb Serviettenknödel und unter beiden Namen sind sie auf niederbayerischen Speisekarten zu finden. Schupfnudeln sind eine ursprünglich aus dem westlichen Bayern stammende Beilage: Aus Kartoffelteig gerollte, etwa fingerdicke Nudeln werden kurz gekocht und dann in Butterschmalz aufgeröstet. Die besten Schupfnudeln der Oberpfalz gibt es übrigens angeblich im Gasthof Goldener Löwe in Kallmünz (s. S. 128).

Süßspeisen

Auch beim Dessert gibt's wieder Knödel: Germknödel, also Knödel aus Hefeteig, werden in Mohnbutter geschwenkt und schmecken am besten mit Vanille- oder Waldfruchtsauce. Strudel kann mit Äpfeln oder Quark gefüllt werden (Millirahmstrudel). Auszogne sind keine unkeuschen Damen, sondern frittiertes Schmalzgebäck. Und als Passauer Goldhauben bezeichnet man köstliche Pralinés mit einer hauchdünnen Auflage aus Blattgold. Darunter verschmelzen Mandelsplitter, Nusstrüffel und ein Klecks Aprikosenmarmelade, umhüllt von zartherber Schokolade, zu einem Hochgenuss für Leckermäuler.

Bier und Wein

Bier

Die Grundlage für den guten Ruf des bayerischen Bieres legte Herzog Wilhelm IV. von Bayern im Jahr 1516 in Landshut: Er erließ das bis heute gültige Reinheitsgebot, nach dem Bier nur aus Wasser, Malz, Hopfen und Hefe gebraut werden darf. In Niederbayern und der Oberpfalz halten zahllose kleine Privatbrauereien den Konzentrationszwängen der Globalisierung eine erstaunliche Vielfalt von Bieren entgegen. Im Bayerischen Wald gibt es sogar einen Bier-Sommelier (natürlich mit hauseigener Brauerei), bei dem man nach Voranmeldung Biere verkosten kann (Gut Riedelsbach, 94089 Neureichenau, Tel. 08583 960 40, www.gut-riedelsbach.de).

Eine ganz besondere Tradition, die ins 16. Jh. zurückreicht, pflegen Kommunbrauer in der nördlichen Oberpfalz: Dort wird Zoigl-Bier, ein untergäriger Gerstensaft, in Kommunbrauereien gebraut und dann an die Wirtshäuser geliefert, die das Bier dann jeweils ein Wochenende lang verkaufen. Wer wann Zoigl ausschenkt, ist an dem Zoigl-Stern über der Gasthaustüre zu erkennen. Die genauen Zoigl-Termine in den einzelnen Gasthäusern listet ein Zoigl-Kalender auf (www.oberpfalz.de). Der Zoigl-Trend hat inzwischen längst die gesamte Oberpfalz erfasst; zahlreiche Wirte brauen ihren Zoigl selbst oder beziehen es von Brauereien.

Zoigl-Stern
Er erinnert stark an den Davidsstern, soll aber zwei ineinander verzahnte Dreiecke symbolisieren. Das eine steht für Feuer, Wasser und Luft, also die drei Elemente, die man fürs Bierbrauen braucht, der zweite für die Zutaten Wasser, Malz und Hopfen.

Wein

Die guten Tropfen in Ostbayerns Restaurants stammen zum größten Teil aus dem Nachbarland Österreich. Mit den Weinbaugebieten der Wachau, des Mühl- und des Innviertels pflegten und pflegen die Passauer enge Beziehungen. In römischer Zeit und bis weit hinein ins Mittelalter wuchsen allerdings auch entlang der Donau und der Altmühl Weinreben. Heute versuchen einige enthusiastische Winzer, diese Tradition wieder aufleben zu lassen – dem Klimawandel sei Dank. Die 4 ha Reben bei Bach a. d. Donau gelten als kleinstes Weinbaugebiet Deutschlands. Der hier gekelterte Baierwein ist ein temperamentvoller Naturbursche, den man im Baierwein-Museum verkosten kann (Verwaltungsgemeinschaft Donaustauf, Wörther Str. 5, 93093 Donaustauf, Tel. 09403 950 20, Mai–Okt., jeden 1. So im Monat 14–17 Uhr, www.baierwein-museum.de).

Aktivurlaub, Sport und Wellness

Fahrradfahren

Die berühmtesten Radwege in dieser Region sind der auf 220 km durch Ostbayern verlaufende Donauradweg Via Danubia und der 311 km lange Fünf-Flüsse-Radweg durchs Bayerische Jura. Kleinere Routen stehen oft unter einem Thema, so der Zoigl-Radweg von Gasthaus zu Gasthaus in der nördlichen Oberpfalz oder der Grottenweg zu sehenswerten Höhlen und Tropfsteinen. In so gut wie allen touristischen Regionen bekommen Pedalritter Gratisfahrradkarten mit Routenbeschreibung und noch viele gute Tipps. Die Radwege sind hervorragend ausgebaut und ausgeschildert. Mountainbikefahrer finden rund um Waldmünchen 550 km anspruchsvoller Bergstrecken vor oder sie toben sich am Geißkopf beim Downhill aus (Infos bei Ostbayern-Tourismus, s. S. 15, oder unter www.bayerischer-wald.de/aktiv). Routenvorschläge und Tipps sind auch auf www.bayernbike.de zu finden sowie in mehreren Radwanderführern, die im Buchhandel erhältlich sind.

Golf

Freunde des grünen Sports finden in Ostbayern 33 Plätze für ihr Hobby. Informationen hierzu gibt Ostbayern-Tourismus (s. S. 15), auf dessen Website man mittels einer interaktiven Landkarte Golfplätze finden sowie Adressen und Links abrufen kann. Hartls Golf-Resort in Bad Griesbach ist mit sechs 18-Loch-, drei 9-Loch- und einer 6-Loch-Anlage eines der größten Resorts in Europas. Die Kleinen können auf einem 6-Loch-Kindergolfplatz das Einputten lernen (www.hartl.de).

Kanufahren

Auf Naab, Regen, Ilz und Altmühl lassen sich ein- bis mehrtägige Bootswanderungen unternehmen. Während Naab, Regen und Altmühl eher ruhige Wanderflüsse sind, gilt die Ilz in einigen Abschnitten als Wildwasser, das nur mit entsprechender Erfahrung befahren werden sollte. Die Prospekte »Bootswandern auf dem Regen« und »Bootswandern auf der Naab« gibt es bei Ostbayern-Tourismus (s. S. 15) bzw. als PDF unter www.oberpfaelzerwald.de. Infos zu Kanutouren auf der Ilz gibt die Touristeninformation Perlesreut, Tel. 08555 96 19 10, www.perlesreut.de. Routenbeschreibungen außerdem auf www.kanu-outdoor.de.

Klettern

Das bekannteste Klettergebiet des Bayerischen Waldes ist der Kaitersberg, ein Gebirgszug zwischen Arrach und Arnbruck in der Nähe von Bad Kötzting mit etwa 100 Routen der Schwierigkeitsgrade drei bis elf. Geklettert wird auch am Pfahl und am Teufelstisch. Bei Passau lockt der Inntal-Klettergarten mit Routen aller Schwierigkeitsgrade. Infos auf www.kleimbing.de, www.ostbayern-climb.de, www.inntalklettergarten.de.

Meditation

Das Zisterzienserkloster Waldsassen veranstaltet ›Tage der Stille‹, beherbergt aber auch außerhalb dieser Workshops Gäste. Wer bereit ist mitzuarbeiten, wohnt gratis (www.kubz.de). Das Kloster in Neukirchen beim Hl.

Sandboard-Künstler am Monte Kaolino

Blut ist Pilgerherberge und bietet ebenfalls Tage der Besinnung an (www.wallfahrts-und-begegnungszentrum.de).

Ein christliches Zen-Kloster unterhalten Franziskaner in Dietfurt; hier lernen Gäste, christlichen Glauben und Zen zu verbinden (www.meditationshaus-dietfurt.de).

Reiten

Ob Reitkurs, Ausritt oder Reittrekking – in Niederbayern und der Oberpfalz bieten Reiterhöfe und Pferdezüchter Programme für jeden Geschmack und alle Schwierigkeitsgrade. Die Reitbetriebe Ostbayerns stellen sich auf der Website www.ross-und-reiter.de vor, dort findet man auch Anregungen und Adressen für besonders familienfreundlichen oder aber auch technisch anspruchsvollen Reiturlaub. Links führen u. a. zum ›reiterfreundlichen Gasthaus‹ in der Oberpfalz, zum ›grenzüberschreitenden Reiten‹ oder zu Anbietern von Pauschalurlaub hoch zu Ross. Prospektmaterial und Infos gibt's bei Ostbayern-Tourismus (s. S. 15) oder bei Arge Ross und Reiter Niederbayern, c/o Touristeninformation Passauer Land, Domplatz 11, 94032 Passau, Tel. 0851 39 76 00, Fax 0851 39 74 88.

Sommerski

Auf dem Monte Kaolino, einem aus Kaolinsand aufgeschütteten 110 m hohen Hügel bei Hirschau in der Oberpfalz (mit Lift!), kann man im Sommerhalbjahr skifahren und sandboarden. Infos unter www.montekaolino.eu.

Thermen

In Ostbayern verwöhnen zwei bekannte Thermenregionen ihre Gäste mit Thermalwasser und Kuranwendungen: Bad Abbach und Bad Gögging im Nordwesten sowie das ›Bäderdreieck‹ Bad Füssing, Bad Birnbach und Bad Griesbach im Südosten. Das traditionsreiche Sybillenbad liegt nicht weit von der Grenze zu Tschechien im Oberpfälzer Wald; der Kurort Bad Kötzting südöstlich von Cham ist nicht nur wegen seiner therapeutischen Qualitäten, sondern auch wegen der Spielbank ein Begriff. Die Klinik hier hat sich der chinesischen Medizin verschrieben. Über ihre Thermalwasser, die Anwendungen und die Kur- und Wellnesseinrichtungen informieren die Kurorte auf der Internetseite www.bayerisches-thermenland.de. Bad Kötzting betreibt die Website www.bad-koetzting.de, das Sybillenbad stellt sich auf www.sybillenbad.de vor. Neben den traditionellen Heilbädern gibt es in Ostbayern ein riesiges Wellnessangebot mit Badelandschaften, Saunadörfern und Wohlfühlhotels. Informationsbroschüren und den Prospekt »Wellness, Kur & mehr« gib's bei Ostbayern-Tourismus (s. S. 15).

Wandern

Nah- und Fernwanderwege erschließen die gesamte Ferienregion. Ein vorbildlich markierter Prädikatswanderweg ist der 600 km lange Fernwanderweg Goldsteig vom oberpfälzischen Marktredwitz bis Passau und zurück nach Neunburg vorm Wald (www.goldsteig-wandern.de; Ostbayern-Tourismus, s. S. 15). Er kreuzt mehrere ältere Fernwanderwege, die auf historischen Säumerstraßen verlaufen, so den Goldenen Steig von Passau nach Tschechien oder den Pandurensteig von Waldmünchen nach Passau. Informationen zu Fern- wie Nahwanderungen finden sich auf www.wandern-im-bayerischen-wald.de, Wanderbeschreibungen für den Nationalpark unter www.nationalpark-bayerischer-wald. Zudem gibt es eine Vielzahl guter Wanderführer mit Routenbeschreibungen. Wanderungen im Oberpfälzer Wald beschreibt www.oberpfaelzerwald.de. Interessant sind hier die Geo-Wanderungen zu besonderen geologischen Formationen wie dem Vulkankegel des Rauen Kulms. Ein neuer, abwechslungsreich angelegter Wanderweg durchs Bayerische Jura ist der 230 km lange Jurasteig entlang der Donau, Altmühl, Vils und Naab (www.jurasteig.de). Infos erhält man auch bei den einzelnen Tourismuszentren (s. Reiseteil).

Wander- und Radkarten
Empfehlenswert sind die Kompass-Karten 195, 196, 197, (Bayerischer Wald Nord, Mitte, Süd), 192, 193, 194 (Oberpfälzer Wald Nord, Mitte, Süd), 200 (Pfarrkirchen-Rottal) sowie 0200 (Bäderdreieck).

Wintersport

Alpinskifahrer und Snowboarder erwarten im Bayerischen Wald mehrere anspruchsvolle und relativ schneesichere Skigebiete, so die Anlage am Großen Arber, Geißkopf, Hohen Bogen und bei Bodenmais. Langläufer schätzen die guten Sportmöglichkeiten und die hervorragend gespurten Loipen im Bayerischen Wald. Beliebt ist beispielsweise die 28 km lange Auerhahn-Höhenloipe: Sie verläuft zwischen 800 und 1240 m Höhe von Eck über Schareben bis Bretterschachten und gilt als anspruchsvoll.

Im Winterjournal (erhältlich bei Ostbayern-Tourismus, s. S. 15) werden alle Skigebiete und Loipen Ostbayerns vorgestellt. In der Broschüre sind auch alle Schneetelefonnummern und Informationen rund um den Wintersport aufgeführt, so Pistenpläne, die Preise von Tageskarten und besondere Events. Im Internet findet man all diese Infos unter www.ostbayern-tourismus.de und http://waldwinter.de.

Feste und Unterhaltung

Die meisten traditionellen Feste in Ostbayern stehen in Verbindung mit Wallfahrten oder Patronatstagen. Dazu gesellen sich zahlreiche historische Festspiele, die teils erst in jüngerer Zeit initiiert, teils aber schon seit Jahrhunderten von Laienspielgruppen dargeboten werden. Die touristische Entwicklung der Region hat die Entstehung zahlreicher Festivals gefördert, die zumeist in der Hauptsaison im Sommer abgehalten werden. Beliebt und viel besucht sind auch Märkte und Volksfeste (Maidult, Gäubodenfest). Ostbayern-Tourismus gibt jedes Jahr eine Broschüre mit aktuellen Festen und Veranstaltungen heraus.

Oster- und Leonhardiritt

Am Ostermontag Vormittag versammeln sich Rösser und Reiter reich geschmückt auf der Festwiese von Furth im Wald zur Prozession und anschließenden Pferdesegnung. Gleiches passiert in Regen. In Waldkirchen wiederum wird der Leonhardiritt Anfang November, an St. Leonhard, begangen.

Pfingstritte

In Bad Kötzting reiten die Bauern am Pfingstmontag auf ihren reich geschmückten Rössern von der Kirche St. Veit zur Nikolauskirche in Steinbühl, wo die Pferdesegnung stattfindet. 2009 wiederholt sich dieser Brauch zum 597. Mal! In St. Englmar nennt man den Pfingstbrauch Englmari-Suchen. Dort werden am Pfingstmontag nicht nur die Pferde, sondern das gesamte Vieh gesegnet.

Kerzenwallfahrt

In Holzkirchen beginnt am Freitag vor Pfingsten die berühmte, zwei Tage

Kötztinger Pfingstritt: Auf reich geschmückten Rössern geht es nach Steinbühl

dauernde Kerzenwallfahrt zum Bogenberg, bei der die Männer eine ›Kerze‹, einen mit Wachs umwickelten, 13 m langen Fichtenstamm, mit sich tragen. Die Wallfahrt endet am Pfingstsonntag mit einem Gottesdienst auf dem Bogenberg.

Kirchweih

Die älteste und sicher malerischste Kirchweih der Region ist am vorletzten Augustsonntag auf dem Großen Arber zu erleben. Zur Arber-Kirwa kommen bis zu 10 000 in fesche Tracht gekleidete Pilger zur St. Bartolomäus-Kapelle auf dem Gipfel. Traditionell gehört zu diesen Festivitäten auch ein *Kirwabaam,* eine mit Kränzen geschmückte, abgerindete Fichte.

Winterliches Brauchtum

Im Winter werden in Ostbayern die bösen Geister gejagt. Das Wolfauslassen in Rinchnach am 9./10. November soll die Dämonen vertreiben. Früher wollte man außerdem ganz reale Gefahren wie Bären und Wölfe einschüchtern. Die jungen Burschen hängen sich Kuhglocken um, machen einen Höllenlärm und schnalzen mit der Goaßl, einer Art Peitsche, die laut knallt. Rauchnächte finden in vielen Gemeinden zwischen Weihnachten und Heilige Drei Könige statt. In St. Englmar ziehen am 28. Dezember die Rauchwuggerl nachts durch den Ort, tanzen ums Feuer und machen Krach. In Neuschönau treiben die Unholde in der Nacht vom 5. Januar ihr schauriges Unwesen. Die schönsten Masken gibt's allerdings bei der Frauenauer Rauchnacht zu sehen, die außerhalb der eigentlichen Rauchnachtsaison erst am Faschingssamstag abgehalten wird.

Dult

Das Wort stammt aus dem Mittelhochdeutschen und bedeutet ›Heiligenfest‹. Ursprünglich bauten fahrende Händler ihre Stände am Patronatstag des Kirchenpatrons um das Gotteshaus auf. In Ostbayern finden heute die meisten Dulten im Frühjahr und Herbst statt, die Maidult in Passau z. B. Ende April, in Regensburg Anfang Mai und in Landshut Ende August die Bartlmädult. Typisch für eine Dult ist das Nebeneinander von Händlern und Schaustellern – und natürlich darf auch ein zünftiges Bierzelt nicht fehlen.

Historienspiele

Ostbayern hat eine bewegte Geschichte, und die wird in zahllosen Historienspielen bewahrt: Das berühmteste, alle vier Jahre stattfindende Spektakel ist die Landshuter Hochzeit (s. Panorama S. 53, nächster Termin 2009). Auch die Agnes-Bernauer-Festspiele in Straubing finden nur alle vier Jahre statt, das nächste Mal 2011. Sie erzählen vom Schicksal der schönen Agnes Bernauer, der die Liebe zu Herzog Albrecht zum Verhängnis wurde. Auf historischen Tatsachen beruht auch das Festspiel Trenck der Pandur in Waldmünchen. Gespielt wird die Belagerung des Ortes durch die Panduren und dessen glückliche Befreiung von der Gefahr (Mitte Juli–Ende Aug.). Im Further Drachenstich bedroht ein gefährlicher Drache den Ort und wird schließlich vom Helden besiegt (1. Augusthälfte).

Volksfeste

Ostbayerns berühmtestes Volksfest ist das Gäubodenfest in Straubing in der

Festkalender

Januar/Februar: Rauchnächte vom 5. auf den 6. Jan., u. a. in Regensburg, Neuschönau und Frauenau
Ostern: Osterritte in Furth im Wald, Regen
April/Mai: Frühjahrsdult u. a. in Passau, Regensburg
Pfingsten: Pfingstritt in Bad Kötzting, Englmari-Suchen in St. Englmar (beide Pfingstmontag), Kerzenwallfahrt zum Bogenberg (Pfingstfreitag bis Pfingstsonntag)
Juni: Europäische Wochen, Passau (Mitte Juni–Ende Juli); Max-Reger-Tage, Weiden (Anf. Sept.–Anf. Okt.)
Juli: Thurn und Taxis Schlossfestspiele, Regensburg (Mitte Juli); Internationales Natur- und Tierfilmfestival, Neuschönau (letzte Juliwoche); Ilzer Haferlfest, Passau (Mitte Juli); Trenck der Pandur, Waldmünchen (Mitte Juli–Ende Aug.)
August: Further Drachenstich, Furth im Wald (1. Augusthälfte); Gäubodenfest, Straubing (2. Augustwoche); Arber-Kirchweih, Großer Arber (vorletzter So); Bartlmädult, Landshut (Ende Aug.)
September: Gillamoos, Abensberg (Anfang Sept. Do–Mo)
Oktober: Passauer Kabaretttage (Okt.–Dez.)
November: Wolfauslassen, Rinchnach (9./10. Nov.); Zwieseler Fink, Zwiesel (1. Wochenende).
Dezember: Christkindlmärkte u. a. in Passau, Regensburg.

zweiten Augustwoche. Es ist nach dem Münchner Oktoberfest die zweitgrößte Veranstaltung dieser Art in Bayern. Kleiner, aber überaus beliebt ist der Gillamoos in Abensberg Anfang September (immer Do–Mo). Unter den vielen kleineren Festivitäten sticht das Ilzer Haferlfest Mitte Juli hervor. Es wird im Passauer Stadtteil Ilzstadt u. a. mit Maibaumklettern gefeiert. Dem wachsenden Interesse am Mittelalter begegnen viele Gemeinden mit Mittelaltertagen und Ritterspielen. In der Adventszeit werden vielerorts Christkindlmärkte aufgebaut – als besonders malerisch gilt der Markt vor dem Passauer Dom.

Festivals

Mitte Juni bis Ende Juli ist Passau Gastgeber für die Europäischen Wochen, eine ambitionierte Veranstaltungsreihe mit Konzerten, Lesungen, Kunstausstellungen und Symposien aus dem Dreiländereck. Die Weidener Max-Reger-Tage stellen Anfang September bis Anfang Oktober das musikalische Werk Max Regers vor. In Regensburg dreht sich Mitte Juli zwei Wochen lang alles um die Thurn und Taxis Schlossfestspiele und die Frage, welchen Auftritt Fürstin Gloria wohl hinlegen wird. Naturfilme und -fotografie aus aller Welt zeigt das Internationale Natur- und Tierfilmfestival in Neuschönau am letzten Juli-Wochenende. Ein traditionsreiches Festival ist der Zwieseler Fink: Im November treten in Zwiesel die besten Volksmusikgruppen und -sänger in Wettstreit um die begehrte Trophäe des ›Finken‹ gegeneinander an. Den Festivalreigen beschließt Passau mit den Kabaretttagen von Oktober bis Dezember, die traditionell mit der Verleihung des Scharfrichterbeils für den besten Künstler enden.

Reiseinfos von A bis Z

Ärztliche Versorgung

Im Krankheitsfall findet man überall einen Arzt oder eine Klinik, die medizinische Versorgung ist sehr gut. Dialysepatienten stehen in Ostbayern 18 Versorgungsstationen zur Verfügung. Eine Liste kann unter www.kvb.de abgerufen werden.

Apotheken

In jedem größeren Ort bzw. in jedem Landkreis gibt es eine diensthabende Apotheke, die auch nachts oder an Sonn- und Feiertagen geöffnet ist. Welche Apotheke gerade Dienst tut, ist dem Infokasten am Landratsamt bzw. Rathaus oder der in Apotheken ausgehängten Liste zu entnehmen.

Diplomatische Vertretungen

Österreichisches Generalkonsulat
Ismaninger Str. 136
81675 München
Tel. 089 99 81 50
www.oegkmuenchen.de
Konsularbezirk Bayern

Österreichisches Generalkonsulat
ECKA Granulate GmbH & Co. KG
Kaiserstr. 30

Großer Spaß (nicht nur) für Kinder: Keltendorf Gabreta bei Ringelai

90763 Fürth
Tel. 0911 974 73 33
www.oesterr-honorarkonsulat-nuernberg.com
Konsularbezirk Oberpfalz

Schweizerisches Generalkonsulat
Brienner Str. 14
80333 München
Tel. 089 286 62 00
www.eda.admin.ch/muenchen
Konsularbezirk Bayern

Einreise-, Ausreise- und Zollbestimmungen

Bei der Einreise aus EU-Ländern nach Deutschland werden nur noch stichprobenartige Kontrollen durchgeführt. Folgende Freimengen dürfen aus Nicht-EU-Ländern eingeführt werden: 200 Zigaretten oder 100 Zigarillos oder 50 Zigarren oder 250 g Tabak, 1 l Spirituosen mit einem Alkoholgehalt von mehr als 22 Vol.-% oder 2 l Wein, 50 g Parfüm und andere Waren bis zu einem Warenwert von insgesamt 175 €.

Für Haustiere ist der EU-Heimtierausweis verbindlich; er enthält Angaben zum Besitzer, eine Kennzeichnung des Tieres (Mikrochip, Tätowierung), das Datum der letzten Tollwutimpfung (mindestens 30 Tage vor und längstens zwölf Monate vor Einreise).

Feiertage

1. Januar: Neujahr
6. Januar: Heilige Drei Könige
Ende März/Anfang April: Ostern
1. Mai: Tag der Arbeit
Mai/Juni: Christi Himmelfahrt
Mai/Juni: Pfingstsonntag/-montag
Mai/Juni: Fronleichnam (zehn Tage nach Pfingsten)
15. August: Mariä Himmelfahrt
3. Oktober: Tag der deutschen Einheit
1. November: Allerheiligen
25./26. Dezember: Weihnachten

Frauen unterwegs

Für alleinreisende Frauen gibt es in Ostbayern keine Reiseprobleme. Allerdings sollten sie im Umfeld großer Volksfeste wie beim Straubinger Gäubodenfest nachts nicht alleine unterwegs sein. Der Alkohol senkt die Hemmschwelle und erhöht die Zahl sexueller Übergriffe.

Gesundheitsvorsorge

Besondere Impfungen und Vorkehrungen sind nicht nötig. Wer im Sommer wandert, sollte sich darüber informieren, ob in der Region eine FSME-Schutzimpfung gegen die von Zecken übertragene Hirnhautentzündung zu empfehlen ist.

Kinder

Ostbayern ist das Kinderland schlechthin. Familienfreundliche Unterkünfte gibt es zuhauf, Kinderteller gehören auf den Speisekarten zum Standard, in vielen Restaurants und Gaststätten können sich die Kleinen in einer Spielecke oder auf einem Spielplatz die Zeit vertreiben. Zahlreiche Attraktionen wie die Westernstadt Pullmann City bei Eging am See (www.pullmancity.de), der Churpfalzpark Loftling bei Cham (www.churpfalzpark.de) oder das Keltendorf Gabreta bei Ringelai (www.gabreta.de) lassen die Herzen kleiner wie größerer Kinder höher schlagen. Im Museumsdorf Bayerischer Wald bei Finsterau kann man sogar beim Brotbacken helfen. Auch ohne diese Animation stehen genügend kinderfreundliche Aktionen zur Auswahl: unterhaltsame Wanderungen, Tiere beobachten in den Tierfreigehegen bei Hans-Eisenmann-Haus und Haus der Wildnis (www.nationalpark-bayeri scher-wald.de) oder im Bayerwald-Tierpark in Lohberg (www.lohberg.de/ tierpark), gemütliche Fahrradtouren unternehmen oder die Eltern beim Downhill im Bikepark auf dem Geißkopf (www.bikepark.net) schlagen, Kanuwandern und im Winter natürlich Skifahren, Snowboarden, Rodeln oder Schlittschuhlaufen. Eine besondere Attraktion ist der Sommerskilauf auf dem Monte Kaolino bei Hirschau (www. montekaolino.eu)

Maßeinheiten

Bayerische Besonderheit ist die ›Maß‹, also ein Liter Bier.

Notruf

Polizei: 110
Feuerwehr/Krankenwagen: 112
Pannenhilfe: ADAC, Tel. 0180 222 22 22, mobil 22 22 22
Bergrettung: 112

Öffnungszeiten

Supermärkte und **Lebensmittelgeschäfte** öffnen Montag bis Freitag meist um 8 Uhr, **Bäckereien** und **Metzgereien** häufig bereits um 7 Uhr, und bleiben zumeist durchgängig bis 18.30, größere Supermärkte bis 20 Uhr geöffnet. In kleineren Orten machen viele Läden eine Mittagspause von 13 bis 14.30 Uhr. Samstag wird meist um 13 Uhr abgesperrt. Die Dienstzeiten der **Banken** sind Montag bis Freitag 8.30 bzw. 9–12.30 bzw. 13 und 14 bzw. 14.30–16 oder 17 Uhr. Die meisten Museen sind montags geschlossen.

Post

Postämter haben keine einheitlichen Öffnungszeiten. Normalerweise sind sie Montag bis Freitag von 9 bis 18 Uhr, am Samstag bis 13 Uhr geöffnet, kleinere Filialen schließen für eine Mittagspause. Das Porto für eine Ansichtskarte innerhalb Deutschlands und ins europäische Ausland beträgt 0,45 €, für einen Brief 0,55 €.

Reisekosten

Das Preisniveau in Ostbayern liegt etwas unter dem anderer westdeutscher Ferienregionen. Wer im Mittelklassebereich reist, also in 3-Sterne-Hotels oder guten Familienpensionen absteigt, sollte mit Reisekosten von 60 €/ Tag rechnen, ein Mittagssnack und Abendessen inklusive. Bei einfachen Pensionszimmern sind 40 € ein guter Durchschnitt. Familien reisen am günstigsten, wenn sie eine Ferienwohnung mieten, in der sie sich selbst verpflegen können. Ferienwohnungen für vier Personen schlagen beispielsweise in Bodenmais mit 40–50 €/Tag zu Buche. Wer – wie die meisten Feriengäste in Ostbayern – einen festen Standort wählt, um die Region von dort aus zu erkunden, sollte nach günstigen Pauschalangeboten Ausschau halten. Auf der Website des Tourismusverbandes Ostbayern (s. S. 15) und auf den Seiten der einzelnen Fremdenverkehrsregionen sind solche und auch Last-Minute-Angebote fast immer zu finden. Wer außerhalb der deutschen und österreichischen Ferientermine reisen kann, bekommt wirklich deutliche Preisnach-

Spartipps
Gästekarten: Viele Orte bieten sie an. Mit ihnen erhält man reduzierten oder gar freien Eintritt in Museen und anderen Attraktionen wie Freizeitparks und Spaßbäder. Oft ist auch eine Reduktion auf Fahrpreise lokaler Verkehrsmittel eingeschlossen.

lässe von bis zu 40 % gegenüber der Hauptsaison.

Reisende mit Handicap

Behindertengerechte Zimmer stehen in den meisten Hotels und Pensionen zur Verfügung. Das Unterkunftsverzeichnis von Ostbayern-Tourismus (s. S. 15) gibt auch Auskunft, ob die Unterkunft behindertengerecht ist. Bei den Wanderbeschreibungen, die als PDFs von www.nationalpark-bayerischer-wald.de heruntergeladen werden können, findet man Hinweise zur Barrierefreiheit des Weges.

Trinkgeld

In Essen- und Getränkerechnungen ist das Trinkgeld inbegriffen. Ein zusätzlicher Obolus von 5 bis 10 % je nach Zufriedenheit wird vom Bedienungspersonal erwartet. Kofferträger und Taxifahrer hoffen ebenfalls auf eine kleine Anerkennung.

Umgangsformen

Fremde haben manchmal Probleme, mit bayerischen Eigenarten zurechtzukommen. Nicht jeder Bayer *grantelt*, schaut also eher unfreundlich drein und gibt sich wortkarg – aber den Typus gibt es und man sollte dieses Verhalten dann nicht als Unhöflichkeit, sondern als Eigenart hinnehmen. Dass es im Wirtshaus laut hergeht, die Karten mit Wucht auf den Stammtisch klatschen und von bestätigendem Auf-den-Tisch-Hauen begleitet werden, ist bei so aufregenden Kartenspielen wie dem Watten ganz normal. Eine gewisse Derbheit in der Wortwahl gilt ebenfalls als typisch und kann empfindsame Reisende durchaus vor den Kopf stoßen. Umgekehrt sollten Nicht-Bayern besser darauf verzichten, bayerische Schrullen zu imitieren oder gar den Dialekt nachzuahmen. Das kommt nicht gut an und wird als beleidigend oder lächerlich empfunden.

Zeitungen und Zeitschriften

Das konservative journalistische Sprachrohr Niederbayerns ist die PNP, die »Passauer Neue Presse« (www.pnp.de) mit zahlreichen Lokalausgaben wie dem »Bayerwaldboten«. Lokale Konkurrenz ist das »Straubinger Tagblatt« (www.straubinger-tagblatt.de), überregional die »Mittelbayerische Zeitung« (www.mittelbayerische.de). Letztere wird auch in der Oberpfalz gelesen. Das Veranstaltungsprogramm für Passau/Innviertel und den südlichen Bayerischen Wald liefert das Magazin »InnSide« aus Passau (www.innside-passau.de). Das Stadtmagazin »Logo« bietet diese Infos in einer Ausgabe für Regensburg und in einer für Straubing (www.logo-stadtmagazin.de). Über Kultur, Literatur und Kunst aus Ostbayern berichtet das Magazin »lichtung« (www.lichtung.de). Überregionale Zeitungen und Zeitschriften sind überall erhältlich. Internationale Presse findet man an großen Zeitungskiosken oder an den Bahnhöfen.

Panorama – Daten, Essays, Hintergründe

Hinauf auf den Berg zur Wallfahrtskirche Mariahilf in Passau

Steckbrief Ostbayern

Lage und Fläche

Niederbayern und Oberpfalz sind die beiden östlichsten Regierungsbezirke Bayerns. Niederbayern erstreckt sich mit 10 330 km² Fläche vom Inn im Südosten bis zum Donaudurchbruch bei Kelheim im Nordwesten, schließt im Süden und Westen an Oberbayern an und reicht im Norden und Osten bis zur Grenze mit Oberösterreich und Böhmen. Die nordwestlich davon liegende Oberpfalz ist mit 9700 km² etwas kleiner, grenzt nach Osten ebenfalls an Tschechien, im Westen an Oberbayern und nördlich davon an Ober- und Mittelfranken.

Verwaltungssitz: Landshut (Niederbayern), Regensburg (Oberpfalz)
Einwohner: 1,2 Mio. (Niederbayern), 1,1 Mio. (Oberpfalz)

Geografie und Natur

Hügelige Agrarregionen und die Wälder des Bayerischen Waldgebirges sind die beiden charakteristischen Seiten Niederbayerns. Die Trennlinie zwischen diesen beiden Landschaften bildet die Donau. Das Mittelgebirge des Bayerischen Waldes zählt mehr als 60 Gipfel mit über 1000 m Höhe, überragt vom Großen Arber (1457 m). In Tschechien setzt sich dieses Gebirge als Böhmerwald fort. Sowohl das Kerngebiet des Bayerischen als auch des Böhmerwaldes ist Nationalpark (in Tschechien Nationalpark Šumava). Zusammen gelten die beiden Nationalparks als größtes zusammenhängendes Waldgebiet Mitteleuropas. Der hohe Waldbestand ist charakteristisch für Ostbayern: Ein gutes Drittel der Fläche ist bewaldet.

In der Oberpfalz prägt der Naturpark Oberpfälzer Wald den östlichen, zwischen Naabtal und Tschechien gelegenen Teil mit erloschenen Vulkankegeln und Basaltfelsen. Das der Oberpfalz zugeordnete Teilstück des Altmühltals ist eines der landschaftlichen Highlights der Region, ebenso der Donaudurchbruch bei Kelheim; dieser Südwesten der Oberpfalz wird aufgrund des anstehenden Kalksteins als Bayerischer Jura bezeichnet. Eine Landschaft mit besonderem Reiz ist auch das von Hunderten von Seen und Wasserläufen durchzogene Stiftsland ganz im Norden.

Geschichte und Kultur

Ostbayern wurde von Kelten gerodet und besiedelt, war dann ab dem 1. Jh. im niederbayerischen Teil römische Provinz und wurde schließlich unter den bajuwarischen Agilofingern bayerisches Herzogtum. Die Agilofinger förderten die Christianisierung und gründeten die Bistümer Passau und Regensburg. Ab dem 9. Jh. gehörte das östliche Bayern zum Karolingischen Reich, ab dem 12. Jh. zu dem der Wittelsbacher. Die Handelswege entlang der Donau und durch den Bayerischen Wald nach Böhmen machten die alten Handelsstädte Regensburg und Passau reich. Unruhe und Zerstörungen brachten Einfälle von Ungarn und Hussiten sowie der Dreißigjährige Krieg, in dem nahezu die Hälfte der Bevölkerung umkam. Eine kulturelle Blüte erlebte das östliche Bayern im 18. Jh. mit dem Wiederaufbau von Kirchen und Klöstern im Geist des Barock. Diese Ära fand mit der napoleonischen Besetzung und der 1803 verfügten Säkularisierung ihr Ende. Tiefgreifende Folgen hatten Zweiter Weltkrieg und Eiserner Vorhang: Die Region, die sich viele Jahrhunderte lang als Makler zwischen Mittel- und Osteuropa verstanden und bewährt hatte, lag nun an einer undurchlässigen Grenze und musste einen Großteil der rund 1,2 Mio. Flüchtlinge aus den ehemaligen Ostgebieten aufnehmen. Mit dem Fall des Eisernen Vorhangs erlebte Ostbayern einen neuen wirtschaftlichen Boom.

Die kulturelle Entwicklung wurde stark von der katholischen Kirche geprägt: Die Klöster trieben die Christianisierung und Rodung des Ostens voran; in Passau vereinten Fürstbischöfe viele Jahrhunderte lang kirchliche und weltliche Macht. Wie prägend der katholische Glaube war und noch ist, kann man an den vielen Kirchen, Kapellen und Marterln am Wegesrand und an den inbrünstig begangenen Patronatsfesten ermessen. Prunk und Weltläufigkeit des Heiligen Römischen Reiches manifestierten sich wiederum in Regensburg, wo der immerwährende Reichstag tagte und Gelehrte wie Nikolaus Kopernikus ihre Forschungen betrieben. Noch heute ist Ostbayern stark vom bäuerlich-konservativen Lebensstil geprägt. Als Drehscheibe zwischen Ost und West wirkt die Region aber wesentlich dynamischer als das behäbige Oberbayern und dank der beiden angesehenen Universitäten Passau und Regensburg auch multikulturell.

Staat und Politik

Die Landtagswahlen 2008 haben die traditionelle CSU-Mehrheit, die in Niederbayern immer besonders hoch war, beendet. Kleinere Parteien wie die Freien Wähler, aber auch Grüne und FDP haben hinzugewonnen. Neuer bayerischer Ministerpräsident und CSU-Vorsitzender ist Horst Seehofer. Er muss zum ersten Mal in der bayerischen Nachkriegsgeschichte in einer Koalition mit der FDP regieren.

Wirtschaft und Tourismus

Das einstige ›Armenhaus Bayerns‹ hat dank Wirtschaftsförderung und der Dynamik, die der Fall des Eisernen Vorhangs der Region bescherte, ein respektables Wachstum von bis zu 15 % erreicht; die Arbeitslosenquote ist auf rund 5 % gefallen. Vor allem die Ansiedlung von Zukunftstechnologien wird gefördert. Unter den traditionellen Industriebetrieben waren die BMW-Werke in Dingolfing und Landshut, Siemens Regensburg (heute Continental) und die ZF Zahnradfabrik in Passau bislang die wichtigsten Arbeitgeber. Alle diese Niederlassungen sind aber von Stellenabbau bedroht. Der Tourismus in Ostbayern erlebte in den letzten Jahren einen kleinen, aber stetigen Aufschwung. 2007 kamen über 4,25 Mio. Gäste in die Region.

Bevölkerung, Sprache, Religion

Mit rund 2,25 Mio. Einwohnern sind Niederbayern und besonders die Oberpfalz relativ dünn besiedelte Regionen. Das hier gesprochene Bairisch unterteilt sich in einen nordbairischen (Oberpfalz) und einen mittelbairischen (Niederbayern) Dialekt. Die Mehrzahl der Ostbayern ist römisch-katholisch.

Geschichte im Überblick

Vor- und Frühgeschichte

130 000 v. Chr.	Älteste Funde menschlicher Besiedlung in Niederbayern; die Höhlen des Bayerischen Jura dienen als Zufluchtsstätten.
35 000 v. Chr.	Faustkeile, ein Schamanenstab aus Rentiergeweih und andere Artefakte sind Hinterlassenschaften der Altsteinzeit in der Klausenhöhle bei Kelheim.
Ab 5700 v. Chr.	Zuwanderung von Völkern aus dem Südosten; Übergang zur sesshaften Lebensweise; Ackerbau und Viehzucht. Die Menschen siedeln auf Anhöhen entlang den Flussläufen in Langhäusern.
Ab dem 8. Jh. v. Chr.	Aus den nacheinander zugewanderten Gruppen bildet sich das Volk der Kelten heraus. Im 5. Jh. dominiert diese Kultur Mitteleuropa. Rege Handelsbeziehungen mit den Mittelmeerländern fördern den kulturellen Austausch. Nach römischem Vorbild werden befestigte Städte wie Passau und Straubing errichtet.

Die Römer in Ostbayern (1. Jh. v. Chr.–5. Jh. n. Chr.)

15 v. Chr.	Kaiser Augustus ordnet die Eroberung des Keltenlandes zwischen Alpen und Donau an. Seine Stiefsöhne Drusus und Tiberius erobern die Alpen und errichten in der Folge zunächst nur einige militärische Vorposten.
Ende des 1. Jh.	Die Provinz Raetia secunda (Niederbayern) wird mittels Kastellen befestigt. Donau und das Mittelgebirge des Bayerischen Waldes bilden die natürlichen Grenzen nach Osten und Norden; westlich von Kelheim wird ein Limes errichtet. Fast die gesamte heutige Oberpfalz bleibt den Kelten überlassen.
Mitte bis Ende des 2. Jh.	Der Einfall der Markomannen zwingt Rom, seine Grenze nach Nordosten stärker zu befestigen. Gründung von Castra Regina (Regensburg) und Stationierung einer Legion gegenüber der Mündung des Regens in die Donau. Die Kastelle entlang der Donau (u. a. Straubing, Passau) werden verstärkt.
3./4. Jh.	Einfälle der Alemannen und Schwächung der römischen Herrschaft. 288 und 358 wird Castra Regina niedergebrannt.
5. Jh.	Zuwanderung germanischer Volksgruppen aus Böhmen, der Baiovarii, die im Folgenden die Herrschaftsschicht im von verschiedenen germanischen Völkern bewohnten Rätien bilden. Die Völkerwanderung besiegelt das Ende der römischen Herrschaft. Der hl. Severin missioniert in Boiotro/Passau.

Agilofinger und Karolinger (6.–11. Jh.)

6. Jh. Nördlich von Rätien erstarkt das Frankenreich und dehnt seinen Einfluss auch auf das heutige Niederbayern aus. Die Agilofinger erhalten die Herzogswürde von der Franken Gnaden; Tassilo I. wählt u. a. Regensburg zu seiner Pfalz.

6.–8. Jh. Der hl. Emmeram (gest. 652) verbreitet in Regensburg den christlichen Glauben. Die Agilofinger bewähren sich im Kampf gegen Awaren und Slawen und lassen das bayerische Stammesrecht als Lex Baiuvariorum schriftlich fassen. Ihre Verbindungen zu den Langobardenkönigen erwecken das Misstrauen Karls des Großen. 788 lässt dieser den Agilofingerherzog Tassilo III. absetzen; das Herzogtum Bayern ist nun dem Frankenreich unterstellt.

8. Jh. Der hl. Bonifatius (672–754) missioniert an der Donau und gründet im Auftrag des Papstes die Bistümer Passau und Regensburg sowie das Erzbistum Salzburg. Passau gelingt es in der Folge, seinen Einfluss weit über die eigentlichen Grenzen der Diözese bis Wien und nach Ungarn auszudehnen. Von Regensburg aus werden Böhmen und der Nordgau – heute Oberpfalz – missioniert. 741 wird Kloster Niederalteich gegründet, 770 Kloster Metten. Die Klöster treiben die Rodung und Erschließung des Bayerischen Waldgebirges voran.

9./10. Jh. Wiederholte Einfälle von Ungarn werden von bayerischen Herzögen zurückgeschlagen. Das geschwächte Karolingerreich zerfällt; der Luitpoldinger Markgraf Arnulf erneuert 912 das Stammesherzogtum Bayern. Erst 955 beendet der Sieg des Königs Otto I. über das Ungarn-Heer auf dem Lechfeld die fast jedes Jahr stattfindenden Überfälle und Plünderungen der Ungarn in Bayern. Die bayerische Königswürde geht von den Luitpoldingern auf die Salier und schließlich auf die Welfen über.

Bayern unter den Wittelsbachern (12.–19. Jh.)

12./13. Jh. Kaiser Friedrich Barbarossa entzieht 1180 dem Welfen Heinrich dem Löwen die Königswürde in Bayern und verleiht sie dem Pfalzgrafen Otto von Wittelsbach. Die Wittelsbacher bauen Landshut zur neuen Hauptstadt aus. Der alte bayerische Herzogssitz Regensburg wird 1250 freie Reichsstadt und erlebt eine wirtschaftliche wie kulturelle Blüte.

1255 Weil das Wittelsbacher Erbrecht allen Söhnen eines Herzogs gleiche Erbteile zugesteht, wird Bayern 1255 in der Ersten bayerischen Landesteilung in die Herzogtümer Niederbayern (Heinrich XIII.) und Oberbayern (Ludwig der Strenge) geteilt, um die Erbansprüche zu befriedigen.

14./15. Jh. Weitere Teilungen führen dazu, dass zeitweise bis zu vier bayerische Herzogtümer existieren. Die so geschwächte Herzogsmacht begünstigt die Erstarkung lokaler Adelsfamilien und die Autonomie der Bistümer. In Regensburg führt die Verlagerung von Handelswegen zu einem wirtschaftlichen Niedergang. Hussiteneinfälle sorgen für Unsicherheit. Der ›Nordgau‹, zu dem die heutige Oberpfalz gehört, geht an die rheinpfälzische Linie der Habsburger über.

16. Jh. Albrecht IV. vereinigt 1506 das geteilte Bayern und verfügt das Gesetz der Primogenitur, wonach ausschließlich der erstgeborene Sohn Thronfolger ist. 1594 wird in Regensburg der erste Reichstag abgehalten. 1597 wird Bayern Kurfürstentum. Während die Reformation in Niederbayern bekämpft wird, übernimmt die Oberpfalz den lutherischen Glauben.

17. Jh. Im Dreißigjährigen Krieg (1618–48) wird Bayern schwer verwüstet, etwa die Hälfte der Bevölkerung kommt in den Kriegswirren um. 1620 annektiert Bayern nach der gewonnenen Schlacht am Weißen Berg die Oberpfalz, die nun wieder zum katholischen Glauben zurückkehrt. 1663 wandelt sich der Reichstag zu Regensburg in einen immerwährenden Reichstag.

18. Jh. Bauernaufstände und Ungarneinfälle. Im Spanischen Erbfolgekrieg besetzt Österreich 1704 Niederbayern. 1741 fallen im Österreichischen Erbfolgekrieg die gefürchteten Panduren ein. Der Wiederaufbau zerstörter Kirchen und Klöster führt zu einer Blüte des Barock und Rokoko in Niederbayern.

19. Jh. 1800 von Frankreich besetzt, erhält Bayern für seine Unterstützung Napoleons die Königswürde und wird 1806 zum Königreich Bayern. Zwei der 1803 im Zuge der Säkularisation aufgelösten Klöster, Metten und Weltenburg, gründen sich bereits 1830 wieder neu. König Ludwig I. fördert in der ersten Hälfte des 19. Jh. Architektur und Künste und lässt die Befreiungshalle bei Kelheim und die Walhalla bei Donaustauf errichten. In der zweiten Hälfte des 19. Jh. beginnende Industrialisierung.

Drittes Reich, Eiserner Vorhang und Zusammenwachsen Europas (20./21. Jh.)

1933–1945 Nach der ›Machtergreifung‹ der Nazis werden Niederbayern, Oberpfalz und Oberfranken zum ›Gau Bayerische Ostmark‹ zusammengefasst und die niederbayerischen Juden deportiert. Im Zweiten Weltkrieg werden die niederbayerischen Städte schwer zerstört. Durch die Aufnahme von Flüchtlingen wächst die Bevölkerung.

1945 Ostbayern findet sich am Rande Westeuropas am Eisernen Vorhang wieder. Die alten Handelsbeziehungen nach Osten sind unterbrochen. Wirtschaftlicher Niedergang und Abwanderung der Bevölkerung sind die Folge.

1955/1959 Der Bezirk Niederbayern mit Regierungssitz Landshut wird wieder eingerichtet; 1959 folgt die Oberpfalz mit Regierungssitz Regensburg.

1967 Gründung der Universität Regensburg.

1970 Gründung des Nationalparks Bayerischer Wald.

1978 Gründung der Universität Passau.

1989 Der Fall des Eisernen Vorhangs beschert dem östlichen Bayern eine dynamische Wirtschaftsentwicklung durch die nun wieder möglichen Handelskontakte nach Osteuropa.

2002 Das Hochwasser der Donau überschwemmt u. a. auch das Kloster Weltenburg und richtet in Passau schwere Zerstörungen an.

2007 Im Januar verwüstet der Orkan Kyrill die durch Borkenkäferfraß geschädigten Fichtenwälder im Bayerischen Wald.

2008 Bei den Landtagswahlen 2008 verliert die CSU die absolute Mehrheit und koaliert mit der FDP. Neuer Ministerpräsident ist Horst Seehofer.

Land unter in Passau während des Jahrhunderthochwassers von 2002

Vom Böhmerwald zum Bayerischen Wald

Noch Anfang des 19. Jh. war das Mittelgebirge im Grenzgebiet von Bayern, Tschechien und Österreich nur als ›Böhmerwald‹ bekannt. Der Name ›Bayerischer Wald‹ ist ein Kind der Nationalstaatenbildung und der Tourismuswerbung.

Das herausragende Charakteristikum des Bayerischen Waldes, die dichten Wälder nämlich, spiegelt sich in der Namensgebung für das Mittelgebirge seit der Antike wider: Als Hercynia silva, Herkynischer Wald, wurde die Region – allerdings im Westen am Rhein beginnend und im Südosten die Karpaten berührend – von einem Ghostwriter des römischen Kaisers Gaius Julius Caesar in seinen Kommentaren zum Gallischen Krieg beschrieben. Nachdem die Römer Rätien nicht nur erobert, sondern auch kolonisiert hatten, setzte sich für den heutigen Bayerischen bzw. Böhmerwald die Bezeichnung Silva Gabreta durch – *gabreta* abgeleitet vom keltischen Namen für Steinbock. Silva Boemica, Böhmerwald, wird ebenfalls bereits in römischer Zeit verwendet, abgeleitet vom keltischen Volk der Bojer, die in vorrömischer Zeit am Gebirge gesiedelt haben sollen und damit die ersten namentlich bekannten Bewohner des Bayerischen Waldes waren. Beim römischen Historiker Tacitus findet sich für die Region der Name Boihemum.

Von der Silva Boemica zum Böhmerwald

Auf einer Zollurkunde von 953 findet Silva Boemica erstmals schriftlich Eingang in den Sprachgebrauch des Mit-

telalters. Etwa zur gleichen Zeit breitet sich der Name ›Nordwald‹, in kirchlichen Dokumenten der missionierenden Klöster ›eremus Nortwald‹, der menschenleere Nordwald, aus. Verkürzt als ›Wald‹ findet er sich in vielen Ortsnamen wie Waldmünchen, Waldkirchen, Furth im Wald, aber auch in der Eigenbezeichnung seiner Bewohner als Waldler, niederbayerisch Waidler, wieder. Der Böhmerwald setzt sich schließlich durch, zumindest für den eigentlichen Höhenzug. Die von der Donauebene zum Gebirge überleitende Waldlandschaft, der Vorwald, taucht in manchen Urkunden als Bayerischer Wald auf. Als das Königreich Bayern bewusst eine Trennung zieht zu den slawischen Nachbarn östlich des Gebirgskamms, nennt es den eigenen Anteil am Mittelgebirge den ›Bayerischen‹. Umgekehrt wird der Böhmerwald im Tschechischen als *Šumava* bezeichnet, vom tschechischen *šuma,* ›Wald‹.

Uraltes Waldgebirge

Um die Namensvielfalt einzuschränken, wollen wir das Mittelgebirge an der Grenze zwischen Bayern und Tschechien und im österreichischen Mühlviertel mit Adalbert Stifter das »Waldgebirge« nennen. Es ist geologisch eines der ältesten Gebirge in Europa, bestehend aus Gneisen, Feldspat und Quarz, die vor 500 Mio. Jahren gebildet wurden, und aus Graniten, die 200 Mio. Jahre danach aus flüssigem Magma erstarrten. Die Eiszeit hat dem Gebirge eine Reihe von Gletscherseen – die beiden Arberseen oder den Rachelsee – hinterlassen. Die Ero-

Lesetipp
Hubert Ettl/Katharina Eisch (Hrsg.): Böhmerwald. Reise-Lesebuch, Viechtach 2003: Diese sehr lesenswerte literarisch-fotografische Annäherung von Autoren aus Deutschland, Österreich und aus Tschechien an den Böhmerwald widmet sich der historischen, politischen und literarischen Spurensuche in der Grenzlandschaft.

sion hat das auffällige Quarzgrat des Pfahls freigelegt. Rund 300 000 ha Fläche hat das Waldgebirge in Bayern, Böhmen und Oberösterreich. Dichte Wälder bedecken auch heute noch einen Großteil – schließlich liegt hier das größte zusammenhängende Waldgebiet Mitteleuropas. Die ursprünglichen Mischwälder wurden allerdings vielerorts durch gezielte Aufforstung mit den schnell wachsenden und von der Holzindustrie geschätzten Fichten bereits im 19. Jh. in Monokulturen verwandelt.

Ein Name und die Politik

Zurück zur Namensfindung: Endgültig scheint der Böhmerwald von der deutschen Seite der Landkarten zu verschwinden, als sich der Kamm des Waldgebirges nach 1945 in eine unüberwindbare Grenzlinie zwischen West und Ost verwandelt. Die Nachbarn von einst sind nun Feinde und die im freien Westen liegenden Hänge des Waldgebirges können politisch korrekt nur als ›bayerisch‹ bezeichnet werden. Selbst anerkannte Dichter wie Georg Britting waren vor der politischen Umdeutung nicht gefeit: Als 1952 im Merianheft »Passau und der Bayerische Wald« sein Gedicht »Der Böhmische Wald« abgedruckt werden sollte, hielten die Redakteure den Titel für politisch nicht zumutbar und nannten das Gedicht »Der Bayerische Wald«. Nach dem Fall des Eisernen Vorhangs wären derlei Sensibilitäten eigentlich nicht mehr nötig gewesen und der Bayerische Wald hätte heimkehren können unter das böhmische Dach – aber da war der Name längst schon eine Marke geworden.

Imagewerbung

Denn eine vielleicht noch wichtigere Rolle bei der Namensfindung für das Waldgebirge spielte das touristische Marketing. Der ›Bayerische Wald‹ war längst ein Imagepaket aus Naturlandschaft, Freizeit und bäuerlicher Kultur, das der wirtschaftlich angeschlagenen Grenzregion sehr erfolgreich neue Einkommensquellen im Tourismus erschlossen hatte. Nach der politischen Wende in Osteuropa versuchten die namentlich abgegrenzten Regionen zwar wieder zusammenzufinden, aber wirklich funktioniert hat dies bislang nur im Naturschutz, wo die Kooperation zwischen dem Nationalpark Bayerischer Wald und dem böhmischen Šumava vorbildlich funktioniert. Im Tourismus jedoch muss jede Region auf ihre Unverwechselbarkeit setzen. Zwar gründeten Tourismusstrategen 1994 eine Euro-Region im Dreiländereck, die an den historischen ›Böhmerwald‹ anknüpfen sollte. Auf diesen einfachen Namen konnte man sich aber nicht einigen, und so heißt das Gebilde nun ›Euregio Bayerischer Wald/Böhmerwald/Unterer Inn‹, ein Titel, dem wohl keine große Zukunft beschieden sein wird.

Auf dem Drachenrücken des Pfahls

Die Ruine der Burg Weißenstein wächst buchstäblich aus dem Pfahl heraus

Die Alten woben manch' Sagen und Legenden um das Quarzriff des Bayerischen Waldes – kein Wunder, kommt hier doch Gestein aus dem Erdinneren wie ein Drachenrücken zutage.

Seinen Ausgang nimmt der Pfahl im oberpfälzischen Schwarzenfeld und er verläuft in südöstliche Richtung, in groben Zügen das bayerisch-böhmische Grenzgebirge begleitend, bis nach Linz. Besonders markant zeigt sich der Felsgrat zwischen Cham und Waldkirchen. Auf 140 km Länge wachsen bis zu 30 m hohe und mehrere hundert Meter lange Riffe aus Quarz und Pfahlschiefer wie urzeitliche Wesen aus der lieblichen Landschaft des Vorwaldes. An manchen Stellen ist der Fels nur wenige Zentimeter breit und scharfzackig, an anderen bietet er breite Plattformen, auf denen frühere Generationen Burgen oder Kapellen errichteten. »Feuer kam aus dem Erdboden, verschlang die Bäume und fuhr am Rasen dahin, stundenweit. Bald war es totenstill – Wo aber das Feuer gebrannt, wuchs kein Gras mehr und alles zerschmolz zu Stein ...«, berichtet eine Sage über die Entstehung des Pfahls.

Riffgeologie

Die Genese des Pfahls, der übrigens seiner hellen, ›fahlen‹ (lateinisch *pallidus*) Farbe wegen so heißt, muss man sich etwa folgendermaßen vorstellen: Vor etwa 250 Mio. Jahren wurde das Urgestein des Bayerischen Waldes, Granit und Gneis, bei der Hebung des Vorderen Bayerischen Waldes aufgrund von Verschiebungen innerhalb der Erdkruste entlang einer Störungslinie wie in einem Mahlwerk zu feinen Gesteinspartikeln zerrieben und zu Pfahlschiefer gepresst. Dieser Vorgang wiederholte sich mehrmals, so dass die den Pfahl begleitende, teils bis zu einem Kilometer breite Pfahlschieferzone entstand. Gleichzeitig drangen heiße, flüssige Quarzlösungen in Klüfte ein und erstarrten – der Quarzkern des Pfahls war angelegt. Die Erosion tat schließlich das Ihrige, das weichere, den Quarzkern umhüllende Gestein abzutragen. Zurück blieb der Quarzpfahl, eine chemische Verbindung aus Sauerstoff und Silizium, widerstandsfähig und extrem hart.

Ritter und Drachen

Diese Eigenschaften blieben lange Zeit ungenutzt. Der Pfahl verbarg keine Goldadern, seine Umgebung war aufgrund des Säuregehalts des Erdbodens völlig ungeeignet für Ackerbau; bestenfalls ein paar Schafe und Ziegen konnte man hier weiden lassen. Geschätzt wurde der Felsgrat allerdings als schier uneinnehmbarer Standort für Burgen: Schloss Thierlstein bei Cham wächst buchstäblich aus dem Pfahl hervor – bis zur zweiten Etage wurde es aus dem Fels gehauen. Burg Weißenstein bei Freyung (s. S. 182), benannt nach dem weißen Gestein des Pfahls, wacht seit Beginn des 12. Jh. über den mit 760 m höchsten Punkt, den das Quarzriff erreicht – eine wehrhafte und gut gesicherte Anlage, die manchen Ansturm überstehen musste und 1742 in ihren Mauern den gefürchteten Pandurenoberst Trenck beherbergte. Während die Rittersleut' den Pfahl also als zusätzlichen Schutz für ihre Trutzburgen nutzten, verbreiteten sich in der Bevölkerung unheimliche Geschichten über das eigenartig karge, zackige Felsband: Dass hier ein versteinerter Drache ruhen könnte, lag auf der Hand; deshalb nannte der Volksmund den Pfahl auch Drachenkamm. Teufelsmauer und Hexenwerk sind nur zwei weitere, nicht besonders schmeichelhafte Bezeichnungen für dieses einzigartige geologische Phänomen.

Wer noch mehr wissen will ...
Infostelle Pfahl des Naturparks Oberer Bayerischer Wald: Stadtplatz 1, Rathaus, 94234 Viechtach, Tel. 09942 90 48 64, www.naturpark-bayerwald.de, Mai–Okt. Mo–Fr 8–17, Sa 10–13, So (Juni–Sept.) 10–12; Winter Mo–Do 8–17, Fr 8–12 Uhr. Mit Schautafeln, Fotos und Exponaten wird die besondere Natur des Quarzriffs anschaulich erklärt und die Mitarbeiter sind gerne bereit, weitere Fragen zu beantworten.

Vom Schuddaschloga zum Siliziumchip

Um mit einem weitverbreiteten Irrtum aufzuräumen: Der Pfahl und die Glasherstellung im Bayerischen Wald haben nicht viel miteinander zu tun: Der Quarz ist so verunreinigt, dass man daraus nur billige, grüne Allerweltsware herstellen kann. Im 19. Jh. besannen sich die Menschen aber auf die Härte des Gesteins und nutzten ihn als Straßenbelag. In Steinbrüchen wie beispielsweise am Großen Pfahl bei Viechtach schlugen die *Schuddaschloga* den Pfahl kurz und klein; in Schotterwerken wurden die Brocken in Walzmühlen *gequetscht* und als Schotter schließlich auf neuen Straßen verbaut. Der Abbau nahm weder Rücksicht auf die Gesundheit der Steinbrucharbeiter, die sich bei dieser körperlich anstrengenden und staubintensiven Tätigkeit schwere Lungenkrankheiten zuzogen, noch auf die schützenswerte Natur des Pfahls. Heute sind nur noch wenige Quarzsteinbrüche am Pfahl in Betrieb. Ein neuer Auftraggeber hat den Straßenbau abgelöst: Die High- und Bio-Tech-Industrie. Quarz enthält Silizium, und das benötigen die Unternehmen zur Herstellung von Halbleitern. So sorgt der Drachenrücken dafür, dass Solarmodule und Computerchips funktionieren.

Klettern am Pfahl
Da eine solche Felswand natürlich von großem Reiz für Kletterer ist, haben Naturschutzverbände, -behörden und Kletterverbände einige Türme des Kleinen Pfahls bei Viechtach als Klettergebiete ausgehandelt. Beschreibung der Routen auf www.kleimbing.de/Gebiete/Pfahl/pfahl.html.

Natur und Schutz

Dem Laien erscheint der Pfahl karg und unfruchtbar; tatsächlich aber ist auch diese Felsenlandschaft ein ökologisch wichtiger Lebensraum für hoch angepasste Pflanzen- und Tiergemeinschaften. So besiedeln Moose und Farne die kühleren und dunkleren Nordhänge des Pfahls; es gibt sogar kleine Enklaven von Weißmoos-Kiefernwäldern, die sonst in der nordosteuropäischen Taiga verbreitet sind. Ein besonderer Anpassungskünstler ist die Waldkiefer, die am Pfahl als Krüppelkiefer wächst: Da die Böden kaum Nährstoffe enthalten und auch nur wenig Flüssigkeit speichern, schlägt die Kiefer ihre Wurzeln tief ins Gestein, um an verbliebene Nahrungsreservoirs zu gelangen. Ihr Wachstum ist so langsam, dass ihre Jahresringe mit bloßem Auge kaum voneinander zu unterscheiden sind. Die Klüfte und Spalten des Pfahls bieten Fledermäusen Unterschlupf; zahllose Insekten wie der Ameisenlöwe, Wolfsspinnen oder Libellen besiedeln die feuchteren Bereiche. In den Felswänden nisten Raubvögel wie der Turmfalke. Heute stehen weite Teile des Pfahls unter Naturschutz: Am spektakulärsten ist sicherlich das Naturschutzgebiet Großer Pfahl bei Viechtach mit seinen bizarr erodierten Zinnen. Dass nicht nur Aberglaube, sondern auch Volksfrömmigkeit sich am Pfahl manifestierten, zeigt der anrührende Kreuzweg im Naturschutzgebiet Moosbacher Pfahl.

Wo die Natur nach ihren eigenen Gesetzen lebt

Die international festgelegten Bedingungen für einen Nationalpark erfüllt der Nationalpark Bayerischer Wald nur mit Mühe – aber man ist auf dem Weg der Besserung.

Es gab Zeiten, da war Karl-Friedrich Sinner, der Chef des Nationalparks Bayerischer Wald, einer der unbeliebtesten Zeitgenossen im Bayerischen Wald, und manchmal ist es sogar heute noch so. Die Vorgaben des Naturschutzes, dass die Natur sich selbst überlassen bleiben muss, hat Herr Sinner sich zwar nicht ausgedacht, aber er setzt sie konsequent um und macht sich damit nicht nur Freunde. Nach den Bestimmungen der IUCN (International Union for Conservation of Nature and National Ressources) müssen 75 % eines Naturschutzgebietes vollständig frei von menschlichen Eingriffen sein, damit es das Prädikat ›Nationalpark‹ verdient. Im 13 100 ha großen Kerngebiet um die Berge Rachel und Lusen, 1970 als Nationalpark ausgewiesen, ist dies der Fall; doch 1997 wurde der Nationalpark um ein 11 150 ha großes Gebiet um den Falkenstein erweitert. Und hier kämpfen die Nachbarn, Waldbesitzer und Bauern, für den Schutz ihres Eigentums. Denn ›Natur Natur sein lassen‹ bedeutet in ihren Augen, dem Borkenkäfer und anderen kapitalvernichtenden Insekten und Krankheiten Tür und Tor zu öffnen. Die ursprünglichen Pläne, drei Viertel des Nationalparks nach einer Übergangszeit von

Fraßspuren des Borkenkäfers in der Rinde einer Fichte

20 Jahren sich selbst überlassen zu können, wurden inzwischen gekippt. Avisiert ist nun das Jahr 2027.

Die Käfer und der Sturm

Der Borkenkäfer, auch Buchdrucker oder Kupferstecher genannt, befällt mit besonderer Vorliebe Fichten, die im Bayerischen Wald vorrangig den Baumbestand in Höhenlagen über 1000 m stellen, aber auch in den Mischwäldern tieferer Lagen anzutreffen sind. Borkenkäfer bohren ihre Brutgänge in die Rinde des Baumes, berauben ihn so seiner Schutzschicht und schwächen ihn. Bäume mit starkem Befall sterben ab; geschwächte Bäume wiederum werden von Stürmen umgestürzt. In Nutzwäldern ergreifen die Förster umgehend Gegenmaßnahmen, wenn sie einen Borkenkäferbefall entdecken. Der Baum wird gefällt und aus dem Wald transportiert. Das passiert auch in den Randbereichen des Nationalparks Bayerischer Wald. Im Kerngebiet hingegen dürfen die gefräßigen Gesellen tun, was ihnen Spaß macht. Über 4000 ha Fichtenwald wurden im Rachel-/Lusengebiet befallen, also rund ein Drittel des Kerngebietes. Für das Sturmtief Kyrill, das in der Nacht vom 18. Januar 2007 über den Bayerischen Wald hinwegfegte, ein gefundenes Fressen: Es knickte die befallenen Fichten um wie Streichhölzer. Zurück blieben 40 000 m^3 Windwurf alleine um Rachel und Lusen – und eine Mondlandschaft.

Der Urwald wächst

Eine Katastrophe in den Augen der bayerischen Öffentlichkeit, aber kein Problem für den Naturschutz – nur die von Wanderern benutzten Wege mussten natürlich freigeräumt und gesichert werden, wobei das Wandern angesichts der Zerstörungen in diesem Teil des Bayerischen Waldes eine Zeit lang nicht gerade viel Freude machte. Was aus solchen Windwurfflächen entsteht und warum die Politik der Umweltschützer aufgeht, lässt sich an anderen sturmgeschädigten Stellen beobachten, so an Windwurfflächen am Fuß des Rachels, die Stürme 1983 niederlegten und die heute Ziel naturkundlicher Wanderungen des Nationalparks sind: Das Totholz vermodert und die geschlagenen Schneisen lassen Sonnenlicht auf den Waldboden dringen. Dort keimen junge Fichten, deren Samen die Sonne benötigen, aber jahrzehntelang auf diese Chance warten können. Auch andere Pflanzen siedeln sich an: z. B. Beerensträucher, die im dunklen Wald keine Überlebenschance haben. So keimt, wuchert, grünt auf dem Torf, zu dem das Totholz innerhalb von 20 Jahren zerfällt, eine neue Pflanzengemeinschaft: Es entstehen ›Urwälder‹. Das war auch das Ziel der 1983 sehr umstrittenen Entscheidung des damaligen bayerischen Umweltministers Dr. Hans Eisenmann. Er verfügte, dass knapp die Hälfte des Windwurfs liegen bleiben sollte, um einen »Urwald für unsere Kinder und Kindeskinder« zu schaffen. Jetzt, 25 Jahre später, ist Eisenmanns Vision Realität.

Wandern im Nationalpark
Wanderbeschreibungen zu den Urwäldern des Nationalparks können Sie unter www.nationalpark-bayerischer-wald.de als PDF herunterladen. Einfach A–Z und dort dann W, Wandern und Erlebniswege, anklicken.

Die historische Hochzeit des Herzogssohns mit einer schönen polnischen Königstochter und dynastische Scharaden rund um die bayerischen Landesteilungen begründeten ein spektakuläres Freiluftschauspiel, das Landshuts Stadtsäckel gut bekommt.

Wenn die Landshuter Hochzeit im Sommer 2009 zum 39. Mal von über 2000 Mitwirkenden – übrigens alles Landshuter – aufgeführt wird, dann zieht dieses Historienspektakel Busladungen von Touristen in die mittelalterliche Stadt an der Isar. 1902 hatten zwei Idealisten die Idee, die Hochzeit von 1475, die ein Historienmaler auf einem Gemälde fürs Rathaus verewigt hatte, nachzuspielen. Damals hatte die polnische Prinzessin Jadwiga Prinz Georg den Reichen von Bayern-Landshut geheiratet. Eine Ehe mit Folgen – für die schöne Polin ebenso wie für Bayern.

Anno 1475: die Landshuter Hochzeit

Die Braut und die Politik

Die Chroniken schreiben den 14. November 1475. Die 18-jährige Jadwiga Jagiellonka, die zukünftige Herzogin Hedwig, hat eine lange Reise hinter sich, als sie vor den Toren Landshuts von ihrem Bräutigam Georg dem Reichen und dem deutschen Kaiser Friedrich III. empfangen und in die Stadt geleitet wird. Wegen der in Regensburg grassierenden Pest musste sie von Krakau über Berlin und Ingolstadt anreisen. Die Anwesenheit des Kaisers hat einen guten Grund, denn die Verbindung zwischen den bayerischen Herzögen und dem polnischen Königshaus soll dem Deutschen Reich den Rücken stärken. Die Türken rücken immer näher an Mitteleuropa heran und Polens König Kasimir IV., Jadwigas Vater, hatte bereits im Krieg gegen die Deutschritter und gegen die Ungarn seine Schlagkraft bewiesen. So kommt es nicht von ungefähr, dass Markgraf Albrecht Achilles bei der Begrüßung der Braut sagt, dass diese Ehe »ein Nutz sollte sein für Christenheit und Reich«. Den Verbündeten zu gewinnen, war allerdings nicht einfach gewesen – zwei Jahre reisten Verhandlungsdelegationen von West nach Ost und umgekehrt, bis der Ehevertrag endlich unter Dach und Fach war. Die Konkurrenz war groß: Der ungarische König, ja selbst der deutsche Kaiser warben um die Braut.

In der Fremde

Dieser Kaiser ist nun der Brautführer. Jadwiga, die schöne, stolze Polin, versteht kein Wort Deutsch. Nach der Zeremonie beim Verlassen des Doms St. Martin bricht sie in Tränen aus. Abends folgt der Brauttanz mit dem Kaiser und das offizielle Brautlager. Dann beginnt ein einwöchiges Fest, bei dem 323 Ochsen, 285 Schweine, 1133 Schafe, 490 Kälber und 40000 Hühner mit 18390 Maß Hefewein hinuntergespült werden. Herzog Ludwig, der Vater des Bräutigams, kann seiner Leibesfülle wegen »weder stehn noch gehen« und muss von vier Bediensteten getragen werden. Hedwig lässt sich in der Öffentlichkeit nur noch zu den Tanzveranstaltungen am Abend blicken. Das Ritterturnier vor dem Rathaus, bei dem Herzog Christoph der Starke einen furchterregenden polnischen Fürsten aus Lublin besiegt, beobachtet sie vom Fenster aus. Schließlich verlassen die Hochzeiter die Residenzstadt. Die Landshuter Linie besitzt in Burghausen eine der größten Burganlagen Europas. Dort, wo Herzog Georg aufgewachsen ist, soll nun auch seine junge Frau leben.

Staatsräson vor Glück

Ob Herzogin Hedwig auf der Burghausener Feste ein glückliches Leben führt? In Burghausen munkelt man, dass die Burg ein Gefängnis sei, in dem die Wittelsbacher sich ihrer Ehefrauen entledigen. Lange hält sich das Gerücht, Hedwig habe ob der Einsamkeit den Verstand verloren. Aber die Herzogin ist durchaus kein Kind von Traurigkeit: Sie veranstaltet Faschingsfeste, hält sich Hofnarr, Zwerg und 21 Edelfräulein, reitet zur Jagd und zur Wallfahrt. Georg nimmt indessen an diversen Kriegszügen teil und kommt selten nach Hause – Landshut ist ihm lieber. Die Söhne, die Hedwig Georg dem Reichen gebiert, versterben im Kindesalter. Um seine Landshuter Linie zu sichern, entschließt sich der Herzog zu einem Vertragsbruch: Er setzt den Gatten seiner Tochter Elisabeth zum Erben ein.

Krieg und Einigkeit

Als Georg 1503 überraschend in Ingolstadt stirbt, fordert die Münchner Linie der Wittelsbacher ihr vertraglich zugesichertes Recht: das Herzogtum Bayern-Landshut. Elisabeth und ihr Gatte weigern sich. Unterstützt vom Schwiegervater brechen sie den Landshuter Erbfolgekrieg vom Zaun, in dem zwei Jahre lang Dörfer niedergebrannt und Äcker verwüstet werden. Den Schlussstrich zieht ein Schiedsspruch des Kaisers. Er verfügt 1505, dass Bayern-Landshut an München fällt. Die Landshuter Linie ist damit erloschen, doch Bayern nun beinahe wieder in den Grenzen zusammengeführt, die vor den verhängnisvollen Landesteilungen seit 1392 galten. Herzog Albrecht IV. von München bricht schließlich mit der Wittelsbacher Erbfolge und verordnet per Gesetz die Primogenitur. Damit ist die Grundlage für ein starkes Bayern gelegt.

Eine Stadt steht Kopf

Das auf diesen Ereignissen basierende Historienspiel ist wie die historische Hochzeit eine Veranstaltung der Superlative. Über 2000 Mitwirkende ziehen mit dem Hochzeitszug durch die Stadt. Dann kämpfen auf dem Turnierplatz Ritter gegeneinander. Am Abend drehen Edelleute und Volk beim Tanzspiel ihre Kreise. Karten dafür sollte man rechtzeitig besorgen (www.landshuter-hochzeit.de).

Vom Armenhaus zum bayerischen Primus – die Oberpfalz

Hightech in der Oberpfalz – Osram Opto in Regensburg hat sich auf LEDs spezialisiert

Von der Goldgrube zum Problemkind und wieder zurück: Die Oberpfalz hat in den letzten 800 Jahren eine wirtschaftliche Berg- und Talfahrt hingelegt, die ihresgleichen sucht.

Es begann mit Karl dem Großen: Der nämlich ließ den Nordgau, die Region nördlich von Niederbayern, mit Burgen zu einem Bollwerk ausbauen, das die Handelsstraßen ins Böhmische Becken beschützen und Eindringlinge aus dem Osten abwehren sollte. Um die Burgen entstanden Städte, Menschen siedelten sich an und besannen sich auf ein Kapital der Grenzregion, nämlich ihre reichen Eisenerzvorkommen, die übrigens bereits die Kelten ausgebeutet hatten. Zwischen dem 13. und dem 16. Jh. wurde Erz in über 80 Hammerwerken verarbeitet. Man prägte die geschmiedeten Waffen mit eigenem Stempel, exportierte die Waren vom damaligen Zentrum Amberg aus weit über die Grenzen des Heiligen Römischen Reiches und war Monopolist für Zinnblech. Die Oberpfalz war eine der wohlhabendsten Pfalzen des Reiches. Das Ende brachte der Dreißigjährige Krieg. Der strategische Vorteil, die gute Erschließung durch Straßen, wandelte sich in einen Fluch. Auf den Handelssteigen zogen nun marodierende und plündernde Heere dahin.

Auf und ab

Nach Ende der Kriegswirren schien es wieder aufwärts zu gehen; neben dem Eisen sollte ab dem 18. Jh. Glas die Wirtschaft stützen. Doch Anfang des

19. Jh. stiegen die Erzhütten von Holz- auf Steinkohlebefeuerung um – im Ruhrgebiet vorhanden, nicht aber in der Oberpfalz. Die Hammerwerke schlossen. Das gleiche Schicksal ereilte kurz darauf die Glashütten; auch hier feuerte man lieber mit Steinkohle. Mitte des 19. Jh. dann die Gegenbewegung: Eisenbahnstrecken wurden gebaut und die Steinkohle fand ihren Weg aus Böhmen zu den oberpfälzischen Hütten: 1853 wurde die Maximilianshütte, 1883 die Luitpoldhütte gegründet, die Glasindustrie erlebte einen Aufschwung, Unternehmen der Porzellanmanufaktur siedelten sich an. Bis zum Bau des Eisernen Vorhangs. Die Oberpfalz war ihrer Märkte und Zulieferer beraubt und wirtschaftlich am Boden. 1954 meldete das Arbeitsamt Cham die höchste Arbeitslosenquote Bayerns (heute ist man stolz auf die niedrigste). In der Oberpfalz wurden Kommunen mit dem niedrigsten Jahresrealsteueraufkommen Bayerns verzeichnet, der Landkreis Oberviechtach brachte es auf durchschnittlich 16,57 DM/Kopf. Noch für 1995 weisen die Statistiken ein BIP von 118 Mio. € für Oberbayern und von nur 22 Mio. € für die Oberpfalz aus.

Die Ostbayern-Offensive

Dies änderte sich mit dem Fall des Eisernen Vorhangs und mit der EU-Osterweiterung. Die Oberpfalz erhielt, wie übrigens auch Niederbayern, Fördermittel für strukturschwache Gebiete aus bayerischen und EU-Töpfen. Zwischen 1995 und 2006 kassierte die Oberpfalz 306 € Wirtschaftsförderung pro Kopf ihrer Bevölkerung und stand damit hinter Niederbayern im bayerischen Ranking an zweiter Stelle. Für 2007 waren für die beiden Bezirke 80 % der bayerischen Wirtschaftsförderung, also 114 Mio. €, im Etat eingeplant. Allerdings hatte Ostbayern mittlerweile einen Strukturwandel durchlaufen: Die Oberpfalz meldete für 2004 eine Arbeitslosigkeit von 4,6 % und ein BIP-Wachstum zwischen 1995 und 2005 von 28,8 %.

Hightech in der Oberpfalz

Hat Ostbayern diese Hilfe überhaupt noch nötig? Hat es, sagen zumindest die Oberpfälzer, und es gelte nun, die Erfolge zu stabilisieren. Die traditionellen Industrieunternehmen wie BMW und Siemens in Regensburg schwächeln. Die Verhüttungsindustrie verlor Anfang des 21. Jh. den Boden unter den Füßen, 2002 musste die Maxhütte endgültig schließen. Die Oberpfalz setzt nun auf Zukunftstechnologien. Nach München-Martinsried ist sie die zweitgrößte Biotechnologieregion Bayerns. 1300 Mitarbeiter arbeiten hier in über 40 Unternehmen, die intensiv mit den Forschungsstätten der Uni Regensburg kooperieren. In der Witron Logistik und Informatik GmbH in Parkstein werden hochkomplexe Logistiksysteme für internationale Unternehmen entwickelt. Osram Opto hat sich auf LEDs spezialisiert und betreibt in Regensburg die modernste optoelektronische Halbleiterfertigung der Welt. Bei aller Innovation – auch das traditionelle Gewerbe hat sich zukunftsorientiert gemausert: Die Glashütte Lamberts Waldsassen beispielsweise ist Marktführer bei mundgeblasenem Flachglas. 85 Mitarbeiter produzieren jährlich 65 000 m² Flachglas für Auftraggeber weltweit. Inzwischen klagt man in der Oberpfalz über Arbeitskräftemangel.

Zwischen Passau und Schanghai

Die Universität Passau ist eher ein Zwerg unter den bundesdeutschen Hochschulen. Und doch sitzt sie wie eine Spinne im Netz einer weltumspannenden Organisation von Ehemaligen. Ex-Passauer finden und treffen sich im Dschungel des Kongo ebenso wie zwischen den Hochhäusern von Schanghai.

Die Gründung der Uni Passau war eine der vielen Maßnahmen der bayerischen Regierung, mit denen dem darbenden Osten auf die Beine geholfen werden sollte. 1978 ging man mit 463 Studierenden und der philosophisch-theologischen Fakultät an den Start, zwei Jahre später folgte die Mathematik, und heute gelten sowohl der IT- und der BWL- als auch der Jurastudiengang zu den besten in bundesweiten Rankings. Es wundert nicht, dass sich in der kleinen, feinen Uni-Nische an der niederbayerischen Donau überproportional viele Promi-Studenten bestens vorbereitet und zugleich aufgehoben fühlen. Man munkelt, dass selbst Ex-Kanzler- und Parlamentspräsidentinnensprösslinge die Passauer Geborgenheit genießen. Auf jeden Fall haben viele hier ihre Karriere gestartet – die Schriftstellerin Juli Zeh ist so ein Passauer Kindl. Hits sind Kulturwirtschaft und European Studies, beide mit Schwerpunkt auf interkultureller Kommunikation und intensivem Spracher-

Die Passauer Universität hat die Kultur beflügelt – das Kabarett im Scharfrichterhaus

werb. Die Abschlüsse sind mit Bachelor und Master international kompatibel. Das bereitet den Passauer Absolventen aufs Beste auf eine internationale Karriere vor.

Ex-Passauer weltweit

Ein nicht zu unterschätzender Karrieremotor ist auch das Netzwerk, das die Passauer Ehemaligen um die Welt gesponnen haben. Die ›Stammtische‹, ob in Ostwestfalen-Lippe, Paris, Moskau oder Jakarta, bringen die inzwischen erfolgreich berufstätigen Ex-Passauer zusammen. Man verabredet sich per Rund-E-Mail in der Loreley in New York oder im Seppl in Luxemburg, knüpft neue Kontakte und hat mit Glück nicht nur einen netten Abend verbracht, sondern vielleicht auch zu einem weiteren Karrieresprung angesetzt. Frisch gebackene Absolventen profitieren davon übrigens ebenfalls: Unter Ehemaligen vermittelt sich ein Praktikumsplatz einfacher als unter völlig Fremden.

Woher kommt nun diese besondere Anhänglichkeit an die Uni Passau? Claus Schürmann, Absolvent 1993 und heute Organisator des Stammtisches in Schanghai, meint, die kleine, übersichtliche Uni fördere von Anfang an das Gefühl der Gemeinsamkeit. Die meisten Studenten stammen aus anderen Bundesländern, sind also alle ›Fremde‹. Freundschaften werden schneller geschlossen und noch in einigen Jahren Abstand und viele tausend Kilometer von Passau entfernt schwelgt man ab und an gerne in Erinnerungen an die Studienzeit. Zwei Jahre war Schürmann beim Stammtisch in Singapur dabei. Da lag es auf der Hand, die Tradition nach dem Umzug nach Schanghai fortzusetzen, und zwar in Papa's Bierstube. Der Stammtisch in Jakarta verdankt seine Existenz einem Zufall: Dr. Ragnar K. Willer lief 2003 im Zentrum der Millionenmetropole einer Passauer Kommilitonin in die Arme, die er seit dem Studium aus den Augen verloren hatte. Prompt fanden sich weitere ›indonesische‹ Passauer und der Stammtisch war geboren.

Treffpunkte Kinshasa – und Passau

Groß sind die meisten Exilgruppen nicht, aber effektiv. Neue zu unterstützen und Alten zu helfen – für die acht Passauer in Schanghai ist das ebenso selbstverständlich wie für das noch verbliebene Häuflein von vier Stammtischlern im Kongo, zu deren Treff in Kinshasa – jeden ersten Montag eines geraden Monats im Surcouf – zwei der vier quer durch den Kongo angeflogen kommen. Ihr Hauptarbeitgeber ist die UN – daran lässt sich ablesen, dass Passau tatsächlich internationale Karrieren macht.

Einmal im Jahr kommen übrigens Ehemalige aus allen Ecken Deutschlands (und der Welt) zum großen Treff nach Passau, wo die Erinnerungen mit ein bisschen Nostalgie, etwas Sightseeing und abschließendem gemütlichen Beisammensein vor Ort ausgelebt werden. Dann kehren sie abends vielleicht auch im Scharfrichterhaus ein, dem berühmten Passauer Kabarett, das es ohne die Uni Passau womöglich nie gegeben hätte. Denn als Walter Landshuter und Edgar Liegl 1978 beschlossen, das tiefschwarze Passau mit politischem Kabarett zu ärgern, da taten sie dies in der Hoffnung, die neu gegründete Universität würde ihnen zahlende Gäste und der Stadt etwas Liberalität bescheren. Was sich ja auch bewahrheitete.

Vom Regensburger Turmbau

Patrizierstolz des 13. Jh. – der Baumburger Turm

Etwa die Hälfte der ursprünglich wohl um die 40 gotischen Geschlechtertürme sind heute noch in Regensburg erhalten. Sie verleihen der Altstadt ein ganz besonderes Flair.

Regensburg verdankt den Ritterschlag zum UNESCO-Welterbe seiner hervorragend erhaltenen Altstadt. Sie ist der größte mittelalterliche Stadtkomplex Deutschlands mit insgesamt 1400 Baudenkmälern, davon 348 Kirchen und Kapellen und Deutschlands einzigem erhaltenen Holzhaus der Romanik (Keplerhaus, s. S. 90). Einzigartig sind die gotischen Türme, wie man sie sonst nur aus oberitalienischen Städten kennt. Beim Bummel durch die engen Gassen sind diese Türme als solche erst auf den zweiten Blick, nämlich den nach oben, zu erkennen. Aber von der Steinernen Brücke aus betrachtet überragen sie die alten Häuser mit den Satteldächern wie ein Heer stummer Riesen.

Die Türmlebauer

Die meisten der heute noch erhaltenen Geschlechter- oder korrekter Kaufmannstürme stammen im Kern aus dem 12. Jh., Regensburgs Blütezeit. Der Handel florierte und trotz manch einer dynastischen Auseinandersetzung zwischen herzöglichen Vätern und Söhnen, zwischen Rivalen und Verbündeten, die Regensburg erschütterten, war die Stadt im 12. Jh. die bevölkerungsreichste und wohlhabendste in Süddeutschland. Fernhandelswege nach Böhmen, Venedig, selbst nach Byzanz trafen hier aufeinander, und als die Steinerne Brücke 1146 mit Geldern der Kaufmannschaft erbaut war, besaß die Stadt den einzigen befestigten Donauübergang zwischen Ulm und Wien. Die Kaufleute finanzierten Kirchen und Kapellen und sie wollten repräsentieren. So entstanden die vierflügeligen Patrizierhäuser, die meist um einen Innenhof erbaut und mit Turm und Hauskapelle ausgestattet waren. Über den Zweck der Türme wurde lang und viel diskutiert: In den Städten der Lombardei, woher viele der in Regensburg beschäftigten Handwerker kamen, hatten die Geschlechtertürme eindeutig die Aufgabe, im Kriegsfall Angreifer abzuwehren. Hatten Regensburger Kaufleute innerstädtische Fehden zu fürchten, mussten sie sich mit Waffengewalt gegen Rivalen verteidigen? –

Wohnen im Turm

Die meisten ehemaligen Patrizierhäuser werden heute noch als ganz normale Wohnhäuser genutzt. Einige wurden restauriert und in Studentenwohnheime umgewandelt, so auch das Anwesen am Goldenen Turm. In einem der historischen Türmen zu leben, gilt heute als schick und ist inzwischen trotz der Unbequemlichkeiten – kein Lift etc. – nahezu unbezahlbar. Dass die mittelalterliche Architektur auch Vorbild für modernes Bauen sein kann, bewies der Regensburger Architekt Manfred Blasch mit seinem 2002 errichteten Wohnturm am Herrenplatz (s. Foto): Auf einem Grundstück von nur 55 m^2 Fläche zog er einen fünf Stockwerke zählenden ›Turm‹ in die Höhe, dem große Glasfronten in den beiden obersten Geschossen Transparenz und Großzügigkeit verleihen.

Stadthistoriker sagen nein. Man fand die Türme schick, wollte sich weltläufig geben und nutzte sie letztlich, um darin Waren zu lagern. Denn jedes Handelsgut musste eine Zeit lang in der Stadt gestapelt, also zum Verkauf gestellt werden, bevor es seinen Weg auf den Handelsrouten fortsetzen konnte.

Hoch und höher

Ein gut erhaltenes Beispiel für ein solches Kaufmannshaus ist das Anwesen um den Goldenen Turm an der Wahlenstraße 16. Kern dieser mächtigen Anlage, die sich heute bis zur Unteren Bachgasse erstreckt, waren zwei romanische Steinhäuser an der Bachgasse und an der Wahlenstraße. Um 1200 kamen zwei lang gestreckte Bauten hinzu, um 1250 wurde dann der damals nur viergeschossige Turm an der Wahlenstraße errichtet und daran anschließend ein dreigeschossiges Wohnhaus, das den ursprünglich romanischen Vorgängerbau mit einbezog. 50 Jahre später genügte das Anwesen den Ansprüchen seiner Besitzer nicht mehr: Der Turm wurde auf acht Etagen und 50 m Höhe aufgestockt und wehrhaft mit Zinnen gekrönt und auch das Wohnhaus wuchs um ein Geschoss. Schließlich wurde das Geviert zur Straße hin geschlossen. Nun hatte das Anwesen um den Goldenen Turm (auch unter dem Namen Wallerhaus bekannt) beinahe sein heutiges Aussehen erreicht. Veränderungen im Innenhof sind der Renaissance zu verdanken: Um 1600 erhielt er seine umlaufenden Arkaden und der Goldene Turm verlor seine Zinnen zugunsten eines Pyramidendachs. Ein charakteristisches Element solcher Vierflügelanlagen ist die Hauskapelle. Im Anwesen Goldener Turm ist sie vom Innenhof her zugänglich und stammt wahrscheinlich noch aus dem romanischen Ursprungsbau an der Wahlenstraße. Sie ist mit eleganten, zwei Joch tiefen Kreuzrippen aus dem 13. Jh. überwölbt.

Fremdarbeiter des Mittelalters

Die Steinerne Brücke ist ein Beleg dafür, dass in Regensburg Handwerker aus aller Herren Länder tätig waren. Ohne Kenntnis der römischen Brückenbaukunst hätte die ›Steinerne‹ nicht umgesetzt und als Weltwunder des Mittelalters gefeiert werden können. Ähnlichkeiten mit der Engelsbrücke in Rom kommen nicht von ungefähr. Auch der Dom St. Peter, knapp hundert Jahre später errichtet, orientiert sich an ausländischen Vorbildern. Als einziges Zeugnis klassischer französischer Kirchengotik östlich des Rheins ist er heute noch eine auffällige Landmarke in der Altstadt – nicht nur wegen seiner Höhe, sondern wegen seiner Gestaltung. Sein Vorbild verorteten Architekten in der Kirche Saint Urbain von Troyes in der Champagne. Der Name des maßgeblichen Dombaumeisters ist nicht bekannt, aber es scheint wahrscheinlich, dass er aus Frankreich stammte. Umgekehrt haben auch Regensburger im Ausland manche Neuerung aufgegriffen und sie zu Hause umgesetzt: Im Fondaco dei Tedesci, in Venedigs deutschem Kaufmannskontor an der Rialtobrücke, sind die Regensburger als tonangebende Gruppe verbürgt. Und was man so auf Reisen durchs liebliche Italien entdeckte, was den Händlern im toskanischen San Gimignano oder in Siena imponierte, wollten sie auch im heimischen Nordgau nicht missen. So entstand die Turmmode.

Von der Butzenscheibe zum Kunstobjekt

Die Glasproduktion im Bayerischen Wald ist 700 Jahre alt; das Handwerk war maßgeblich an der Erschließung der Wälder beteiligt. Heute ist es trotz Krisen ein nach wie vor bedeutender Wirtschaftsfaktor und eine Tourismusattraktion entlang der Glasstraße.

Die Geschichte der Glasbläserei begann je nach Deutung und Quellen zwischen dem 13. und dem 15. Jh. mit ›fliegenden Hütten‹, denn einen festen Standort hatten die ersten Glashütten im Bayerisch-Böhmischen Wald nicht. Die Glasbläser rodeten und nutzten die gefällten Stämme als Feuerholz. Buchen wurden zu Holzasche verschwelt, aus der man Pottasche gewann. War ein Gebiet ausgebeutet, zog die Glashütte weiter. Um die 40 fliegende Hütten sollen in der Blütezeit des Glasbläserhandwerks in der Region aktiv gewesen sein. Glasbläser war ein Beruf für Mutige, denn »ihr Weg ging auf entlegene Posten, wo man den Bären und Wölfen häufiger begegnet als einem Fremden«, berichtet ein Chronist. Damals waren die Produkte aus dem Bayerischen Wald als ›Waldglas‹ bekannt, hauptsächlich Butzen- und Fensterscheiben sowie Rosenkranzperlen. Auf Pferdefuhrwerken fanden sie ihren Weg vom Wald in die Handelsorte Passau und Regensburg. Die Glasbläser waren die Vorhut. Ihnen folgten Bauern, die sich auf dem gerodeten Grund niederließen, Dörfer wurden gegründet, und so drang die Zivilisation immer tiefer in den Wald vor.

›Fliegende‹ Handwerker werden sesshaft

Um das 16. Jh. begann die Ära der fest installierten Glashütten. Poschinger, das heute noch besteht, kann seine Geschichte in Zwieselau bis 1568 zurückverfolgen. Der tiefgreifende Wandel kam allerdings erst in der ersten Hälfte des 19. Jh. Kohle löste Holz als Brennstoff ab; Pottasche wurde von der chemischen Industrie hergestellt und hochwertiges Quarz konnte importiert werden – möglich machte es der Bau der Eisenbahnlinie von Plattling nach Bayerisch Eisenstein. Die Produktion benötigte den Wald nicht mehr, sondern nur noch das in Jahrhunderten erworbene Know-how der alten Glasbläserfamilien. Anfang des 20. Jh. arbeiteten zehn große Hütten im Bayerwald; längst hatten die Glasbläser auf die Herstellung von Trinkgläsern umgestellt, das Scheibenglas wurde nun mechanisch produziert. Mit dem ersten ›Eisernen Mann‹ in der Zwieseler Glasfabrik Schott begann Mitte des 20. Jh. die automatisierte Glasproduktion und für das alte Handwerk kam, so schien es zumindest, das Aus. Eine

Renaissance der Glasbläserkunst – in der Glashütte Theresienthal

bald 600 Jahre alte Kunstfertigkeit drohte im Bayerischen Wald auszusterben.

Glas kreativ

Dass dies nicht passiert ist und dass inzwischen eine Vielzahl von künstlerischen Manufakturen die Industrieglaslandschaft im Bayerischen Wald mit ihrer Kreativität bereichert, ist u. a. dem Glaskünstler Erwin Eisch zu verdanken, der die Ideen der amerikanischen Studioglasbewegung in den Bayerischen Wald brachte und mit seinen Glasskulpturen auch international bekannt wurde. Glaskünstler aus dem Bayerischen Wald haben die Interessensvertretung ›Gläserner Winkel‹ ins Leben gerufen, über deren Plattform sie ihre Produkte auch vermarkten. Glasgalerien, kleine Manufakturen, Künstlerateliers sind zahlreich vertreten, in Zwiesel bildet eine Fachschule Nachwuchs aus und das Glasmuseum in Frauenau ist kultureller Mittelpunkt für Künstler wie Interessierte. Auch die spektakuläre Wiederbelebung der geschlossenen Glasmanufaktur Theresienthal zeugt von dieser Entwicklung. Mit seiner Infrastruktur ist dieser Teil Ostbayerns einer der drei bedeutendsten ›Glas-Cluster‹ in Europa – nur das venezianische Murano und das tschechische Böhmen besitzen eine ähnliche Dichte von Produktionsstätten und Zulieferern. Um 2000 waren 4500 Menschen in der Glasindustrie beschäftigt; heute ist nur noch die Hälfte der Arbeitsplätze vorhanden. Dennoch gibt es einen Arbeitskräftemangel – die junge Generation hat zu diesem immer wieder von Krisen erschütterten Gewerbe kein Vertrauen mehr.

Geschundenes Glas

Woher die Bezeichnung ›geschunden‹ kommt, ist nicht überliefert. Es galt als altes Recht der Glasarbeiter, dass sie in ihrer Pause oder nach Ende der Arbeit aus Glasresten selbst ein Werkstück blasen durften und die so entstandenen Objekte – häufig Glasperlen oder die im Bayerischen Wald überaus beliebten Schnupftabakgläser, die Bixl – wurden ›geschunden‹ genannt. Viele originelle und ungewöhnliche Stücke waren darunter – man musste ja mit den Resten improvisieren – und heute ist geschundenes Glas, besonders aber die Bixl, ein teuer gehandeltes Sammlergut.

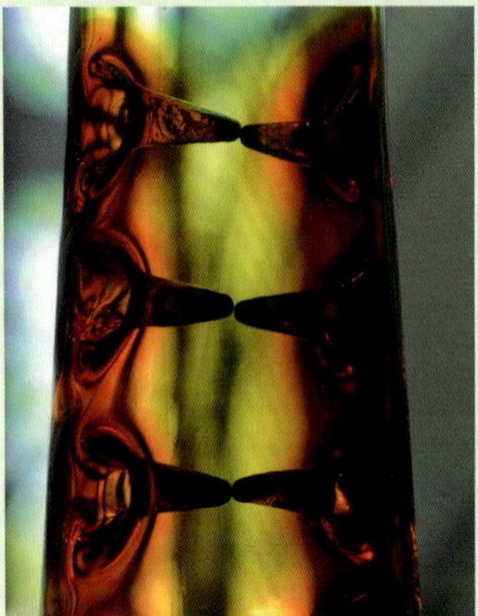

Vase von Pavel Hlava in Frauenau

Glasadressen

Galerien und Künstler: www.glaeserner-winkel.de
Glasstraße: www.dieglasstrasse.de
Glasmuseum: www.glasmuseum-frauenau.de

Himmlisches Barock

Dem erfolgreichen Familienunternehmen Asam verdanken zahlreiche Kirchen und Klöster Ostbayerns ihre spektakuläre Innenausstattung. Tatsächlich manifestiert sich im Osten Bayerns der Beginn und das Ende einer singulären Künstlerkarriere des Hochbarock.

Anerkannte Künstler waren Cosmas Damian und Egid Quirin Asam längst, als sie nach getrennten Arbeitswegen an der Klosterkirche Weltenburg 1716 erstmals historisch dokumentiert zusammenfanden. Von da an galten sie mit ihrem Talent, die Gesetze der Architektur und der Baustatik durch die Illusionen von Stuck und Fresken aufzuheben, als Dream-Team des Hochbarock und wurden fürderhin meist gemeinsam engagiert. Obwohl sie ihre Aufträge weit über Bayerns Grenzen hinweg nach Böhmen und in die Schweiz führten, blieb Ostbayern ein Schwerpunkt ihrer Tätigkeit. Hier haben sie auch ihr letztes gemeinsames und vielleicht vollkommenstes Werk hinterlassen: die 1740 vollendete Klosterkirche der Ursulinen in Straubing.

Krieges Last und Gottes Lob

Die Wurzeln dieses barocken Höhenflugs sprießen aus den furchtbaren Jahrzehnten des Dreißigjährigen Krieges, der im ostbayerischen Raum seine schlimmsten Exzesse feierte. Zerstörte Dörfer, niedergebrannte Kirchen und Klöster, die Bevölkerung um die Hälfte dezimiert – das Land brauchte einen Neuanfang. Der ging vor allem von den Klöstern aus: Hoffnung und Gottesglauben sollten in schönsten Kulissen wieder auferstehen; Baumeister, Freskanten, Stuckateure arbeiteten zusammen, um die Kirchen in ein Jubellied zu Ehren Gottes zu verwandeln. Einer dieser Künstler war Vater Hans Georg Asam. 1649, ein Jahr nach dem Friedensschluss, in Rott am Inn als Sohn des Klosterbrauers geboren, war er zum Maler ausgebildet und durch seine guten Klosterkontakte bei vielen Um- und Neubauprojekten eingesetzt worden. Als er 1711 starb, hinterließ er den beiden Söhnen Cosmas Damian (1686–1739, Baumeister und Freskant) und Egid Quirin (1692–1750, Bildhauer und Stuckateur) sein Talent und seine Netzwerke. Egid machte eine Bildhauerlehre, sein Bruder Cosmas aber zog nach Rom, um dort die barocke Kirchenbaukunst zu studieren – die italienischen Einflüsse seiner Lehrjahre sind in vielen seiner Werke präsent.

Theatralisches in Weltenburg

Nachdem Bayern auch noch den Spanischen Erbfolgekrieg überstanden hatte, schlug 1716 die erste von vielen Sternstunden der Asam-Brüder: Cosmas wurde zum Baumeister nach Kloster Weltenburg berufen und wohl auf seine Fürsprache hin der kleine Bruder Egid zum Stuckateur und Bildhauer bestimmt. Im Ergebnis spiegelte sich die hohe künstlerische Fertigkeit der Brüder, ihre Liebe zum theatralischen Auftritt, aber auch ihr bayerischer Sinn fürs Derb-Leibliche und ihr Humor. Faszinierend ist die Klosterkirche von Weltenburg durch ihre scharfen Hell-Dunkel-Kontraste, überwältigend beim Eintreten der von dunklen Säulen eingerahmte Hochaltar mit der vergoldeten Reiterfigur des heiligen Georg, der gegen die durch unsichtbare Seitenfenster hell erleuchtete Apsis wie ein ins Gotteshaus preschender Schattenriss erscheint. Das Spiel mit Nähe und Ferne gelang Cosmas Damian auch im Deckenfresko, das der Maler als *pictor et architectus* 1721 selbstbewusst signierte und das sich, die Kirchendecke überwindend, ins Pantheon der Heiligen emporschwingt. Als wollte der Künstler der ganzen Erhabenheit ihren Ernst nehmen, gönnte er sich selbst auch ein Plätzchen in diesem kunstsinnigen Reigen aus Stuck und Fresken: Von hoch oben blickt Cosmas Damian Asam verschmitzt aufs Kirchenvolk. Ähnliche Selbstbildnisse finden sich in vielen Asam-Kirchen.

Schlag auf Schlag

Weltenburg war noch nicht fertig, da unterschrieb Egid Quirin bereits für ein Neubauprojekt im nahen Rohr, während Cosmas Damian an den Bodensee zog. In Rohr verließ Egid Quirin mit der Stuckplastik die bisher geltenden Gesetze, die sie stets mit dem Hintergrund verbunden sahen, und stellte seine aus Stuck geformte, himmelwärts fahrende Maria am Hochaltar frei – ein atemberaubender Effekt. Zwischen 1718 und 1720 arbeiteten die Brüder wieder gemeinsam an der Klosterkirche von Aldersbach, einer Symphonie in Weiß- und Goldtönen. Osterhofen, nicht weit von Aldersbach, folgte nach einem Intermezzo der Brüder in Ingolstadt ab 1728: Der geniale Barockarchitekt Johann Michael Fischer aus München hatte ihnen einen idealen Raum geschenkt, den sie mit eigenwilliger Formensprache füllen konnten. Auch hier verewigte sich Cosmas Damian in einem Fresko. In dem Vierteljahrhundert, in dem die beiden Brüder ihre Spuren in Ostbayern hinterließen, arbeiteten sie an 18 großen Bauvorhaben. Das letzte gemeinsame wurde die Ursulinenkirche in Straubing, 1736 begonnen und 1739 durch den Tod Cosmas Damians unterbrochen. Sein Bruder stellte die Fresken wahrscheinlich fertig. Hier manifestiert sich der Übergang vom Spätbarock zum Rokoko in einer anmutigen, fließenden Bewegtheit. Die Kirche war nicht nur Schlusspunkt, sondern auch Höhepunkt des gemeinsamen Schaffens. Das Honorar für Cosmas Damians Arbeit kehrte nach Vollendung in die Schatullen der Ursulinen zurück. Es war die Mitgift, die seine Tochter beim Eintritt ins Kloster bezahlte.

Die Asams in Ostbayern
Beim Tourismusverband Ostbayern (www.ostbayern-tourismus.de) ist eine reich bebilderte Broschüre zum Thema »Die Brüder Asam – Barock in Ostbayern und Böhmen« erhältlich (Schutzgebühr 2 €).

Kongeniales Meisterwerk der Gebrüder Asam – Deckenfresko in Weltenburg

Künstlerische Waldwogen

Das bayerisch-böhmische Grenzgebirge als Inspiration für künstlerische Leistung – da fällt jedem wohl der Name Adalbert Stifter ein. Der große Dichter des Biedermeier war und ist aber nicht der einzige, der den Waldwogen verfiel.

Das ist nicht ein Wald wie sonst einer,
Der Böhmische Wald.
Er ist so schwarz wie sonst keiner –
Es hat ihn noch keiner gemalt
Wie er ist.

(Der Böhmische Wald, in: Georg Britting, Sämtliche Werke, hrsg. von Ingeborg Schuldt-Britting, List Verlag, München 1987–1996, Band 4, S. 176)

Als Georg Britting, der große Expressionist aus Regensburg, diese Zeilen in den 1950er-Jahren schrieb, hatte er jenen, der den Wald malte, wie er war, offensichtlich übersehen. Seit Anfang des 20. Jh. lebte der Grafiker und Maler Alfred Kubin im oberösterreichischen Dorf Zwickledt am Böhmerwald und er hielt den eigenartigen Zauber des schwarzen Waldes in unzähligen Bildern fest. Er berichtete, »dass diese oft düstere, menschenarme Landschaft die eigentliche Heimat meiner Seele ist, dass in ihr die tiefsten Wurzeln meines Wesens ruhen«. Was Britting und Kubin als Düsterheit beschrieben, empfand Adalbert Stifter als Erhabenheit: »Überall, wo man in den verschiedenen Gefilden herumgeht, (...) zieht die Würde des Waldes den Blick an sich und die Gegend, deren Armut man vielleicht auch anderwärts anträfe, erhält durch diese Würde erst ihre Erhabenheit«.

Seelenlandschaft

Eine literarisch oder künstlerisch anregende Seelenlandschaft ist der Bayerische Wald auf den ersten Blick nicht. Mit hintereinander gestaffelten Bergkuppen, die erst aus der Nähe ein eigenes Gesicht bekommen wie der Dreisessel mit seinen Felsformationen oder der Lusen mit dem Granitbrockenmeer, dazu dicht mit dunklen Wäldern bestanden, wirkt das Waldgebirge überaus gleichförmig. Es fehlt das Großartige, Dramatische, das die Alpen auszeichnet. Adalbert Stifter beschreibt diese Gleichförmigkeit sehr treffend: »Waldwoge steht hinter Waldwoge bis eine die letzte ist und den Himmel schneidet. Großartig ist es, wenn Wolkenberge an dem Himmel lagern und mit blauen Schattenflecken dieses Waldmeer unterbrechen.« Und er bringt damit den Reiz dieser Landschaft auf den Punkt: Sie ist ein endlos wogendes, dunkles Meer, eine Art von der Natur geschaffener, bayerischer Zen-Garten.

Dunkler Wald, romantisch aufgehellt

Waldheimat

Adalbert Stifter (1805–68) war ein Kind des Böhmerwaldes: Am 23. Oktober 1805 wurde er im böhmischen Oberplan geboren; 1855 kehrte er als angesehener Schriftsteller an die Orte seiner Kindheit zurück, fand in Lackenhäuser auf dem Rosenbergergut sein Domizil und verbrachte hier in den folgenden zehn Jahren immer wieder erholsame Ferientage, denn »wenn ich irgendwo völlig genese, so ist es dort«.

Georg Britting (1891–1964) stammte aus Regensburg, verbrachte dort Kindheit und Jugend und konnte auch seine ersten Erfolge feiern. 1921 verließ er seine Heimatstadt und ging nach München. Die Jahre in Regensburg, Ausflüge an der Donau und in den Bayerischen Wald spiegeln sich in seinem Werk in den Erzählungen und Gedichten »Die kleine Welt am Strom« und »Afrikanische Elegie« wider. Sein Gedicht über den Böhmerwald (s. S. 69) zählt zu den bekanntesten und am häufigsten zitierten Versen über das Waldgebirge.

Alfred Kubin (1877–1959) aus Nordböhmen verschlug es 1906 an den Böhmerwald, wo er in Schloss Zwickledt bis zu seinem Tod lebte und die Landschaften des Waldgebirges in Kreide- und Federzeichnungen sowie Radierungen festhielt. In den lithografischen Zyklen »Raunacht« (1925) »Stilzel« (1930) und »Phantasien aus dem Böhmerwald« (1935) nahmen seine durch Volksglauben und Sagen angeregten Visionen Gestalt an. Kubin war häufig in Waldhäuser am Fuß des Lusen bei dem Maler Reinhold Koeppel zu Gast, bei dem sich die um den Bayerwald ansässige literarische und Künstlerszene traf. Dort begegnete er dem Dichter Siegfried von Vegesack (1888–1974), der aus dem Baltikum stammte und aus gesundheitlichen Gründen in den Bayerischen Wald gezogen war. Im Wirtschaftsgebäude von Burg Weißenstein bei Regen schrieb Vegesack zahlreiche seiner Werke, darunter auch »Das fressende Haus«, eine Hommage an seine neue Heimat, deren Unterhaltskosten ihn aufzufressen drohten.

Ein Kind des Bayerischen Waldes und diesem auch in der großen amerikanischen Fremde verbunden war die Dichterin Emerenz Meier (1874–1928) aus Schiefweg. 1897 verewigte sie ihre Heimat in der Erzählung »Aus dem bayrischen Wald«. Obwohl sie als Schriftstellerin erfolgreich war, zwang die wirtschaftliche Not die Dichterin ins Exil: 1906 siedelte sie um nach Chicago, wo sie bis zu ihrem Tod ein eher unglückliches Leben führte.

Stifters Wohnung
Adalbert Stifters Wohn- und Arbeitsräume können nach Voranmeldung besichtigt werden: Stifter-Gedenkräume, Rosenberger Gut, 94089 Neureichenau, Tel. 08584 98 97 24, www.neureichenau.de.

Die Donauwaldgruppe

Einer der oben genannten Künstler begründete nach dem Zweiten Weltkrieg 1946 die Donauwaldgruppe: Reinhold Koeppel, Gastgeber und Freund Alfred Kubins. Maler und Bildhauer wie Hermann Erbe-Vogel aus Frauenau, August Philipp Henneberger aus Kötzting, Oskar Matulla aus Hengersberg, Georg Philipp Wörlen aus Passau und Heinz Theuerjahr aus Waldhäuser schlossen sich an und bereits ein Jahr später stellte die Gruppe in Grafenau aus. Einen einheitlichen Stil pflegten die Künstler nicht – und doch war und ist der Wald vorder- oder hintergründig in ihren Werken präsent. Viele Werke der Donauwaldgruppe sind im Museum Moderner Kunst/Stiftung Wörlen in Passau zu besichtigen (s. S. 238).

Alfred Kubin in Zwickledt um 1950

Kubins Heimat
In Alfred Kubins Schlösschen in Zwickledt finden wechselnde themenbezogene Ausstellungen statt; die Wohnräume können nach Voranmeldung besichtigt werden: Kubinhaus, Zwickledt 7, A-4783 Wernstein am Inn, Tel. 0043 77 13 66 03, www.landes museum.at.

Im Waldinneren

Künstler der Donauwaldgruppe und andere Kunstschaffende aus dem Bayerischen Wald präsentieren sich im Internet vorläufig noch in einem virtuellen Museum: Das »Waldinnere«, wie sie es nennen, soll aber durchaus Realität werden, ein Museum »für die Werke der Künstler des Bayerisch-Böhmischen Waldes, wie selbstverständlich aus und auf seinem Boden gewachsen.« Als Standort für dieses Projekt wurde die Gemeinde Waldhäuser ausgewählt. Über den Fortgang dieses ambitionierten Unternehmens, das Kunst und inspirierende Natur zusammenbringen möchte, informiert die Website www.waldinneres.de.

Querköpfe

Seit 1987 ist der lichtung Verlag aus dem niederbayerischen Viechtach Sprachrohr der Dichter, Querdenker und Querköpfe besonders aus dem östlichen Bayern. Angefangen hat die Mannschaft um Hubert Ettl 1987 mit einer Zweimonatszeitschrift, dem »Ostbayerischen Magazin lichtung«, schon bald kamen in der edition lichtung verlegte Bücher bayerischer Autoren, darunter viele lyrische Entdeckungen und die ersten gedruckten Werke der niederbayerischen Kabarettisten Ottfried Fischer und Django Asül dazu. Inzwischen ist der lichtung Verlag eine vielfach preisgekrönte und anerkannte Kulturplattform in Ostbayern. Der Verlag sieht seine Aufgabe im »Aufhellen dessen, was dumpf und hinterwäldlerisch sich gibt«, fühlt sich aber auch »den kantigen, querschädeligen Eigenheiten, die so nötig sind angesichts der Globalisierungswalze in einem Europa der Regionen« verpflichtet – typisch Waldler eben (lichtung Verlag, Postackerweg 10, 94234 Viechtach, www.lichtung-verlag.de).

Lebendiges Brauchtum

Der Spitzname ›Hinterwäldler‹ unterstellt den Bewohnern des Bayerischen Waldes, sie lebten nicht unbedingt auf der Höhe der Zeit. Als Bewahrer uralten Brauchtums tun sie sich jedenfalls hervor, aber das muss ja wahrhaftig kein Nachteil sein!

Am augenfälligsten tritt das ostbayerische Brauchtum in den vielen Prozessionen und Wallfahrten zutage. Hunderte, ja Tausende von Menschen sind an diesen Festtagen in Tracht und auf geschmückten Rössern unterwegs zu einer Kapelle oder einem Kircherl, um Gott zu danken, das Vieh segnen zu

Handwerk ins Bild gesetzt – Maibaum in Cham

lassen, die Pferde Gottes Schutz zu empfehlen. Veranstaltungen wie der Bad Kötztinger Pfingstritt oder das Englmari-Suchen sind weit über die Grenzen Ostbayerns bekannt. Hier ein Blick auf das eher alltägliche Brauchtum und auf den Aberglauben.

Von Maibaumkraxlern …

Das Aufstellen des Maibaums am 1. Mai ist alter bayerischer Brauch. Der Baum ist ein bis zu 12 m hoher, entrindeter Stamm, häufig weiß-blau bemalt und an der Spitze mit einem Birkenbüschel und einem Kranz geschmückt. Begleitet von Blasmusik und Bierausschank wird der Maibaum auf dem Dorfplatz aufgerichtet und muss gut bewacht werden, denn konkurrierende Gemeinden reizt ein besonders schöner Maibaum zum Maibaumdiebstahl. Auch eine traditionelle Sportart ist mit dem Brauch verbunden, das Maibaumkraxln: Die jungen Burschen schmieren Hände und Füße dafür mit einem klebrigen ›Pech‹ ein, das nach altem Familienrezept zubereitet wird. Mancherorts geht's im wörtlichen Sinne um die Wurst, die an der Spitze des Maibaums hängt, oder der Sieger läutet die dort angebrachte Kuhglocke.

Goaßlschnalzen
Goaßlschnalzer sind die Begleitmusik bei vielen Bräuchen und sorgen auch sonst bei manchem Volksfest für rhythmische Untermalung. Die Goaßl war ursprünglich eine Fuhrwerkspeitsche, ein biegsamer Holzstecken, an dem ein Hanfseil angebracht war. Dieses ließ der Fuhrmann dann in Form einer liegenden Acht durch die Luft zischen, dass ein lautes Klatschen hörbar war. Mit Goaßlschnalzen werden in der Walpurgisnacht am 30. April heutzutage noch die Hexen von Haus und Hof ferngehalten und auch die Winterdämonen lassen sich beispielsweise beim Wolfauslassen in Rinchnach von Goaßlschnalzern einschüchtern.

… und Kirtafeiern

In Niederbayern und der Oberpfalz werden zwei verschiedene Kirchweih-

Watten
Die Waldler behaupten, Watten könne man nicht erklären. Man spielt's einfach, am besten am Stammtisch in der Wirtschaft, am liebsten mit guten Freunden, unbedingt aber mit Bier, denn beim Watten geht's genau darum. Eine Maß wird ausgewattet – heißt, anstelle von Geld wird Bier eingesetzt. Ansonsten wird zu viert in zwei Paaren gewattet, das Spiel hat 32 Karten und Trumpf sind der *Max* (Herz König), der *Belli* (Schellen 7) und der *Bsoicht* (Eichel 7). Zusammen heißen sie die *Griddischa,* also die Kritischen. Zu erwähnen ist noch der Brauch, die Siegerkarte, also den letzten Trumpf, abzulecken und sich zum Zeichen des Sieges an die Stirn zu pappen. Wattende Runden lässt man besser in Frieden.

feste begangen. Da ist zum einen das im katholischen Kirchenjahr auf den dritten Oktobersonntag festgelegte Kirchweih, an dem die Kirchweihgans als Braten auf den Tisch kommt. Zum anderen sind dies die Gedenktage der Kirchenweihe der jeweiligen Gotteshäuser und diese haben in den lokalen Traditionen eine weitaus größere Bedeutung als die offizielle Kirchweih. Traditionell feiert die Gemeinde diesen Festtag mit einem Gottesdienst und danach mit ausgiebigem Gelage und Tanz. Die exzessive Hingabe an die weltlichen Genüsse konnte früher durchaus auch mehrere Tage dauern und man kann sich lebhaft vorstellen, welche Arbeitsausfälle reihum gefeierte Kirtas oder Kirwas, so die in Ostbayern gebräuchlichen Namen, zur Folge hatten. Der Schaden für die Landwirtschaft durch arbeitsunfähige Burschen nach Kirtafeiern soll übrigens auch der Grund dafür gewesen sein, dass die katholische Kirche den Kirchweihreigen an einem Festtag am Ende des landwirtschaftlichen Jahres bündelte.

Für die Toten

Ursprünglich waren die am Wegrand aufgestellten schmalen Bretter zur Erinnerung an einen Toten im gesamten süddeutschen Raum verbreitet. Auf ihnen wurde der Leichnam im Haus aufgebahrt und zu Grabe getragen. Heute sieht man sie fast nur noch in Niederbayern und der Oberpfalz. Dieser wohl bis ins 16. Jh. zurückreichende Brauch beruht ursprünglich auf der Vorstellung, dass der Tote nur so lange im Fegefeuer leiden muss, bis sein Totenbrett vermodert ist. Das Brett war schmucklos, trug drei Kreuze und den Namen des Verblichenen. Später wurden die Totenbretter aufwendig mit Schnitzereien und Sinnsprüchen dekoriert und vor den Unbilden der Witterung durch Farbe geschützt. Nun sollte das Totenbrett nicht möglichst schnell verschwinden, sondern die Erinnerung wachhalten. Ob waagerecht an Kapellen- oder Scheunenwände angebrachte Totenbretter die traditionelle Form dieses Brauchs darstellen, ist unter Heimatforschern umstritten. Waagerechte Totenbretter sind heute fast ausschließlich in der südlichen Oberpfalz zu finden, während im niederbayerischen Teil des Bayerischen Waldes die senkrechten und geschmückten Bretter vorherrschen. Eine schöne Totenbrettgruppe steht bei der Wallfahrtskirche Weißenregen bei Bad Kötzting sowie bei der Kapelle unweit Burg Weißenstein (Landkreis Regen).

Gegen die Dämonen

Um die Rauchnächte, in denen dem Volksglauben zufolge eine besondere Nähe zwischen der dies- und der jenseitigen Welt besteht, dreht sich eine Vielzahl von Riten, die zum Teil prächristlichen Ursprungs sind. Der Name weist mit dem Präfix *rauch,* das sich auf die frühere Bezeichnung für Tierfelle, Rauchware, bezieht, darauf hin, dass Tiere, Hausvieh wie Wild, in den Bräuchen der Rauchnächte eine besondere Rolle spielen. Insgesamt gibt es zwölf Rauchnächte, die um den Jahreswechsel angeordnet sind – wie viele davon als kritisch gelten, ist von Region zu Region verschieden. Klassische Rauchnächte sind die Thomasnacht vom 21./22. Dezember – zugleich kürzeste Nacht des Jahres und Wintersonnenwende –, die Weihnachtsnacht vom 24./25. Dezember, der Jahreswechsel vom 31. Dezember auf den 1. Januar und Ephitanias am 5./6. Januar. Allen Riten gemeinsam ist die Austreibung von Dämonen und Geistern, die in diesen Nächten in die diesseitige Welt eindringen. Dies geschieht etwa durch das Ausräuchern von Viehställen mit Weihrauch. Auch besondere Schutzmaßnahmen müssen ergriffen werden: Im Haus muss alles ordentlich aufgeräumt sein und keinesfalls darf Wäsche auf der Leine hängen – dies würde einen Toten in der Familie im Lauf des nächsten Jahres zur Folge haben. An vielen Orten ziehen in den Rauchnächten junge Burschen mit Tierfellen, Kuhglocken oder Dämonenmasken verkleidet durch die Straßen, erschrecken und bedrohen die Menschen, machen Lärm oder fordern Geschenke ein. Dieser Brauch wurde erst in den letzten Jahren wieder aufgenommen und ist, wie das Wolfauslassen in Rinchnach oder die Frauenauer Rauchnächte, in erster Linie eine touristische Attraktion und eine Riesengaudi. Der Aberglaube hinter dem Stallausräuchern hingegen ist in ländlichen Regionen noch tief verwurzelt.

Junge Burschen mit Masken erschrecken Touristen – Rauchnacht in Waldkirchen

Unterwegs in Ostbayern

Mittelpunkt des Lallinger Winkels – Lalling am Rande des Bayerischen Waldes

Das Beste auf einen Blick

Regensburg und Umgebung

Highlight!

Regensburg: Ein so gut erhaltenes historisches Stadtbild musste die UNESCO einfach zum Weltkulturerbe krönen: Steinerne Brücke, Dom St. Peter, das alte Rathaus und das Schloss von Thurn und Taxis sind nur die Spitze des Eisbergs von weit über tausend denkmalgeschützten Bauten! Museal ist das mittelalterliche Stadtensemble der Donaustadt deshalb noch lange nicht! Schicke Läden, Kunstgalerien, Kneipen und Cafés laden ein zum Bummeln, Gucken und Genießen in historischen Mauern. S. 82

Auf Entdeckungstour

Der Leere Beutel – Kunst und Denkmalschutz: Im Leeren Beutel passiert viel – man kann in der Filmgalerie Filme gucken oder aber sich in der Städtischen Galerie der Kunst aus dem ostbayerischem Raum nähern. Künstler des 20. und des 21. Jh. werden hier der Öffentlichkeit vorgestellt. 18 S. 96

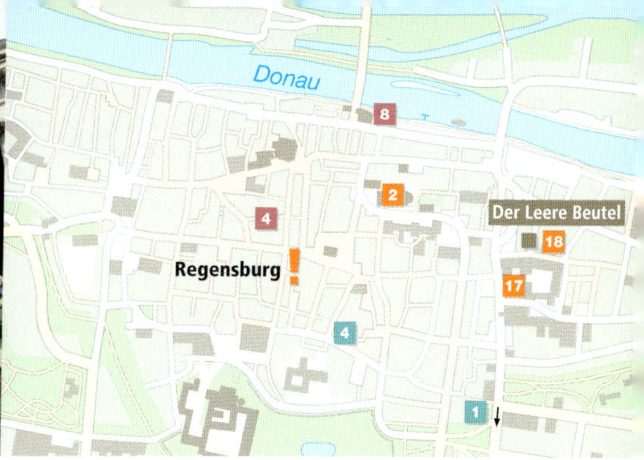

Kultur & Sehenswertes

Dom St. Peter: Ein monumentales, in jedem Detail immer wieder beeindruckendes Lob Gottes in Stein. In der Vormittagssonne erstrahlen die gotischen Glasfenster im Chorschluss wie Diamanten! 2 S. 82

Historisches Museum: Wer war der ›erste Regensburger‹? Wie sah das römische Castra Regina aus? Wie funktionierte der Regensburger Handel im Mittelalter? Das und vieles mehr beantwortet das Historische Museum. 17 S. 95

Genießen & Atmosphäre

Le Mura: An lauen Abenden sitzt man romantisch in der Gasse Hinter der Grieb und wenn's kühler wird entspannt in den alten Mauern dieser winzigen und überaus angenehmen Wein-Lounge mit exzellenter Küche. 4 S. 106

Wurstkuchl: Oft herrscht wegen der vielen Touristen eine recht lärmige Stimmung – aber es gehört in Regensburg einfach dazu, in der ältesten Wurstbraterei der Welt Würstl mit Kraut zu essen. 8 S. 106

Aktiv & Kreativ

Sight-Jogging: Sind Sie vom langsamen Bummelschritt der üblichen Stadtbesichtigungstouren genervt? Wollen Sie Spaß und Sehen miteinander verbinden? Beim Regensburger Sight-Jogging kommen Sportliche voll auf ihre Kosten. S. 81

Abends & Nachts

Alte Mälzerei: Konzerte, Theater, Kabarett und Klub-Nächte. Es ist immer etwas los. 1 S. 108

Karma Lounge: Der Regensburger Klub mit dem höchsten Promi-Faktor, sowohl was die Gäste als auch die DJs angeht. 4 S. 108

Mittelalterliche Metropole an der Donau

Die einzige erhaltene mittelalterliche Großstadt Deutschlands, 2000 Jahre Geschichte im Schnelldurchgang – Regensburg schmückt sich mit vielen Superlativen, und doch werden die dadurch geweckten Erwartungen noch übertroffen, wenn man dieses einzigartige Bauensemble selbst sieht und die besondere Atmosphäre spürt. Rund 20 000 Studenten und damit fast ein Siebtel der Bevölkerung geben der ehrwürdigen alten Dame ein sehr jugendliches und frisches Gesicht. Seit dem Fall des Eisernen Vorhangs ist die Oberpfälzer Metropole zudem ein wichtiger wirtschaftlicher Knotenpunkt im Verkehr mit dem Osten Europas, ihr Donauhafen ein bedeutender Warenumschlagplatz. Die letzten Jahre haben Regensburg zusätzliche Bekanntheit gebracht: Durch die Wahl Joseph Ratzingers zu Papst Benedikt XVI. wurde es 2005 über Nacht Papststadt und Wallfahrtsort – wobei Ratzinger nicht in Regensburg geboren wurde, hier aber lange Jahre seines Lebens und seiner Karriere in der Kirchenhierarchie verbrachte. Mit dem Ritterschlag durch die UNESCO 2007 wurde es zudem Weltkulturerbe und stieg damit in den exklusiven Klub jener Stätten auf, deren Bewahrung der Menschheit ein Anliegen ist. Dieser Titel ist allerdings auch eine Last: Einerseits, weil bestimmte Modernisierungs- und Bauvorhaben nun nur noch unter Beobachtung umgesetzt werden können – man denke an die dringend renovierungsbedürftige Steinerne Brücke oder die Pläne für ein Luxushotel in Schloss Thurn und Taxis – andererseits, weil sich seither eine wahre Tou-

Von der Donau begrenzt – der historische Stadtkern von Regensburg

Infobox

Infos

Touristeninformation: Rathausplatz 4, 93047 Regensburg, Tel. 0941 507 44 10, www.regensburg.de, Mo–Fr 9–18, Sa 9–16 Uhr, April–Okt. So/Fei 9.30–16, Nov.–März So/Fei 9.30–14 Uhr.

Internet

www.regensburg.de: Die Homepage der Stadt listet unter dem Stichwort ›Touristen‹ viele nützliche praktische Informationen, bietet einen virtuellen Stadtrundgang und Online-Buchungsmöglichkeit für Hotels und Pensionen. Unter ›Kultur‹ steht alles Wissenswerte zu Museen, Konzerten, Veranstaltungen, Ausstellungen etc.

Internet-Café

City Point: Wahlenstr. 6, Tel. 0941 584 30 91, city_point@hotmail.com, tgl. 9–22 Uhr.

Anreise und Weiterkommen

Wer mit dem eigenen Auto nach Regensburg fährt, sollte es in einer der altstadtnahen Parkgaragen abstellen. Dazu folgt man dem Parkleitsystem, das Besucher von allen Autobahnabfahrten aus zu freien Parkmöglichkeiten dirigiert. Im Stadtzentrum gibt es zwar Kurzzeitparkplätze (bis zu 2 Std., kostenpflichtig), einen freien Platz zu finden ist aber sehr schwierig. Zudem macht das Fahren im Altstadtbereich wegen der vielen Einbahnstraßen und Fußgängerzonen wenig Freude.

Sightseeing

Bus: Der CityTrain 3000 führt in 45 Min. und in drei Sprachen durch Regensburgs Geschichte. Regensburger Stadtrundfahrten, Posthorngässchen 6, Tel. 0941 607 99 77, www.city-tour.info.
Schiff: Angeboten werden Schifffahrten zum Donaustrudel, zur Walhalla oder zum Donaudurchbruch bei Kelheim. Regensburger Personenschifffahrt Klinger, Werftstr. 8, Tel. 0941 521 04, www.schifffahrtklinger.de.
Sight-Jogging: Im Laufschritt durchs Weltkulturerbe, verspricht das Regensburger Tourismusbüro, bekommt man viel mehr zu sehen – zumindest kommt man bei der 2 Std. langen Tour viel weiter herum: Sie führt auch auf die Donauinseln, nach Stadtamhof und in die Parkanlagen. Handtuch und frische Wäsche können die Läufer am Start-/Zielpunkt deponieren. Die Tour kostet 99 € und muss vorab online oder telefonisch bei der Touristeninformation reserviert werden. Je mehr Leute mitmachen, desto günstiger wird's!

ristenflut über Regensburg ergießt, der die bisherige Infrastruktur mit Hotels und Restaurants kaum noch gerecht wird. Wer Regensburg also ganz in Ruhe besuchen möchte, sollte sich deshalb zeitig um eine Zimmerreservierung bemühen.

Regensburgs römischer Vorgänger, das Kastell Castra Regina, wurde gegenüber der Regenmündung in die Donau gegründet. Die heutige Altstadt erstreckt sich teils auf dessen Grundriss südlich der Donau; den Blick auf die Regenmündung versperren die beiden lang gestreckten Inseln Unterer und Oberer Wöhrd sowie der Ortsteil Stadtamhof, der selbst wiederum durch den Schleusenkanal vom nördlichen Donauufer mit der Regenmündung abgeschnitten ist.

Regensburg ! ▶ D/E 8/9

Durch die Altstadt

Regensburgs historisches Stadtzentrum ist relativ kompakt, im Westen, Süden und Osten von einem Parkgürtel umgeben und nach Norden von der Donau begrenzt. Der Altstadt gegenüber liegt zwischen Donau und Regen das inzwischen eingemeindete Stadtamhof, das bis 1924 eine eigenständige Siedlung war. Die meisten Sehenswürdigkeiten befinden sich im Herzen der Altstadt nahe beieinander und sind bequem zu Fuß erreichbar. Zwei Ausnahmen gibt es: Die Schottenkirche St. Jakob verbirgt sich etwas abseits im Westen. Entweder man steuert sie als Abstecher des Rundgangs nach dem Schnupftabakmuseum an oder man besucht sie unabhängig von der Besichtigungstour – es lohnt auf jeden Fall! Am Südrand der Altstadt bildet das Fürstliche Schloss Thurn und Taxis mit dem Schlossmuseum und der Basilika St. Emmeram ein eigenständiges Ensemble, für dessen Besichtigung mindestens zwei Stunden einzuplanen sind.

Porta Praetoria und Bischofshof 1

Domschatzmuseum, Krauterermarkt 3, Tel. 0941 576 45, www.bistumsmuseen-regensburg.de, April–Okt. Di–Sa 10–17, So/Fei 12–17, Dez.–März, Fr/Sa 10–16, So/Fei 12–16 Uhr, 2 €

Der Gang durch die Regensburger Geschichte beginnt natürlich mit den Römern. 179 n. Chr. ließ Kaiser Marc Aurel gegenüber der Mündung des Regens in die Donau ein Kastell errichten. Erhalten sind davon ein Stück Mauer der Südostecke (St.-Georgen-Platz) und das Nordtor Porta Praetoria an der Straße Unter den Schwibbögen. Ohne Hilfe von Mörtel aus 13 keilförmigen Steinbrocken zusammengefügt, erreicht es eine Bogenbreite von 4 m. Die Regensburger Bischöfe integrierten das römische Tor im Mittelalter als repräsentativen Eingang in ihre Residenz; die vierflügelige Anlage des Bischofshofs zwischen Schwibbögen und Dom St. Peter dient heute u. a. als Hotel und Restaurant sowie als **Domschatzmuseum,** in dem Domschatz, lithurgisches Gerät und Reliquiare zu sehen sind. Wenn man entweder durch den Bischofshof oder über die ›Schwibbögen‹ nach Westen und über den Krautmarkt geht, steht man dann vor der imposanten Westfassade des Doms St. Peter.

Hilfreicher Führer

Auf die zahllosen Kunstwerke und Details einzugehen, würde den Rahmen dieses Buches sprengen. Hilfe leistet der im Dom erhältliche und reich bebilderte Führer »Der Dom zu Regensburg« (Verlag Schnell und Steiner, 3 €)!

Dom St. Peter 2

April–Okt. 6.30–18, Nov.–März 6.30–17 Uhr, Führungen Mai–Okt. Mo–Sa 10.30, 14, So/Fei 14, sonst tgl. 14 Uhr. Tickets für Führungen (3 €) im Infozentrum DOMPLATZ 5 gegenüber, Infos unter Tel. 0941 298 62 78 oder www.regensburger-dom.de

Die Anfänge dieses Gotteshauses verlieren sich im 8. Jh., als St. Bonifatius Regensburg neben Passau und Salzburg zum Bischofssitz erklärte. Nachgewiesen ist ein Dom der Karolingerzeit aus dem 11. Jh. – seine Fundamente schließen im Osten an den heutigen Dom an und sind durch ihn teils überbaut. Stadtbrände führten dann zu immer neuen Um- und Anbauten, bis das Dombauprojekt unter Bischof Leo dem Thundorfer 1273 völ-

Unser Tipp

Entspannter Blick auf den Dom

Einen intensiven Blick auf die Westfassade des Doms kann man bei einem Kaffee vom gegenüberliegenden **Haus Heuport** 3 genießen: Wählen Sie einen der Tische der Restauranträume an den Fenstern der ersten Etage! Das Maßwerk und die Skulpturen erscheinen zum Greifen nah und Sie haben Muße, jedes Detail zu studieren. Übrigens ist das Haus selbst ebenfalls eine Attraktion: Teile der Vierflügelanlage stammen aus dem 12. Jh., im Innenhof ist die gotische Freitreppe hinauf zum ehemaligen Festsaal erhalten. Ein interessantes Detail ist die auf halber Höhe angebrachte gotische Figurengruppe: Die »Törichte Jungfrau« ist gerade dabei, den Schmeicheleien des schmucken »Fürsten der Welt« zu erliegen – was sie nicht sehen kann, sind die Schlangen und Kröten im Rücken des Fürsten, der, wie soll's anders sein, der böse Beelzebub ist. Im Restaurant wählt man aus einer umfangreichen Karte, die von Lachslasagne bis zu Misosuppe moderne Esstrends in guter Qualität bedient (Domplatz 7, Tel. 0941 599 76 63, tgl. 9–22 Uhr, Vorspeisen 4–7, Hauptgerichte 15–25 €).

lig neu in Angriff genommen wurde. Die Bauarbeiten mussten mehrmals wegen Finanzierungsproblemen unterbrochen werden; erst 1785 wurde die imposante Kathedrale fertiggestellt, damals dann im spätbarocken Geschmack der Zeit. Im 19. Jh. wurde er regotisiert und die beiden Türme auf die heutige Höhe aufgestockt.

Unzählige Details haben die Steinmetze an den Fassaden, Türmen und in der Innenausstattung des Gotteshauses hinterlassen – die Figurengruppen mit Szenen des Alten und Neuen Testaments, die Apostel und Heiligen und das wuchernde und mit den mächtigen Türmen gen Himmel strebende Maßwerk sind eine Inspiration für die Fantasie des Betrachters.

Im Inneren der Kathedrale rufen kräftige Säulen und steile Kreuzgewölbe einen ähnlichen Sog in die Vertikale hervor. Noch stärker aber ist die Wirkung der leuchtenden Glasfenster aus dem 13. Jh., die den Hochaltar anstrahlen und den Besucher geradezu magisch zum Allerheiligsten hin ziehen. Die Fensterbilder erzählen Geschichten aus dem Leben Jesu und verschiedener Heiliger. Der Hochaltar fiel als einziger den Säuberungsaktionen Friedrich von Gärtners, der im Auftrag König Ludwigs I. die reine Gotik wiederherstellen sollte, nicht zum Opfer. Er ist ein Zeugnis des Frühklassizismus, aus Silber und vergoldetem Kupfer im Lauf eines Jahrhunderts zwischen 1695 und 1785 zusammengefügt. Im gotischen Kreuzgang des Doms sind Grabplatten aus dem 14. bis 19. Jh. eingemauert; die romanische Allerheiligenkapelle für Bischof Hartwig II. im Mittelbau des Kreuzgangs lässt sich nur im Rahmen der Führung besichtigen.

Diözesanmuseum St. Ulrich 4

Domplatz 2, Tel. 0941 516 88, www.bistumsmuseen-regensburg.de, April–1. Nov. Di–So 10–17 Uhr, im Winter geschl., 2 €

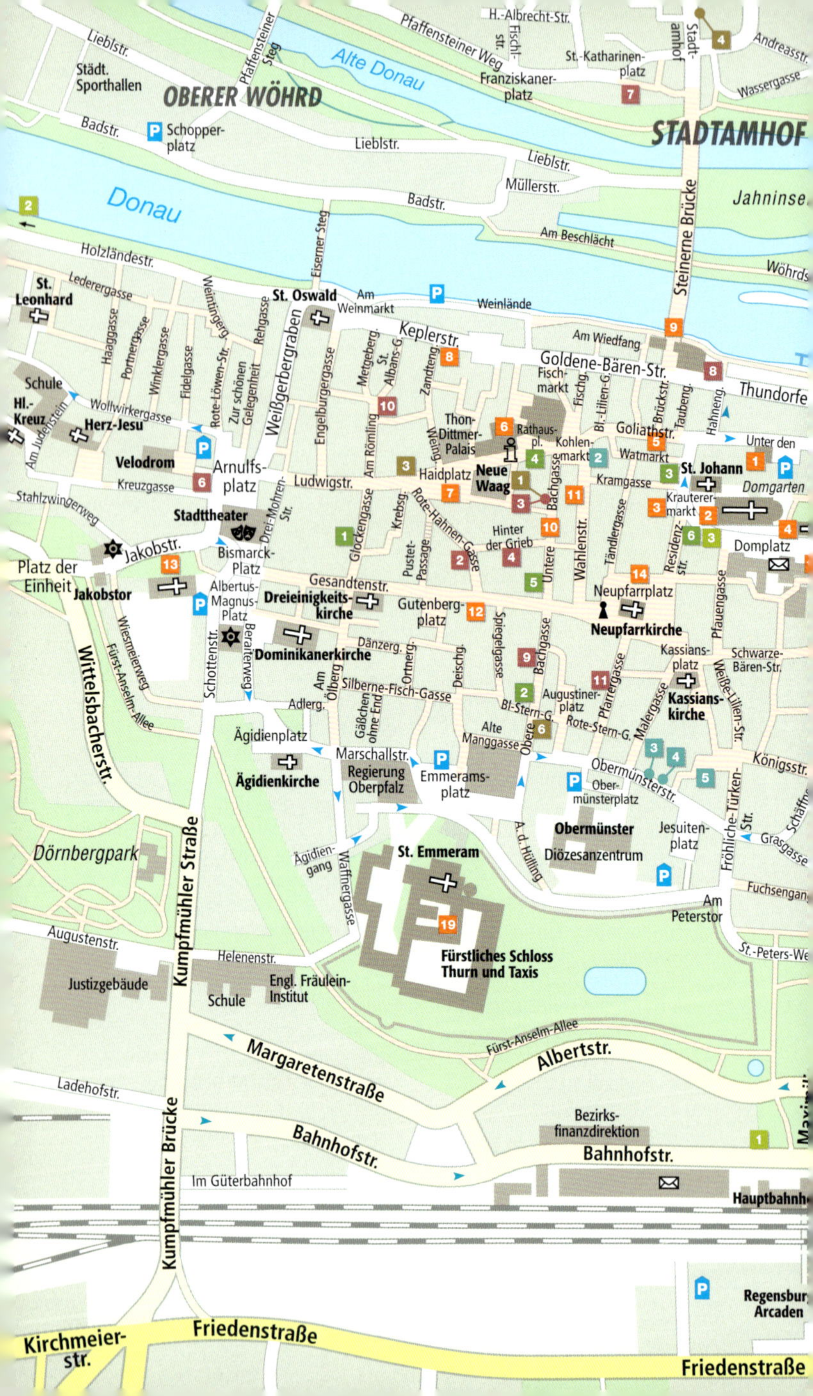

OBERER WÖHRD
STADTAMHOF
Alte Donau
Donau
Jahninsel
Wöhrds
Lieblstr.
Städt. Sporthallen
Badstr.
Schopper-platz
Pfaffensteiner Steg
Pfaffensteiner Weg
H.-Albrecht-Str.
Fischl-str.
St.-Katharinen-platz
Franziskaner-platz
Stadtamhof
Andreasstr.
Wassergasse
Lieblstr.
Müllerstr.
Badstr.
Am Beschlächt
Steinerne Brücke
Holzländestr.
Eiserner Steg
St. Leonhard
Lederergasse
St. Oswald
Am Weinmarkt
Weinlände
Keplerstr.
Am Wiedfang
Goldene-Bären-Str.
Thundorfe
Haaggasse
Portnergasse
Winklergasse
Fidelgasse
Weintingerg.
Rote-Löwen-Str.
Zur schönen Gelegenheit
Rehgasse
Weißgerbergraben
Engelburgergasse
Metgeberg.
St. Albans-G.
Zandteng.
Fisch-markt
Fischg.
Bl.-Lilien-G.
Brückstr.
Taubeng.
Hahneng.
Schule
Hl.-Kreuz
Am Judenstein
Wollwirkergasse
Herz-Jesu
Velodrom
Kreuzgasse
Arnulfs-platz
Ludwigstr.
Am Römling
Weinl.
Thon-Dittmer-Palais
Rathaus-pl.
Kohlen-markt
Goliathstr.
Watmarkt
Unter den
St. Johann
Domgarten
Haidplatz
Neue Waag
Kramgasse
Krauterer-markt
Stahlzwingerweg
Stadttheater
Drei-Mohren-Str.
Glockengasse
Krebsg.
Rote-Hahnen-Gasse
Hinter der Grieb
Bachgasse
Wahlenstr.
Tändlergasse
Residenzstr.
Domplatz
Jakobstr.
Bismarck-Platz
Pustet-Passage
Untere
Platz der Einheit
Jakobstor
Albertus-Magnus-Platz
Gesandtenstr.
Dreieinigkeits-kirche
Gutenberg-platz
Neupfarrplatz
Neupfarrkirche
Pfauengasse
Wittelsbacherstr.
Wiesmeierweg
Fürst-Anselm-Allee
Schottenstr.
Beraiterweg
Dominikanerkirche
Dänzerg.
Ortnerg.
Deischg.
Spiegelgasse
Bachgasse
Kassians-platz
Schwarze-Bären-Str.
Am Ölberg
Silberne-Fisch-Gasse
Adlerg.
Gäßchen ohne End
Augustiner-platz
Bl.-Stern-G.
Rote-Stern-G.
Pfarrergasse
Malergasse
Kassians-kirche
Weiße-Lilien-Str.
Ägidienplatz
Alte Manggasse
Obere
Marschallstr.
Obermünsterstr.
Königsstr.
Ägidienkirche
Regierung Oberpfalz
Emmerams-platz
Ober-münsterplatz
Fröhliche-Türken-Str.
Schäffnerstr.
A. d. Hülling
Obermünster
Diözesanzentrum
Jesuiten-platz
Grasgasse
Dörnbergpark
Kumpfmühler Straße
Ägidien-gang
Waffnergasse
St. Emmeram
Fuchsengang
Am Peterstor
Augustenstr.
St.-Peters-We
Justizgebäude
Helenenstr.
Schule
Engl. Fräulein-Institut
Fürstliches Schloss Thurn und Taxis
Fürst-Anselm-Allee
Albertstr.
Margaretenstraße
Ladehofstr.
Bezirks-finanzdirektion
Bahnhofstr.
Bahnhofstr.
Kumpfmühler Brücke
Im Güterbahnhof
Hauptbahnh
Maximil
Regensburg Arcaden
Kirchmeier-str.
Friedenstraße
Friedenstraße

Regensburg

Sehenswert

1 Porta Praetoria und Bischofshof
2 Dom St. Peter
3 Haus Heuport
4 Diözesanmuseum St. Ulrich
5 Goliathhaus
6 Altes Rathaus
7 Haidplatz
8 Kepler-Wohnhaus/Kepler-Gedächtnishaus
9 Brückturm und Salzstadel
10 Untere Bachgasse
11 Goldener Turm
12 Schnupftabakmuseum
13 Schottenkirche
14 Neupfarrplatz
15 Alte Kapelle
16 Römerturm und Herzoghof
17 Historisches Museum
18 Kulturzentrum Leerer Beutel
19 St. Emmeram/Schloss Thurn und Taxis

Übernachten

1 Orphée Großes Haus
2 Landhaus Andreasstadel
3 Goldenes Kreuz
4 Hotel Lux
5 Hotel Karmeliten
6 Brook Lane Hostel

Essen & Trinken

1 Rosenpalais
2 Roter Hahn
3 Bistro Orphée
4 Le Mura
5 Leerer Beutel
6 Kneitinger
7 Spitalgarten
8 Wurstkuchl
9 Regensburger Suppenbar
10 Amapola
11 Café Lila

Regensburg

Einkaufen
1 Bürsten-Ernst
2 Domus Botanicus
3 Durch die Blume
4 Confiserie Café Prinzess
5 Tee in
6 Cultheca

Aktiv & Kreativ
1 Rent a Bike
2 Donaustrand An der Schillerwiese
3 Führungen und Aktionen bei Cultheca

Abends & Nachts
1 Alte Mälzerei
2 Café Galerie
3 Rauschgold
4 Karma Lounge
5 Gloria

Etwas abgerückt vom Dom schließt die ehemalige Kirche St. Ulrich den Domplatz nach Norden ab. Die frühgotische Kirche aus dem 13. Jh. war zweigeschossig geplant, mit einer Krypta und darüberliegendem Betsaal. Noch während des Baus wurde auf das Obergeschoss verzichtet, so dass der Raum heute über die Höhe der zwei Etagen geöffnet und von einer Empore eingerahmt ist. Die Westempore war dem bayerischen Herzog vorbehalten. Das Gewölbe darüber diente als Baldachin. Bemerkenswert sind die zarten Wandmalereien mit floralen und Heiligenmotiven vom Ende des 16. Jh. Bereits Ende des 19. Jh. diente das Gotteshaus als Ausstellungsraum; nach Renovierungen ist seit 1986 die Diözesansammlung darin ausgestellt. Zu deren bemerkenswertesten Exponaten gehört das Wolfgangsziborium, ein aus Bein geschnitztes Reliquiar von 1200, der von Fabelwesen bevölkerte, romanische Messingleuchter (12. Jh.) und der ebenfalls romanische, anrührende Christus aus versilbertem Messing (12. Jh.). Unter den Kunstwerken der Renaissance befindet sich die »Schöne Maria«, die Albrecht Altdorfer um 1520 für eine Kapelle malte, die nach den Regensburger Judenpogromen flugs an der Stelle der zerstörten Synagoge errichtet worden war (s. S. 94). Sehenswert sind auch die zeitgenössischen Exponate, so Ruth Lynens »Wundmale Christi«, die in der Tradition oberpfälzischer Totenbretter die Passion Christi darstellen.

Durchs Kaufmannsviertel zum Kohlenmarkt

Zurück auf dem Domplatz ist nun ein kleiner Bummel durch Regensburgs Altstadtgassen angesagt. Am **Krauterermarkt,** wo früher der Gemüsemarkt abgehalten wurde, kann man die berühmten Regensburger Rettiche kaufen, eine Spezialität aus der südlichen Oberpfalz. 1551 wurde der Adlerbrunnen aufgestellt, den ein goldener Reichsapfel krönt. Dass wir uns hier im Herzen des Kaufmannsviertels befinden, ist unschwer an den Straßennamen abzulesen. Nach Westen führt die schmale von den gotischen Patrizierbauten **Baumburger Turm** (Nr. 4, 13. Jh.) und **Bräumelturm** (Nr. 6, Ende 12. Jh.) gesäumte Gasse **Watmarkt,** in der früher die Tuchhändler ansässig waren. Wer Hunger auf Süßes verspürt, kann diesen beim Dampfnudel-Ulli im Baumburger Turm stillen. Der Ulli ist eine Regensburger Institution und seine Dampfnudeln sind natürlich die besten der Stadt. Der Laden logiert in der ehemaligen gotischen Hauskapelle, deren Kreuzrippgewölbe noch erhalten ist (Di–Fr 10–18, Sa 10–15 Uhr).

Parallel zum Watmarkt führt die **Goliathgasse** nach Westen. Die Straße folgt dem Verlauf der Nordmauer des römischen Kastells; sie ist breit, repräsentativ und von burgähnlichen Anwesen gesäumt. Das berühmte **Goliathhaus** 5 ist unschwer an seinem Fassadenfresko zu erkennen: David im Kampf mit Goliath, der mit drei Geschossen Höhe über seinem sich nach einem Stein bückenden Gegner sehr bedrohlich wirkt. Das Goliathhaus stammt im Kern aus dem 13. Jh. und erhielt im 16. Jh. das namensgebende Fresko. Dass dieses Anwesen heute nur noch durch seine Fassade beeindrucken kann, liegt daran, dass es Ende des 19. Jh. entkernt und überbaut wurde; weitere Umbauten folgten Mitte des 20. Jh. Erhalten sind nur das Zinnendach, die Erkertürmchen und die unregelmäßig angeordneten gotischen Fenster. Zwischen 1945 und 1950 lebte Oskar Schindler in diesem Anwesen. Der von Cafés und Läden gesäumte **Kohlenmarkt** markiert die ehemalige Nordwestecke des Römerkastells. Den rechts anschließenden kleinen **Zieroldsplatz** schmückt ein Denkmal für Don Juan d'Austria (1547–78), den berühmten Türkenbezwinger in der Schlacht von Lepanto 1571. Darüber, wie der Held mit Regensburg verbunden war, später mehr.

Altes Rathaus 6

Altes Rathaus, Rathausplatz 2, Tel. 0941 507 34 42, www.museen-regensburg.de, Führungen April–Okt. tgl. 9.30, 10, 10.30, 11, 11.30, 12, 13.30, 14, 14.30, 15 (engl.), 15.30, 16,

Unser Tipp

Jubelnde Stimmen im Dom

Auch wer kein Kirchgänger ist, wird eine Messe im Dom mit der musikalischen Begleitung durch die **Regensburger Domspatzen** genießen. Der Knabenchor nimmt fast jeden Sonntagvormittag an der Liturgie teil; der gewaltige Eindruck des Kirchenraums wird durch die jubilierenden Stimmen der Sänger noch intensiviert. Wer lieber nur ein Konzert der Domspatzen besuchen möchte, der kann sich auf deren Homepage über die Termine informieren (www.domspatzen.de).

Nov.–6. Jan., März tgl. 10, 11.30, 13.30, 14 (engl.), 15, 15.30, 7. Jan.–Febr. tgl. 10, 11.30, 13.30, 15 Uhr, 7,50 €
Nord- und Westseite des Kohlenmarktes säumen das Neue (barocke) und das Alte Rathaus, das in mehreren Bauphasen zwischen dem 13. und 17. Jh. entstand. Anlass für den Ursprungsbau, an den noch der Rathausturm erinnert, war Regensburgs Ernennung zur Freien Reichsstadt durch Kaiser Friedrich II. im Jahr 1245. Rund hundert Jahre später wurde nach einem Brand der Querbau (heute Touristeninformation) mit dem darüberliegenden Reichstagssaal hinzugefügt. Über den Treppenaufgang ins Rathaus wachen »Schutz und Trutz«, zwei wehrhafte Kriegerbüsten. An der Ecke sind die bis zum 19. Jh. in Regensburg geltenden Maße von Elle, Klafter und Schuch im Mauerwerk verewigt. Ab dem Jahr 1663 diente das Alte Rathaus dem Immerwährenden Reichstag als Tagungsort; für die Stadtoberen wurde deshalb nebenan der barocke Bau errichtet. Das im Rathaus untergebrachte **Reichstagsmuseum** umfasst den historischen Reichstagssaal sowie weitere sehenswerte Räume wie das Kurfürstenkollegium, in dem die Fürsten ab dem 13. Jh. den König wählten. Im Reichstagssaal versammelten sich zunächst nach Einberufung, ab dem 17. Jh. dann ›immerwährend‹ die Vertreter aller selbstständigen Stände des Heiligen Deutschen Reiches, um mit dem Kaiser oder dessen Abgesandten zu beraten. Die Konzentration dieser weltlichen wie auch religiösen Macht in Regensburg führte dazu, dass sich zeitweilig bis zu 70 ausländische Gesandtschaften in der Stadt aufhielten. Aufgelöst wurde der Reichstag erst 1806 mit der Gründung des Königreichs Bayern. Übrigens soll die Redewendung ›am grünen Tisch‹ hier geprägt worden sein und sich auf den mit grünem Samt bespannten Tisch im Kurfürstenzimmer beziehen.

Haidplatz 7

Auch der beliebteste Festplatz der Regensburger ist eingerahmt von Historie: Gleich das erste Haus links, die **Neue Waag,** war Schauplatz des denkwürdigen Disputes zwischen Philipp Melanchthon und Johannes Eck (1541), bei dem die beiden vergeblich versuchten, die Kluft zwischen Protestanten und Katholiken zu überwinden. Ein Jahr danach trat Regensburg zum lutherischen Glauben über. Im Erdgeschoss der Waag war zunächst die mittelalterliche Marktwaage, später dann eine Trinkstube für die Herren Gesandten untergebracht. Das imposante **Haus zum Goldenen Kreuz** (östlicher Teil 13. Jh., westlicher Teil 16. Jh.) schräg gegenüber beherbergte gekrönte Häupter, die zum Reichstag kamen. In die Geschichtsannalen ging der Gasthof – heute ein sehr komfortables Hotel – ein als Ort der Begegnung zwischen Kaiser Karl V. und der Bürgerlichen Barbara Blocksberg im Jahr 1546, der neun Monate später ein unehelich geborener Knabe entspross. Der Kaiser erkannte ihn an, gab ihm Namen und Titel Don Juan d'Austria und ließ ihn standesgemäß erziehen. Der Sohn dankte ihm mit kriegerischem Sinn und dem Sieg über die Türken bei Lepanto. Sehenswert ist auch das von außen klassizistische **Thon-Dittmer-Palais,** dessen lauschiger Renaissance-Innenhof sein wesentlich höheres Alter enthüllt und gerne für Konzerte genutzt wird. An Straßencafés herrscht am Haidplatz kein Mangel – wie wär's zur Abwechslung mit einer richtigen Kneipe? Das **Amapola** 10 ser-

Der Brückturm wacht am Ende der Steinernen Brücke

Regensburg im Mittelalter
Der wunderbare, spannende und informative Bildband über die mittelalterliche Stadt ist jedem zu empfehlen, der einen tieferen Blick auf Geschichte, Religion, Wirtschaft und Kultur werfen und die Entwicklung Regensburgs im europäischen Kontext verstehen will. Peter Brielmaier/Uwe Moosburger (Hrsg.): Regensburg – Metropole im Mittelalter, Pustet Verlag, Regensburg 2007.

viert ›Polatschen‹ in einem winzigen Biergarten (s. Essen & Trinken S. 107).

Kepler-Wohnhaus und Kepler-Gedächtnishaus 8

Kepler-Gedächtnishaus, Keplerstr. 5, Tel. 0941 507 34 42, www.museen-regensburg.de, Sa/So/Fei 10.30–16 Uhr, 2,20 €

Die Weingasse führt vom Haidplatz nach Norden auf die Donau und die Keplergasse zu. Auf dem Weg lohnt an der Ecke zum Einhorngässchen ein Blick nach links: Ein Schwibbogen nach dem anderen überwölbt den schmalen Weg; eingepasst wurden die Bögen, um die hohen Patrizierhäuser gegeneinander abzustützen. Etwas weiter, Ecke Scheugasse rechts, ist der kleine, mit ein paar Bäumen und einem Spielplatz gestaltete Platz geradezu eingezirkelt von historischen Wohntürmen. Hier könnte man fast glauben, dass Regensburg die nördlichste Stadt Italiens ist, was die Regensburger gerne behaupten. Zurück zur Historie: Der Mathematiker und Astronom Johannes Kepler (1571–1630) hat in der Keplerstraße 2, im **Kepler-Wohnhaus,** 1626/27 gewohnt und ist im Haus Nr. 6, dem **Kepler-Gedächtnishaus,** 1630 gestorben. Bemerkenswert ist das Wohnhaus. Es stammt von 1250 und ist eines der ältesten in Deutschland erhaltenen Häuser in Holzkonstruktion. Im Gedächtnishaus erinnert ein Museum an die Arbeit Keplers, der als Begründer der modernen Naturwissenschaften gilt, sein Geld aber in den letzten Jahren seines Lebens als Hofastrologe Wallensteins (1583–1634) verdiente.

Steinerne Brücke, Brückturm und Salzstadel 9

Brückturm-Museum, Weiße-Lamm-Gasse 1, Tel. 0941 507 58 89, www.dsmr.de, April–Okt. Di–So 10–17 Uhr, 2 €

Neben dem Dom ist die **Steinerne Brücke** wohl das berühmteste Bauwerk in Regensburg: 1135–1146, also in nur elf Jahren Bauzeit, soll dieses im Mittelalter als achtes Weltwunder gefeierte Bauwerk errichtet worden sein, bezahlt von der Bürgerschaft und bezuschusst durch den bayerischen Herzog Heinrich X. 16 Bögen trugen ursprünglich die 310 m lange Brücke (einer wurde 1551 zugemauert). Am mit 7 m höchsten Punkt wacht das Bruckmandl (Kopie des 19. Jh.) über sein Reich. Die Verankerung der Pfeiler im Flussbett durch Beschlächte, keilförmige Fundamente, erzeugt die berühmt-berüchtigten Donau- oder Regensburger Strudel, die ein beliebtes Volkslied besingt. Ursprünglich war die Brücke mit drei Türmen gesichert; erhalten bzw. wiederaufgebaut ist nur der **Brückturm** (13. Jh.), in dem ein Museum verschiedene Aspekte des Brückenbaus und der Donauschifffahrt beleuchtet. Von der Turmspitze eröffnet sich ein herrliches Altstadtpanorama. An den Brückturm schließt nach Osten der gewaltige **Salzstadel** (17. Jh.) an, in dem früher das Salz gelagert wurde. Chroniken berichten, dass der Bau kurz nach Fertigstellung bis übers zweite Stockwerk mit Salz gefüllt einzubrechen begann, die donauseitige Fassade wölbte sich aus, der Einsturz konnte aber mithilfe stabilisierender Eichenstämme verhindert werden.

Die Steinerne Brücke ist die einzige Donaubrücke im Zentrum; bis 2005 durfte sie befahren werden. Dann stellten Denkmalschützer fest, dass ein Bogen einzustürzen drohte, und nur noch Busse und Taxen waren zugelassen. Seit 2008 steht die Brücke ausschließlich Fußgängern und Fahrradfahrern offen. Über die Sanierung wird seit vielen Jahren gestritten, seit 2007 laufen Sicherungsmaßnahmen, bis 2014 sollten Busse sie wieder befahren können. Von diesem Plan hat sich die Stadt nun verabschiedet. Die Brücke bleibt für den Verkehr gesperrt.

Hier bietet sich ein Abstecher in Regensburgs ehemalige Handelskonkurrentin Stadtamhof am gegenüberliegenden Ufer der Donau an.

Stadtamhof

Als Regensburg im 13. Jh. die Reichsfreiheit erlangte, entstand die paradoxe Situation, dass Stadtamhof, die Siedlung am nördlichen Ende der Steinernen Brücke, als Teil des Königreichs Bayern in Konkurrenz zur freien Reichsstadt geriet. Auch in Stadtamhof wurde beispielsweise mit Salz gehandelt, was der heute als Künstlerhaus und Hotel genutzte **Andreasstadel** aus dem 16. Jh. (2, s. Übernachten S. 102) anschaulich belegt. Im Gegensatz zu Regensburg wurde Stadtamhof bei Belagerung und Eroberung durch Napoleon stark zerstört. Die meisten Bauten stammen aus dem 19. Jh. Der Stadtteil strahlt eine ruhige Atmosphäre aus und ist mit seinen gemütlichen Gasthäusern wie dem **Spitalgarten** (7, s. Essen und Trinken S. 106) ein entspannter Ort für eine Verschnaufpause. Eisenbahnfans werden am **Wallhallabockerl,** einer mit Dampf betriebenen Schmalspurstraßenbahn, ihre Freude haben. Sie pendelte 1889–1960 zwischen Stadtamhof und Wörth und brachte ihre Passagiere u. a. zur Walhalla. Heute steht sie am Europakanal, jenem Donauarm, der Stadtamhof von den beiden Donauinseln Untere und Obere Wöhrd trennt. Zurück in Regensburgs City geht es weiter mit dem Altstadtbummel.

Bummel durch die Altstadtgassen

Die Goldene-Bären-Straße nach Westen und über Fischmarkt, Zieroldsplatz und Kohlenmarkt geht's nun in eine der lebhaftesten Altstadtgassen, die **Untere Bachgasse** 10. Gotische und Renaissancebauten säumen die Gasse, hohe Türme ragen links und rechts auf, hier und da erlauben Torbögen und Durchfahrten den Blick in historische Innenhöfe. Beim Bummel durch die Kunstgalerien und Läden oder bei einem Kaffee in einem der vielen Cafés findet man sich vielleicht in einer der ehemaligen Hauskapellen wieder, kenntlich an den Kreuzgratgewölben.

Die gesamte Untere Bachgasse ist lebendiges Mittelalter, lebendig deshalb, weil hier Tag und Nacht stets ein buntes Völkchen aus Studenten, Touristen, Regensburgern auf Shopping-Tour und Anwohnern unterwegs ist; in der parallel verlaufenden Wahlenstraße bietet sich ein ähnliches Bild. Beachtung verdienen besonders die Anwesen unter Nr. 6 (Erker), Nr. 10 (mit einer überwölbten gotischen Einfahrtshalle) und Nr. 13 (12. Jh., heute Studentenwohnheim). Das im 13. Jh. erbaute **Kastenmayerhaus** auf Nr. 15 erstreckt sich über mehrere Innenhöfe bis zur Wahlenstraße mit dem berühmten **Goldenen Turm** 11 (Wahlenstr. 16, s. Panorama S. 61).

Schnupftabakmuseum 12

document Schnupftabakfabrik, Gesandtenstr. 3–5, Tel. 0941 507 34 42,

Lieblingsort

Symbolhaftes aus Stein

Jedes Mal, wenn wir nach Regensburg kommen, führt uns der erste Gang hierher, vor das atemberaubend bizarre, mit unendlich vielen Details ausgestattete **Jakobsportal der Schottenkirche** 13 (s. S. 94). Es ist ein Panoptikum des Mittelalters, seiner Plagen und Ängste, seiner Gelüste und Freuden. Da ist das kosende Paar im östlichen Bildfeld. Da bevölkern Dämonen und Fabelwesen, Heilige und Mönche, Dirnen und Fiedler die Nordwand mit dem Schmuckportal in teils bizarr wirkenden Verschlingungen. Nehmen Sie sich Zeit, die vielen Bilder und Szenen – die Gesamtdarstellung ist wohl die des Jüngsten Gerichts – auf sich wirken zu lassen. Vielleicht gelingt Ihnen, woran die Kunstgeschichte bislang scheiterte: eine schlüssige Deutung dieser teils derben Symbolik!

Führungen Fr 14.30, Sa/So 11, 14.30 Uhr, 7 €, Tickets im Schokoladenhaus Hornung im selben Haus

An der kreuzenden **Gesandtenstraße** – der Name erinnert an die Jahrhunderte des Immerwährenden Reichstags – führt der Weg zunächst nach rechts zu Hausnummer 3 und 5. Die beiden aus dem 12. und 13. Jh. stammenden Anwesen wurden 1898 zusammengefasst und als Schnupftabakfabrik genutzt. ›Bernard‹ war zeitweilig der größte Schnupftabakproduzent in Deutschland, zog aber Anfang des 21. Jh. mit der Produktion in einen Vorort um. Seit 2008 ist in den historischen Räumen das document Schnupftabakfabrik eingerichtet. Man sieht die Produktionsräume, riecht in den alten Hölzern noch den Schmalzler Franzl, die beliebteste Marke des Unternehmens und kann außerdem eine Sammlung von Schnupftabakdosen und -gläsern besichtigen.

Abstecher zur Schottenkirche 13

Wer auf diesen etwas längeren Abstecher (etwa 1,3 km hin und zurück) verzichtet und die Tour nach Osten fortsetzt, versäumt eines der eindrucksvollsten Gotteshäuser von Regensburg! Die Gesandtenstraße weiter nach Westen gehend überquert man den Bismarckplatz und steht dann in der Jakobsstraße vor der ›Schottenkirche‹ **St. Jakob** und dem **Jakobstor** (Ende 13. Jh.), von dem nur noch die beiden Rundtürme erhalten sind. St. Jakob gehörte zum gleichnamigen Kloster, das irische Benediktiner, im Volksmund ›Schotten‹ genannt, im 11. Jh. vor den Toren der Stadt gegründet hatten. Schon auf den ersten Blick unterscheidet sich dieses Gotteshaus von allen anderen Regensburger Kirchen. Die Romanik tritt hier nahezu unverfälscht zutage! Wie auf dem Portal (s. Lieblingsort S. 92) ringeln sich auch im Inneren ein paar Drachenschwänze und Koboldfiguren, doch der Gesamteindruck ist der eines lichten, ernsten Raumes, der auf das von 1180 stammende Kruzifix im Chor hinführt.

Neupfarrplatz 14

document Neupfarrplatz, www.museen-regensburg.de, Besichtigung nur mit Führung Do–Sa 14.30, Juli/Aug. auch So/Mo 14.30 Uhr, 5 €

Die Gesandtenstraße mündet in den Neupfarrplatz mit der evangelischen **Neupfarrkirche.** Sie wurde ab 1521 für die Wallfahrt zur »Schönen Maria«, einem von Albrecht Altdorfer gemalten Gnadenbild (heute im Diözesanmuseum, s. S. 83) erbaut, aber bereits 1542 mit Regensburgs Übertritt zum Protestantentum in ein evangelisches Gotteshaus umgewandelt und zeigt sich im zurückhaltenden Gewand der Frührenaissance. Bis 1519 war dieser Platz Mittelpunkt des **jüdischen Viertels** gewesen, die Synagoge war in den Pogromen niedergebrannt worden, und weil man eben hier von einem ›Wunder‹ zu berichten wusste, stellte die Stadt flugs eine hölzerne Wallfahrtskapelle auf, die dann durch die Neupfarrkirche ersetzt wurde. Die Umrisse der zerstörten Synagoge finden sich seit 2005 in Form eines **begehbaren Bodenreliefs** vor dem Gotteshaus. Der israelische Künstler Dani Karavan wollte mit seinem »Misrach« (hebr.: Osten) genannten Mahnmal für die Synagoge explizit einen Ort der Begegnung schaffen. Die Regensburger haben diesen angenommen und nutzen die angedeuteten Fundament- und Säulenstümpfe zur Rast und zum Plaudern. Die dritte Sehenswürdigkeit auf dem Neupfarrplatz ist östlich der Kirche unter der Oberfläche verborgen. Das **document Neupfarrplatz** präsentiert Spuren des römischen und des jüdischen Regensburg. Besucher sehen Mauer- und Fußbodenreste einer römischen Offizierswohnung und erleben in einer aufwendigen multimedialen Präsentation Regensburgs Geschichte am Beispiel des Neupfarrplatzes. Besonders interessant ist der Einblick ins jüdische Leben der Stadt: Bei Grabungen hatte man Fundamente einer gotischen und einer romanischen Synagoge entdeckt, die die Schau rekonstruiert; auch ein Goldschatz und ein wertvoller Fingerring kamen zutage. In der Adventszeit findet am Neupfarrplatz Regensburgs größter und sehr romantischer Christkindlmarkt statt.

Alte Kapelle 15

Dreihelmgasse und Am Frauenbergl münden in den Alten Kornmarkt mit der Stiftskirche Unserer Lieben Frau zur Alten Kapelle an der Südseite. Im 9. Jh. wurden die Fundamente des Gotteshauses gelegt, Umbauten erfolgten in der Spätgotik, die komplett neue Innenausstattung im Geist des Rokoko im 18. Jh. Eigenwillig wirken die gotischen Figuren im 1752 eingebauten Hauptportal. Sie sollen wohl ebenso wie die in den Fresken festgehaltenen Szenen von der Taufe des heidnischen Agilofinger-Herzogs Theodo betonen, dass es sich bei der Alten Kapelle um das erste Gotteshaus Regensburgs handelt. Ein Meisterstück des Rokoko ist der Hochaltar des Regensburgers Simon Sorg.

Römerturm und Herzoghof 16

Domplatz 3

Die in der Alten Kapelle dargestellte Taufe des Agilofingers soll im 7. Jh. stattgefunden haben; die Herzöge richteten sich im ehemaligen römischen Kastell an der Westseite des Kornmarkts ihre Residenz ein. Danach erbauten die Karolinger ab 826 ihre Pfalz, von der aus Karl der Große regelmäßig Hof hielt und herrschte. Ab 1195 fiel die Palastanlage dann an die Wittelsbacher. Der Herzoghof zeigt sich heute im Gewand des 12. Jh. und ist durch einen Schwibbogen mit dem 28 m hohen Römerturm verbunden. Dieser ist aus Granitquadern gemauert, die von einem römischen Vorgängerbau stammten, und diente wohl als Zuflucht und Schatzkammer.

Historisches Museum 17

Dachauplatz 2–4, Tel. 0941 507 24 48, www.museen-regensburg.de, Di–So 10–16, Do bis 20 Uhr, ›Regensburg im Mittelalter‹ Di und Fr erst ab 12 Uhr, 2,20 €

Speicher- und Drei-Kronen-Gasse führen zum Dachauplatz mit dem **Minoritenkloster,** in dem das Historische Museum untergebracht ist. Zwischen 13. und 16. Jh. erbaut, umschließt der Konvent ein großes Areal mit Kreuzgängen und Innenhof. Die **Minoritenkirche St. Salvator** ist ein imposanter, gotischer Bau mit intensiver Lichtwirkung. Im **Historischen Museum** erleben Besucher einen hervorragend präsentierten und überaus interessanten Rundgang durch die Regensburger Geschichte. Besonders die Abteilung ›Römisches Regensburg‹ ist mit ihren Exponaten und den anschaulichen Modellen spannend und kann auch ältere Kinder begeistern. ›Regensburg im Mittelalter‹ gewinnt in der mittelalterlichen Architektur von Kloster und Kirche Authentizität und informiert über die Handwerksstände wie die politische Verfassung, über Fernhandel und über die Hygiene. Bei schönem Wetter kann man den Museumsbesuch mit einer Pause im Museumscafé im Klosterhof entspannt beschließen.

Kulturzentrum Leerer Beutel 18

S. Entdeckungstour S. 96

Auf Entdeckungstour

Der Leere Beutel – Kunst und Denkmalschutz

Ein Paradebeispiel für Regensburgs Umgang mit der historischen Bausubstanz: Der 1597 erbaute Getreidespeicher 18 wurde Kulturzentrum, Ausstellungsraum und Restaurant. Die Kunst darin spiegelt Ostbayerns Aufbruch in die Moderne wider.

Für wen: Liebhaber zeitgenössischer Kunst

Zeit: 2 Std.

Planung: Städtische Galerie Leerer Beutel, Bertoldstr. 9, Tel. 0941 507 24 40, www.museen-regensburg.de, Di–So 10–16 Uhr, 2,20 €, jeden 1. So im Monat kostenlos

Start: Schwanenplatz

Auf zur Zeitreise ins Hochmittelalter! Die Stadt Regensburg lebt im Wohlstand, der Handel floriert und die Getreide- und Mehlvorräte müssen sicher und trocken gelagert werden. 1597/98 gibt der Rat der Stadt den heutigen Ostteil des Getreidestadls in Auftrag, doch bereits acht Jahre später genügt der Platz nicht mehr. Der Rat lässt einen alten städtischen Getreidespeicher auf dem Nachbargrundstück abreißen und einen Neubau errichten. 1607 werden die beiden Speicher zum Leeren Beutel vereint. ›Leer‹ weil hier Säcke entleert wurden? Endgültig ist diese Frage nicht zu beantworten. Dass dieser spätgotische Bau am Ostrand der Altstadt noch steht, verdankt er dem Engagement der Regensburger Bürger, die sich im Verein Freunde der Altstadt Mitte der 1970er-Jahre für dessen behutsame Restaurierung einsetzten. Die Nutzung als Galerie für Ostbayerische Kunst des 20. Jh. lag nahe: In den rustikal und dabei überaus modern wirkenden Räumen des Getreidelagers fand sich das perfekte Ambiente für Kunst mit ostbayerischen Wurzeln.

Ortstermin

Es sind nur wenige Schritte vom Schwanenplatz in die Bertoldstraße zu dem mächtigen, 54 m langen und 21 m breiten ehemaligen **Getreidestadl**, der sich mit drei Geschossen unter seinem viergeschossigen, von Dachgauben strukturiertem Satteldach schier zu ducken scheint. Geradezu winzig wirkt das Spitzbogentor in die große Halle des Erdgeschosses, die heute zur Hälfte von Gastronomie besetzt ist. Die Kunst residiert ziemlich weit oben – vorbei an der Filmgalerie und an Wechselausstellungen im vierten Geschoss und schon unter der Dachschräge. Eben dies verleiht der mit nur zwei Räumen eher kleinen, dank der Anordnung der Exponate aber überaus spannenden ständigen Ausstellung ihr überaus intimes Flair.

Expressionismus in Sprache und Bild

Der Erste Weltkrieg war vorbei und der Expressionismus bewegte Kunst und Literatur, auch im katholischen Regensburg. Der Dichter Georg Britting (1891–1964) und der Maler und Grafiker Josef Achmann (1885–1958), beide in Regensburg geboren, gründeten 1919 die Zeitschrift »Die Sichel«. Achmanns Illustrationen zu Brittings Texten machten auf den jungen Künstler aufmerksam. Die konservative Heimatstadt verließen die beiden bereits zwei Jahre später und zogen ins mondänere München, aber Achmann blieb seinen heimatlichen Wurzeln verbunden. »Er hat aus dem Holz eine Welt sich gewühlt, Tiere, Wolken und Gärten, Menschen, die wild verzerrt sind und Städte, die verwirrt taumeln«, schrieb Britting 1919 über Achmanns kraftvolle Kunst. Im Leeren Beutel sind zwar keine von Achmanns Illustrationen zu sehen, dafür aber sein Meisterwerk: »Die Brennsuppenesser« (1919) zeigt in warmen Farben den Maler mit Georg Britting bei der Mahlzeit; im Hintergrund das Symbol ihrer Zeitschrift, die Sichel.

Donauwaldgruppe

Nach dem Zweiten Weltkrieg kam in Waldhäuser im Bayerischen Wald eine Gruppe von Malern und Literaten zusammen, die sich selbst die Donauwaldgruppe nannte (s. dazu auch Panorama S. 70). Die graue Eminenz dieses Kreises war Reinhold Koeppel (1887–1950). Auf einer Wanderung hatte der vom Stadtleben übersättigte Sachse Anfang des 20. Jh. den Bayerischen Wald kennen- und lieben gelernt; seit 1908 lebte er im ehemaligen Schulhaus von Waldhäuser. »Wild Wächst Was Wachsen Will« – dieses Lebensmotto Koeppels könnte ebenso gut für die umgebende Natur stehen. Und es spiegelt sich in seinen mit expressiver Wucht gemalten Bildern wider, die alle um das Leben im Waldgebirge kreisen: Sein Gemälde »Waldinneres« (1925) entführt in den geheimnisvollen Bayerischen Wald.

Provokation aus dem Wald

Die zweite große Künstlergruppe aus Ostbayern setzte bewusst auf Provokation. 1957 schlossen sich Helmut Sturm (geb.1932) aus Furth im Wald, Heimrad Prem (1934–78) aus Roding und der Berliner Hans Peter Zimmer (1936–86) in München zum Künstlerkollektiv S.P.U.R. zusammen, das als Reaktion auf die verkrustete Atmosphäre an der Münchner Kunstakademie Kunst mit politischen Aktivitäten verbinden wollte. »Wer Kultur schaffen will, muss Kultur zerstören«, wurde zur Devise ihrer Arbeiten und Aktionen, die ihnen sogar einen Prozess wegen Gotteslästerung einbrachten. Im Leeren Beutel sind die inzwischen als Wegbereiter der Moderne anerkannten Künstler aus der Oberpfalz gleich mit mehreren Werken vertreten: mit Helmut Sturms »Zwei Figuren« (1961) beispielsweise oder Heimrad Prems »Kartoffelernte« aus dem gleichen Jahr. Hier verwendete der Künstler die Technik der Collage, um das Figürliche herauszuarbeiten.

Zum Abschluss ins Café

Man sollte sich Zeit nehmen für die Reise durch die ostbayerische Kunst des 20. Jh. in den wunderbaren Räumen des Getreidespeichers und auch der jüngeren Generation Aufmerksamkeit schenken, die mit Werken von Richard Vogl oder Pia Mühlbauer vertreten ist. Danach kann man im **Café-Restaurant Leerer Beutel** 5 einkehren und bei einem Kaffee unter den wuchtigen Stützbalken das Gesehene sacken lassen.

»Die Brennsuppenesser« von Josef Achmann (1919)

St. Emmeram/Schloss Thurn und Taxis 19

Emmeramsplatz 5, Tel. 0941 504 81 33, Fax 0941 504 81 40, www.thurnundtaxis.de
Schloss und Kreuzgang: Mitte März–7. Nov., Führungen Mo–Fr 11, 14, 15, 16, Sa/So/Fei zusätzlich 10, 13, Winter Sa/So/Fei 10, 11, 14, 15 Uhr, 11,50 €
Schatzkammer: Mitte März–8. Nov. Mo–Fr 11–17, Sa/So/Fei 10–17, Winter Sa/So/Fei 10–17 Uhr, 4,50 €
Marstall: auf Anfrage

Schloss Thurn und Taxis am Südrand der Regensburger Altstadt ist eine ›Stadt‹ für sich. Die Anlage, ursprünglich ein Kloster, entwickelte sich um eine wahrscheinlich vorkarolingische Kirche mit dem Grab des hl. Emmeram (gest. 685). Im 10. Jh. veranlasste Abt Ramwold den Ausbau des Klosters (Südflügel und Ramwoldkrypta), im 11. Jh. entstanden der westliche Teil und die Wolfgangskrypta, im 12. Jh. wurde die Kirche St. Rupertus neben St. Emmeram errichtet, die beiden Kirchen durch eine gemeinsamen Vorhalle verbunden. Brände, Umbauten, Zerstörungen im Dreißigjährigen Krieg und schließlich 1730 die völlige barocke Umgestaltung durch die Brüder Asam (s. S. 65) veränderten das Gesicht des Gotteshauses und des Klosters wiederholt. 1748 zog Fürst Alexander Ferdinand von Thurn und Taxis als Prinzipalkommissar, also als Vertreter des Kaisers beim Immerwährenden Reichstag, mit seiner Familie in den Ostflügel ein. 1812 wurde das Kloster schließlich aufgehoben und den Fürsten von Thurn und Taxis als Ersatz für die erzwungene Aufgabe des Postmonopols überlassen.

In Deutschlands größtem Schlossbau mit über 500 Zimmern zu wohnen, kann sich allerdings auch keine Fürstenfamilie leisten. Die hohen Unterhaltskosten veranlassten die von Thurn und Taxis zur Öffnung des Schlosses als Museum. Die Schlossfestspiele wurden initiiert, in der Adventszeit kann man den romantischen Weihnachtsmarkt im Schlosshof besuchen. Die Pläne, Teile des Schlosses in ein 5-Sterne-Hotel umzuwandeln, waren aus denkmalschützerischen Bedenken wie auch aus Gründen der Pietät – schließlich ruhen in St. Emmeram die Gebeine mehrerer Heiliger – heftig umstritten und wurden schließlich ad acta gelegt. Nach dem Tod ihres Gatten, des Fürsten Johannes von Thurn und Taxis, im Jahr 1990, führt die früher oft als schrill und impulsiv belächelte Gloria Familie wie Unternehmensgruppe. In Regensburg wird sie fast ehrfürchtig einfach ›die Fürstin‹ genannt.

Das Schloss und der Kreuzgang des Klosters können nur im Rahmen einer Führung besichtigt werden; St. Emmeram steht Besuchern immer offen.

St. Emmeram

Durch einen Vorhof und eine nahezu quadratische Vorhalle betritt man St. Emmeram von der Nordseite her. In der **Vorhalle** sind die Kirchenpatrone St. Emmeram und St. Hieronymus als Statuen verewigt; dem Eingang gegenüber führt ein Zwillingsportal mit einem romanischen Jesus (11. Jh.) ins

Hilfreicher Führer

St. Emmeram ist so vielschichtig und mit so vielen Kostbarkeiten aus allen Kunstepochen ausgestattet, dass der im Verlag Schnell und Steiner erschienene Kirchenführer wertvolle Dienste bei der Besichtigung leistet. Er wird in Buchhandlungen oder auch direkt im Gotteshaus verkauft.

eigentliche Gotteshaus. Durch den rechten Torbogen betritt man das im 11. Jh. erbaute und im 17. Jh. ausgestattete **westliche Querschiff** mit mehreren Grabmälern, darunter auch das Grab des bayerischen Geschichtsschreibers Aventinus (gest. 1534), und dem prunkvollen Epitaph für Fürst Alexander Ferdinand von Thurn und Taxis, geschaffen von Simon Sorg. Treppen führen hinunter in die romanische **Wolfgangskrypta** mit dem Grab des Heiligen (gest. 994) und einem Renaissancealtar. Der Heinrichsstuhl (10.–12. Jh.) aus schwarzem Dolomit diente früher wohl als Bischofsstuhl. In einer seitlichen Nische ruhen die Gebeine des hl. Dionysius Areopags, der von Apostel Paulus zum Christentum bekehrt worden sein soll.

Mehrere Türen leiten vom Querschiff zum **Langhaus** über, das mit seiner hellen, pastellfarbenen Rokokopracht blendet. 1731 begannen die beiden Asam-Brüder Cosmas Damian und Egid Quirin ihr Werk, Ersterer als Freskant, Letzterer als Stuckateur und Bildhauer. Ein Thema der Bildzyklen ist das Leben des hl. Emmeram, umrahmt von rankendem Stuckwerk. Die **Ringkrypta** mit dem Grab des hl. Emmeram erreicht man von den Seitenschiffen des Langhauses: Sie ist ein überwölbter, im Bogen entlang der Apsis geführter Gang, dem im Barock Fenster eingebaut wurden. An den Wänden sind noch Spuren von Inschriften und Malereien aus dem 10. Jh. erhalten. Ein Gang führt weiter nach Westen in die **Ramwoldkrypta,** die 980 geweiht wurde und das Grab des Abtes Ramwold (gest. 1001) birgt. 1775 wurde der schlichte Raum im Geist des Klassizismus umgestaltet.

Bedeutend ist die Sammlung von **Tumben und Epitaphien,** von denen viele erst Ende des 19. Js. eine neue Heimat in St. Emmeram erhalten haben. Im nördlichen Seitenschiff sind u. a. die Hochgräber für Herzog Arnulf von Bayern (gest. 937) und Herzog Heinrich der Zänker (gest. 995) zu bewundern. Das Grab der Königin Hemma (gest. 876) aus dem Jahr 1280 zählt wegen der lebensnahen Darstellung der Toten zu den eindrucksvollsten Grabmälern in St. Emmeram.

St. Emmeram ist als ehemalige Klosterkirche direkt mit dem Kreuzgang des Alten Konventes verbunden. Dessen Besichtigung ist allerdings Teil und Abschluss der ›Schloss-Tour‹. So bleibt Interessierten nur die Möglichkeit, sich dem Sightseeing im Schloss Thurn und Taxis anzuschließen.

Schloss Thurn und Taxis

Als Fürst Ferdinand Alexander von Thurn und Taxis 1748 in Regensburg das Amt des Prinzipalkommissärs beim Immerwährenden Reichstag antrat, half er dem Kaiser gewissermaßen aus einer Bredouille. Der Posten war mit viel Ehr', aber auch mit hohen Ausgaben verbunden. Der Vertreter des Kaisers musste eine standesgemäße Hofhaltung führen sowie Feste und Musikabende ausrichten. Und bezahlen musste er dies alles aus eigener Schatulle. Für einen derartigen Aufwand kam natürlich nur eine sehr reiche Familie infrage und die Thurn und Taxis hatten Geld. Franz von Taxis hatte im 15./16. Jh. das moderne Postwesen erfunden und eine Strecke von Brüssel nach Wien mit Versorgungsstationen für Pferde und Reiter aufgebaut. 1615 wurde Lamoral von Taxis das Generalpostmeisteramt als erbliches Lehen verliehen, 1695 wurde die Familie nach einem Intermezzo als Grafen zu Reichsfürsten erhoben. 1731 zogen die Fürsten von Brüssel nach Frankfurt, 17

Rokokoausstattung aus der Frankfurter Residenz – im Gelben Salon des Schlosses

Jahre später kam dann der Ruf nach Regensburg. Einen Teil der wertvollen Ausstattung ihres Frankfurter Schlosses nahmen sie mit.

Die geführte Besichtigung startet im Südflügel an einer prunkvollen Marmortreppe der Neorenaissance, über die man in die **Repräsentationsräume des Schlosses** gelangt. Der 190 m^2 große Barocksaal dient bis heute als Veranstaltungsort für rauschende Feste. Interessant ist die Ausstattung: Die aus dem Frankfurter Schloss mitgebrachten Rokokoverkleidungen wurden im 19. Jh. mit Neorokoko ergänzt. Auch der Silbersaal wurde in diesem Stil umgestaltet. Im klassizistischen, von Leo von Klenze entworfenen Grünen Salon der Fürstin Therese erinnert das Bett in Schwanenform etwas an Bayerns Märchenkönig Lud-wig II., der mit seinem von Antike und Mythen inspirierten Stilempfinden wohl insgesamt Vorbild und Wegbereiter für die Einrichtung der fürstlichen Gemächer Ende des 19. Jh. war. In diesem teils etwas überfrachtet wirkenden Ambiente hängen wertvolle Wandteppiche und Gemälde, die aus der Frankfurter und Brüsseler Residenz ihren Weg nach Regensburg fanden.

Der zweite Teil der Besichtigung ist ein Kontrastprogramm zum Prunk des Schlosses. Er führt in den stillen, asketischen **Kreuzgang** des alten Konvents, der im Osttrakt zunächst in barockem Stil erscheint. Das hohe Alter dieser Anlage manifestiert sich in der Nordostecke, wo ein Joch der Benediktuskapelle (um 970) erhalten ist. Im Nordflügel sind romanische Elemente erkennbar; das wunderbare Benediktusportal von 1200 führt hier in den Chor von St. Emmeram. Westlich anschließend erinnert der ›Lesegang‹ an Bauformen der französischen Gotik. Neugotisch ist die Gruftkapelle der Fürsten. Sie wurde 1835–43 als Grablege für die Thurn und Taxis an den Kreuzgang angebaut. Hier befindet sich auch das Grab des 1990 verstorbenen Fürsten Johannes.

Übernachten

Die meisten Innenstadthotels gehören der gehobenen Preiskategorie an. Wer eine preiswertere Unterkunft sucht, mietet am besten eine Ferienwohnung oder ein Zimmer – die Broschüre »Übernachten Regensburg« ist in der Touristeninformation erhältlich und stellt neben den Hotels auch Privatunterkünfte mit Fotos und Kontaktadressen vor.

Bohème und Komfort – **Orphée Großes Haus** **1**: Untere Bachgasse 8, Tel. 0941 59 60 20, www.hotel-orphee.de, Regensburger Altstadtbus, Haltestelle Altes Rathaus/Kohlenmarkt, 25 Zi., DZ 110–190 €. Das Orphée logiert in einem verwinkelten Barockhaus im Herzen der Altstadt. Jedes Zimmer ist anders und abhängig von Größe und Lage eingerichtet. Die Zimmerdecken sind teils mit Stuck verziert, teils von Holzbalken getragen, das Mobiliar individuell mit einem Hauch Romantik. Der Blick über Regensburgs Dächer von einem der Dachzimmer ist fantastisch und das Frühstück ist konkurrenzlos üppig.

Ländlich – **Landhaus Andreasstadel** **2**: Andreasstr. 26, Tel. 0941 59 60 23 00, www.hotel-orphee.de, Buslinie 12, Haltestelle Stadtamhof, 10 Zi., DZ 120–140 €. Ein kurzer Spaziergang über die Steinerne Brücke und Sie finden sich in Stadtamhof in einer anderen Welt wieder. Der Andreasstadel war Salzlager und ist heute Künstlerhaus. Im Erdgeschoss liegen die Appartements; sie sind im lichten, mediterranen Stil eingerichtet und 6 haben eine Terrasse zu den Donauauen. Ideal für Familien, die auch mal selbst kochen wollen, für Leute, die nach dem Tagesrummel Ruhe suchen, und für Autofahrer, die ihr Fahrzeug direkt vorm Hotel abstellen können.

Historische Träume – **Goldenes Kreuz** 3: Haidplatz 7, Tel. 0941 558 12, www.hotel-goldeneskreuz.de, Regensburger Altstadtbus, Haltestelle Haidplatz, 9 Zi., DZ 95–125 €. Nur 9 Zimmer, alle zurückhaltend modern und mit allem technischen Komfort ausgestattet, blieben von der einstigen Fürstenherberge. Wer also gerne einmal an einem Ort nächtigen möchte, an dem Kaiser Karl V., Königin Amalie von Sachsen und Fürst von Metternich abgestiegen sind, ist hier richtig. Außerdem liegt unter den Hotelfenstern (die natürlich schalldicht schließen) Regensburgs beliebtester Festplatz – es ist also immer etwas los.

Schnörkel und Lüster – **Hotel Lux** 4: Stadtamhof 24, Tel. 0941 857 24, www.hotel-lux.eu, Buslinie 12, Haltestelle Stadtamhof, 6 Zi., DZ 85 €. Im ruhigen Stadtamhof und in der ersten Etage des historischen Gasthauses Schildbräu gelegen, ist das Lux ein kleines, feines und sehr angenehmes Hotel. Die Ausstatter haben tief im Fundus antiker Möbel, Spitzendeckchen und Kristalllüster gewühlt und das Ergebnis ist ganz bezaubernd.

Vielseitig – **Hotel Karmeliten** 5: Dachauplatz 1, Tel. 0941 698 49 10, www.karmeliten-hotel.de, Regensburger Altstadtbus, Haltestelle Königstr., 63 Zi., DZ Economy ab 74 €, Radler-EZ ab 39 €. Das Altstadthotel beim Historischen Museum gibt's schon lange, aber 2007 wurde mit einem Komplettumbau ein neuer Anfang gestartet. Die Zimmer – ob nun Deluxe oder Economy – sind kühl und modern eingerichtet: Ans historische Erbe erinnern geschmackvoll platzierte Kostbarkeiten des Biedermeier. Die Radlerzimmer haben Etagenduschen, ansonsten gehören Bad/WC und TV zum Standard.

Jugendlich – **Brook Lane Hostel** 6: Obere Bachgasse 21, Tel. 0941 690 09 66, www.herberge-regensburg.de, Regensburger Altstadtbus, Haltestelle Neupfarrplatz, 6 Zi., DZ 35 €, Mehrbettzi. 15 €/Pers. Das Haus für junge Leute oder Reisende, die keinen Superkomfort, aber saubere und freundliche Zimmer erwarten. Es gibt eine Sammeldusche, Gemeinschaftsküche, einen TV-Raum und sichere Fahrradabstellplätze. Und es liegt im Herzen der Stadt – man erreicht alle Sehenswürdigkeiten zu Fuß. Zum Hostel gehört ein kleiner Laden, in dem man alles Überlebensnotwendige wie Getränke und Schokoriegel bekommt.

Essen & Trinken

In der Regensburger Altstadt reiht sich ein Restaurant, Café oder Gasthaus ans andere. Die Preise sind in der Umgebung der Highlights wie Dom oder Steinerne Brücke natürlich höher als etwas abseits.

Haubengekrönt und ambitioniert – **Rosenpalais** 1: Minoritenweg 20, Tel. 0941 599 75 79, www.rosenpalais.de, Di–Sa 18–23 Uhr, Hauptgerichte um 22 €, Menü 45 €. Regensburgs Topadresse für Feinschmecker im eleganten Rahmen eines historischen Palais. Ideal für einen ganz besonderen Abend, an dem man etwas feiern und richtig schlemmen möchte. Wie wär's mit Seeteufel mit soufflierter Bouillabaisse und Pestobohnen? Die Weinkarte hält mit der hohen Qualität in der Küche mit – dafür gab's eine Gault-Millaut-Haube.

Angesagt multikulturell – **Roter Hahn** 2: Rote Hahnengasse 10, Tel. 0941 59 50 90, www.roter-hahn.com, tgl. 6–24 Uhr, Vorspeisen um 8 €, Hauptge-

Lieblingsort

Französisch-bayerisches Café
Wenn Sie sich am coolen Design der meisten modernen Cafés sattgesehen haben, werden Sie sich im **Bistro Orphée** 3 mit den holzgetäfelten Wänden ebenso wohlfühlen wie wir. Nehmen Sie an den Marmortischchen oder in den roten Samtsesseln im vorderen Café-Teil Platz, schlagen Sie eine der vielen bereitliegenden Zeitungen auf – vielleicht gar den »Canard enchainé« – und bestellen sich einen Kaffee oder Pastis. Und dann einfach entspannen! (Adresse s. S. 106)

CAPITO
BEAU FIXE SUR NEW-YORK

richte um 18 €, Menü 40 €. Der Rote Hahn ist ein hübsches Altstadthotel mit flott gestyltem Restaurant und einer Speisekarte im Geist der Zeit mit Schaumsüppchen, Carpaccios, Flugenten und Wokgerichten – alles von makelloser Qualität und Frische. Sehr angenehm ist die große Auswahl vegetarischer Speisen.

Französische Lebensart – **Bistro Orphée** 3: Untere Bachgasse 8, Tel. 0941 59 60 20, www.hotel-orphee.de, tgl. 8–1 Uhr, Hauptgerichte um 14 €. Im Stil eines französischen Bistros eingerichtet ist das Restaurant des Hotels Orphée ein nahezu originales Stück französischer Lebensart in Regensburg. Angefangen bei der hervorragenden Küche mit all den Klassikern wie Coq au vin oder Couscous über die gut sortierte Weinkarte bis hin zu den verblichenen Filmplakaten an den Wänden passt alles zusammen. Im Sommer dinieren die Gäste im Innenhof des historischen Kaufmannshauses. Für den kleinen Appetit gibt's im vorderen Café-Teil des Restaurants Baguettes, Croques Monsieur und Salate (s. S. 104).

Klein und fein – **Le Mura** 4: Hinter der Grieb 5, Tel. 0941 599 93 10, www.le-mura.de, So, Di–Do 11–24, Fr/Sa 11–2 Uhr, Hauptgerichte 13–15 €. Das kleine, gemütlich eingerichtete Restaurant mit Bar überrascht mit originellen und überaus wohlschmeckenden Kreationen wie Schokolavendelsuppe mit Chilifäden oder einem Nugatsorbet. Gäste können hier auch einfach auf ein Glas Wein oder eine kleine Zwischenmahlzeit vorbeischauen.

Entspanntes Künstlerflair – **Leerer Beutel** 5: Bertoldstr. 9, Tel. 0941 589 97, www.leerer-beutel.de, Mo 18–1 Uhr, Di–So 10–1 Uhr, Vorspeisen um 7 €, Hauptgerichte 12–15 €. Überzeugend ist allein schon das Ambiente im historischen Getreidestadl mit hohen Decken und rustikalen Holzbalken, geschmackvoll modern eingerichtet. Auf eine ähnliche Symbiose setzt auch die Küche: bodenständig im Bayerischen verwurzelt, aber natürlich mit viel Pfiff dargeboten und dem Zeitgeschmack entsprechend mediterran-asiatisch angehaucht. Die Karte wechselt häufig; stets ist auch Vegetarisches zu finden.

Bayerisch-urig – **Kneitinger** 6: Arnulfsplatz 3, Tel. 0941 524 55, www.kneitinger.de, tgl. 9–1 Uhr, Hauptgerichte um 8–10 €. Kneitinger ist Regensburgs bekannteste Brauerei und der Braugasthof eines der beliebtesten Wirtshäuser. Die Karte bietet bayerisches Pflichtprogramm: Krustenbraten, Leberknödelsuppe, Böfflamot etc. schmecken gut und kommen in großen Portionen auf den Tisch.

Bayerische Gemütlichkeit – **Spitalgarten** 7: St. Katharinenplatz 1, Tel. 0941 847 74, www.spitalgarten.de, So–Fr 10–24 Uhr, Hauptgerichte 8–10 €. Der womöglich älteste Biergarten in Regensburg befindet sich in Stadtamhof. Dort sitzen die Gäste mit Blick auf die historische Skyline bei Presssack, Schweinshaxe oder Spitalpfandl. Bei schlechtem Wetter wird in der gemütlichen Wirtsstube serviert.

Deftig und traditionell – **Wurstkuchl** 8: Thundorferstr. 2, Tel. 0941 46 62 10, www.wurstkuchl.de, tgl. 8–19 Uhr, Würstl mit Sauerkraut 7 €, Menü 15 €. Es geht um die Wurst und das Vergnügen, in einem uralten Wirtshaus zu essen. Die Schweinsbratwürstl mit Kraut und Wurstkuchlsenf schmecken gut, dazu fließt Jacob Pils oder Weizen durch die durstige Kehle. Im Sommer ergattert man mit etwas Glück einen Platz im Freisitz mit Blick auf Donau und ›Steinerne‹. Viele Touristengruppen!

Ausgewogen und preiswert – **Regensburger Suppenbar** 9: Obere Bachgasse 12, Tel. 0941 504 79 39, Mo–Sa 11–15 Uhr, Hauptgerichte oder kleines

Menü um 5 €. Gesund und vollwertig und dabei zugleich preiswert. Die Suppenküche ist ideal für den Mittagssnack, es gibt knackige Salate, vegetarische Gerichte und Eintöpfe. Die Küche legt Wert auf die Information, dass kein Knoblauch verwendet wird.

Studentenflair – **Amapola** 10: Am Römling 1, Tel. 0941 56 21 65, So–Do 18–1, Fr/Sa 18–2 Uhr, Polalatschen ab 4 €. Ganz offen: Eigentlich geht man nur wegen des Biergartens ins Amapola. Der besteht aus einem weiß gekalkten Innenhof mit einer Kastanie drin, wirkt irgendwie sehr südländisch und sehr originell. Originell ist aber auch die Spezialität des Hauses: Polalatschen, eine Art Ökopizza aus Mehrkornmehl.

Frühstück international – **Café Lila** 11: Pfarrergasse 6, Tel. 0941 555 52, www.cafe-lila.de, Frühstück tgl. 8–17 Uhr, 2–7 €. Griechisch, türkisch, spanisch, amerikanisch oder doch lieber Frühstück Liechtenstein? Im sympathischen Café Lila frühstücken sich die Gäste einmal um die Welt.

Einkaufen

In der Regensburger Altstadt gibt's neben den großen Kettenfilialen wirklich originelle Läden zu entdecken. Altes Handwerk hat in den historischen Mauern überlebt.

Alles Bürste – **Bürsten-Ernst** 1: Glockengasse 10, Tel. 0941 517 21, www.buersten-ernst.de. Seit 1894 werden hier Bürsten hergestellt und verkauft. Selbst produzierte Ware macht heute nicht mehr den Hauptanteil aus, aber bei der Auswahl achtet man auf Qualität. Neben den vielen verschiedenen Bürsten gibt's auch gute und sehr spezielle Reinigungsmittel, die sonst schwer erhältlich sind, sowie kompetente Beratung.

Duftkreationen – **Domus Botanicus** 2: Obere Bachgasse 16, Tel. 0941 382 06 03, www.domus-botanicus.de. Handgefertigte Seifen, Kerzen, Papiere, blumige Düfte und Badeessenzen.

Blumen und Glas – **Durch die Blume** 3: Watmarkt 7, Tel. 0941 280 57 70, www.durch-die-blume.com. Es ist einfach eine Freude, die Blumenarrangements in diesem Laden zu bewundern. In der ersten Etage stehen ausgewählte Vasen und Glasobjekte von Künstlern aus dem Bayerischen Wald zum Verkauf.

Pralinés – **Confiserie Café Prinzess** 4: Rathausplatz 2, Tel. 0941 59 53 10, www.cafe-prinzess.de. Das älteste Kaffehaus Deutschlands, wie fälschlich behauptet, ist das Café Prinzess nicht; aber es hat sicherlich mit die köstlichsten Pralinen, so die verführerischen Barbaraküsse.

Tee vom Feinsten – **Tee in** 5: Untere Bachgasse 12, Tel. 0941 589 61. In Wolfgang Leys Teeladen im spätgotischen Lerchenfelder Hof gibt es eine Riesenauswahl an Teesorten, teils aus ökologischem Anbau, und hochkompetente Beratung.

Bücher und Souvenirs – **Cultheca** 6: Krauterermarkt 2, Tel. 0941 69 87 73 00, www.cultheca.de. Literatur über Regensburg, historische Ansichtskarten, originelle Souvenirs und Repliken.

Aktiv & Kreativ

Fahrräder – **Rent a Bike** 1: Bahnhofstr. 18, Tel. 0800 460 24 60 (freecall), www.fahrradverleih-regensburg.de. Fahrradladen, -verleih und -service am Bahnhof.

Baden – **Donaustrand An der Schillerwiese** 2: Mit dem Rad sind's zehn Minuten nach Westen die Donau entlang zur Schillerwiese, Regensburgs beliebtestem Donaustrand.

Führungen – **Cultheca** 3: s. Einkaufen S. 107. Cultheca veranstaltet thematische Führungen, Mitmachaktionen für Kinder und Familien in Museen sowie Seniorenführungen.

Abends & Nachts

Als Studentenstadt hat Regensburg natürlich ein vielseitiges, aber auch häufig wechselndes Angebot an Kneipen, Lounges und Klubs. Aktuelle Informationen liefert z. B. die Broschüre »port01«, die in vielen Lokalen und bei der Touristeninformation erhältlich ist. Das aktuelle Theaterprogramm ist in der Tagespresse oder unter www.theaterregensburg.de (Theater am Bismarckplatz, Theater am Haidplatz und Velodrom) zu finden.

Kulturhaus – **Alte Mälzerei** 1: Galgenbergstr. 20, Tel. 0941 78 88 10, www.alte-maelzerei.de. Musik, Theater, Kabarett und Klub-Partys – die Alte Mälzerei bietet ein anspruchsvolles Programm für jeden Geschmack.

Jugendclub – **Café Galerie** 2: Kohlenmarkt 6, Tel. 0941 56 14 08, www.cafegalerie.de, Mo–Sa 7–1, So 9–1 Uhr. Tagsüber ein entspanntes Café mit Snacks und Pizza, abends ein Klub mit täglich wechselndem Programm und Aktionen für die jüngere Generation.

Relaxte Szene – **Rauschgold** 3: Obermünsterstr. 14, Tel. 0163 716 69 95, www.rauschgold.info, Di/Do 21–2, Fr/Sa 21–3 Uhr. Hierher geht's zum Warm-up für die lange Disconacht. Mit der Karma Lounge im gleichen Haus ist diese Szenelounge personell verbandelt, auch die Öffnungszeiten sind aufeinander abgestimmt.

Zum Abtanzen – **Karma Lounge** 4: Obermünsterstr. 14, Tel. 0163 716 69 95, www.karmalounge.de, Di/Do 23–3, Fr/Sa 23–4 Uhr. Die Karma Lounge ist Regensburgs angesagte Klublocation in Pink mit Themenpartys und Promi-DJs. Aber auch Studenten und Alternative sind willkommen.

Hoher Flirtfaktor – **Gloria** 5: Simadergasse 2a, Tel. 0941 519 46, www.gloria-regensburg.de, Café-Bar tgl. ab 9, Restaurant Di–So ab 18, Klub Sa ab 23 Uhr. Ein ehemaliges Kino als Restaurant und Partylocation – man kann den ganzen Tag drin verbringen. Außerdem, so heißt es, trifft man hier die schönsten Mädchen der Stadt.

Infos & Termine

Infos

S. Infobox S. 81

Verkehr

Der Innenstadtbereich ist übersichtlich und am besten zu Fuß zu erkunden.

Bus: Der Regensburger Altstadtbus fährt zwischen Friedenstraße und Arnulfsplatz alle wichtigen Sehenswürdigkeiten an; er verkehrt allerdings nicht an Sonn- und Feiertagen. Fahrpläne und -zeiten kann man unter www.rvv.de nachschlagen.

Termine

Im kostenlosen »Monatsprogramm« der Stadt Regensburg sind alle Veranstaltungen und Termine eines Monats gelistet. Es steht unter www.regensburg.de auch online zur Verfügung.

Rathauskonzerte: Mitte April–Mitte Mai, www.regensburg.de/kultur, Tickets u. a. bei Theater Regensburg, Bismarckplatz 7, Tel. 0941 507 24 24. Vier klassische Konzerte gibt es jeweils freitags im Reichstagssaal des Alten Rathauses.

Tage Alter Musik: 1. Maihälfte, Veranstalter Pro Musica Antiqua, Tel. 0941 897 97 86, www.tagealtermusik-regensburg.de. Das Festival zählt zu den weltweit führenden und bemüht sich um

Thront über der Donau: die Walhalla bei Donaustauf

historische Aufführungspraxis von Werken verschiedener Epochen auf historischen Instrumenten.

Thurn und Taxis Schlossfestspiele: Mitte Juli, Veranstalter Odeon Concerte, www.odeon-concerte.de. Die beliebten Festspiele im Schloss vereinen zwei Wochen lang leichte und schwere Musik, Operette und Oper, Jazz und Chanson.

Fest im Fluss: Juli, www.regensburg.de/tourismus. Veranstaltungen sowie Spiel und Spaß in den Donauauen und entlang des Flusses.

Walhalla ►E 8

Walhalla-Str. 48, 93093 Donaustauf, Tel. 09403 96 16 80, www.walhalla-regensburg.de, April–Sept. 9–17.45, Okt. 9–16.45, Nov.–März 10–11.45, 13–15.45 Uhr, 4 €. Anreise: mit dem Schiff ab Steinerne Brücke April–Okt. tgl. 10.30, 14 Uhr. Auskunft Tel. 0941 521 04; mit dem Bus Linie 5 und 5b nach Donaustauf/Walhalla, Auskunft unter Tel. 0941 797 56 75

Etwa 10 km donauabwärts thront der Tempelbau der **Walhalla** hoch über dem Fluss. Leo von Klenze realisierte den Bau für König Ludwig I. 1830–42 nach dem Vorbild des Parthenontempels in Athen. In der Walhalla erinnern 64 Gedenktafeln und 129 Marmorplastiken an verdiente Deutsche und um Deutschland verdiente Europäer; jüngster Neuzugang war 2008 Edith Stein; 2009 soll Heinrich Heine folgen.

Nepaltempel ►F 9

Martiniplatte, Wiesent, Tel. 09482 95 96 86, www.nepal-himalaya-pavillon.de, Mai–Okt. So 13–17, Mo 14–17 Uhr, 5 €

Rund 20 km östlich von der Walhalla befindet sich ein uneuropäisches Denkmal, der **Nepaltempel.** Er wurde 2003 vom Expo-Gelände in Hannover nach Wiesent gebracht und aufgestellt. Umgeben ist die Tempelanlage von einem Himalayagarten mit 326 Pflanzenarten. Der Eintritt kommt Wasserprojekten in der sog. Dritten Welt zugute.

Das Beste auf einen Blick

Bayerischer Jura

Highlight!

Kloster Weltenburg: Wenn man irgendwo vom perfekten Zweiklang von Bier und Barock in Bayern sprechen kann, dann hier! Das Kloster und vor allem die von den Asam-Brüdern gestaltete Klosterkirche sind ein Höhepunkt des barocken Bauschaffens in Bayern. Und das Bier aus der »ältesten Klosterbrauerei der Welt« ist so süffig, dass man die Fahrt hierher besser mit dem Donauschiff unternimmt – wäre doch schade um den Führerschein. S. 117

Auf Entdeckungstour

Kallmünz – Kunstgeschichte und Kunst-Geschichten: In Kallmünz haben berühmte Maler gearbeitet und gelebt und heute kommen viele Hobbykünstler hierher, um zu malen. Wer nicht kreativ sein möchte, kann sich von dem so ungemein idyllisch gelegenen Ort mit seinen hübschen Häusern bezaubern lassen. S. 126

Kultur & Sehenswertes

Archäologisches Museum Kelheim: auf den Spuren der Römer in Bayern – eine preisgekrönte Ausstellung für Groß und Klein. S. 113

Asam-Kirche Rohr: Ein Asam kommt selten allein, doch in Rohr baute Egid Quirin ohne den Bruder. Auch diese Kirche wurde ein Meisterwerk – das Fehlen der Fresken scheint unwichtig bei so viel Vollkommenheit. S. 120

Aktiv & Kreativ

Archäologischer Wanderpfad: von der Befreiungshalle über Kelheim durch das Naturschutzgebiet Weltenburger Enge zum Kloster Weltenburg, vorbei an Zeugnissen der keltischen Besiedlung. S. 116

Radltour von Kelheim nach Berching: 46 km entlang des Main-Donau-Kanals zu zauberhaften Städtchen und herrischen Burgen. S. 124

Genießen & Atmosphäre

Eisvogel: Das Hotel-Restaurant in Bad Gögging verwöhnt mit oberpfälzischen Spezialitäten auf hohem Niveau. S. 119

Stirzer: Der Gasthof in Dietfurt ist urgemütlich eingerichtet; auf der Karte stehen regionale Spezialitäten wie saures Lüngerl oder Altmühltaler Lamm. S. 122

Abends & Nachts

Kunstcafé an der Johannesbrücke: Café und Galerie in Berching, manchmal Musik und immer nette Atmosphäre, im Sommer auch draußen an der Sulz. S. 129

Klöster und Burgen an historischen Wasserstraßen

Weißgraue, schroffe Kalkfelsen und die Wasserläufe von Altmühl, Donau und Main-Donau-Kanal prägen die Landschaft des Bayerischen Jura westlich von Regensburg. Tief eingeschnittene Durchbruchstäler wie das der Weltenburger Enge und weite, liebliche Auen wechseln sich ab, Schlossruinen und restaurierte Burgen wachen über Puppenstubenstädtchen, die sich mit Ziergiebeln, Fachwerk und Wehrmauern zwischen Fels und Wasser zwängen. Hier lassen sich die schönsten Blüten des Kunstschaffens der Gebrüder Asam – Weltenburg und Rohr – bewundern oder man wandert auf den Spuren der Kelten und Römer, fährt Rad entlang der Altmühl oder schippert auf der Donau entlang. Auch die leiblichen Genüsse kommen nicht zu kurz: Die älteste Weißbierbrauerei Bayerns und die älteste Klosterbrauerei der Welt liegen am Weg, dazu urige Gasthäuser mit bayerischer Traditionsküche. Für eine Erkundung per Fahrrad sollte man sich ruhig zwei Tage Zeit nehmen; mit dem Auto kann man in einem Tag alles Wichtige besuchen!

Infobox

Infos
Zentrale Infostelle ist der Tourismusverband Ostbayern (s. S. 15) oder die Tourismusbüros der jeweiligen Landkreise.

Internet
Tourismusgemeinschaft Bayerischer Jura: www.bayerischerjura.de.

Anreise und Weiterkommen
In die Region des Bayerischen Jura führen die Autobahnen A 3 Nürnberg-Regensburg (Ausfahrt Neumarkt i. d. Oberpfalz, Velburg, Parsberg) und A 9 München–Nürnberg (Grediing, Allersberg). Mit der Bahn liegen Neumarkt i. d. Oberpfalz und Parsberg auf der IC- und ICE-Strecke Nürnberg–Regensburg–Passau. Vor Ort ausgedehntes Busnetz, Schiffsverkehr auf dem Main-Donau-Kanal und der Donau. Sportlich Aktive können das Bayerische Jura per Rad erkunden (Fahrradverleih in den meisten Orten).

Kelheim ►D 9

Dass Landshut und nicht Kelheim über Jahrhunderte hinweg bayerische Herzogstadt war, verdankt die Stadt einer etwas rätselhaften Begebenheit: Am 15. September 1231 wurde Herzog Ludwig der Kelheimer auf der Donaubrücke von Kelheim ermordet – der Täter wurde nie entdeckt und man vermutete, der Herzog sei einer königlichen Intrige zum Opfer gefallen. Sein Sohn Otto II. ließ daraufhin die Brücke und das alte Herzogschloss abreißen, errichtete eine Sühnekapelle und verlegte die Residenz nach Landshut. Ein weiterer Wittelsbacher wetzte diese Scharte 600 Jahre später wieder aus: König Ludwig I., allem Antiken zugeneigt, befand 1863, dass die Landschaft um Kelheim sogar an Griechenland erinnere. Hier auf dem Michelsberg sollte sein Denkmal für den Sieg über Napoleon stehen: die Befreiungshalle.

Kelheims äußerst günstige Lage zwischen den beiden Flüssen Donau und Altmühl und dem nach Westen schützenden Michelsberg nutzten bereits die keltischen Bewohner der Region. Siedlungsreste sind auf dem Michelsberg erhalten. Die bayerischen Herzöge bauten die Stadt ab dem 12. Jh. aus.

Altstadt

Die Kleinstadt (15 000 Einw.) am Zusammenfluss von Altmühl und Donau liegt seit 1992 am Rhein-Main-Donau-Kanal, der internationalen Wasserstraße, deren Teilstück der Main-Donau-Kanal entlang der Altmühl bildet. Die historische Altstadt ist durch diese Baumaßnahmen sozusagen von Kanal, modernen Hafenanlagen und Straßen für den Lastverkehr umzingelt. Das sollte Besucher aber nicht abschrecken. Hat man die ›Neuzeit‹ einmal hinter sich gelassen, erwartet den Besucher eine bürgerlich-behäbige Altstadt. Mittelpunkt ist der **Ludwigsplatz,** der sich im östlichen Bereich weitet und gesäumt ist von den charakteristischen, breit gemauerten Häusern, einige mit Ziergiebeln. Die auffallend flachen Dächer erklären sich aus der früher hier üblichen Dachdeckung mit Kalksteinplatten. Das **Alte Rathaus** war ursprünglich Sitz des Stadtschreibers und stammt von 1598, wurde aber im 17. Jh. barockisiert. Das **Neue Rathaus** gleich nebenan ist ebenso alt und erhielt im 19. Jh. sein klassizistisches Dekor und das Gemälde, auf dem die Bürger der Befreiungshalle huldigen. Ähnlich erging es der gotischen **Stadtpfarrkirche Mariä Himmelfahrt;** das Kirchenschiff wurde neugotisch verlängert. Im Inneren sind zwei gotische Tafelbilder zu bewundern. Vom Ludwigsplatz am König-Ludwig-Denkmal nach Süden in die Emil-Ott-Straße erreicht man eine bayerische Institution, das **Weiße Brauhaus.** 1607 gegründet, ist dies die älteste Weißbierbrauerei Bayerns. Heute ist das Bier aus Kelheim unter dem Label ›Schneider Weiße‹ bekannt (s. auch Essen & Trinken sowie Aktiv & Kreativ S. 114).

Ein paar Schritte weiter nach Süden führen zum **Alten Markt** mit der **Ottokapelle,** die Herzog Ludwigs Sohn im Gedenken an seinen an dieser Stelle ermordeten Vater Mitte des 13. Jh. in Auftrag gab und die mit einem schönen, frühgotischen Portal geschmückt ist. Fürs bodenständige Kontrastprogramm ist am Alten Markt ein Kelheimer Bäcker zuständig, der sich bei seinem Geschäft durch die großen Schaufensterscheiben zusehen lässt: An Bäck sei Stub'n ist eine Kelheimer Institution mit sehr gutem Brot. Nach Westen gehend erreicht man das **Donautor,** einer der drei erhaltenen Tortürme der im 13./14. Jh. erbauten Stadtbefestigung. Die beiden anderen, **Altmühl-** und **Mitteltor,** finden sich am nördlichen bzw. westlichen Ausgang der Altstadt.

Archäologisches Museum

Lederergasse 11, Tel. 09441 104 92, www.archaeologisches-museum-kelheim.de, April–Okt. Di–So 10–17 Uhr, 3 €

Die vom Europarat ausgezeichnete Ausstellung zur Vor- und Frühgeschichte der Region um Kelheim stellt jede Epoche anschaulich anhand von Modellen und Rekonstruktionen dar, die auch Kinder ansprechen. Die Ausstellung im ersten Stock widmet sich der Stadtgeschichte. Ebenfalls sehenswert: Die Architektur des ehemaligen Herzogkastens von 1480, in dem das Museum residiert. Dass man in Kelheim durchaus praktisch dachte, belegt das dafür verwendete Baumaterial: Es sind die Buckelquader der Burg, die nach der Ermordung Herzog Ludwigs abgerissen wurde.

Orgelmuseum
Stadtknechtstr. 10, Tel. 09441 55 08, www.orgelmuseum-kelheim.de, April-Okt. tgl. 14–17 Uhr, 3 €
Einige historische Orgeln und Orgelmodelle versammelt das Orgelmuseum in der ehemaligen Franziskanerkirche.

Befreiungshalle
Befreiungshallestr. 3, Tel. 09441 68 20 70, www.schloesser.bayern.de, 19. März–Okt. 9–18, Nov.–18. März 9–16 Uhr, 3 €, ab Kelheim 3 x tgl. Busverbindung, Abfahrt Touristeninformation, Hin- und Rückfahrt 3 €
König Ludwig I. wählte den Michelsberg bei Kelheim 1838 wegen seiner exponierten Lage über dem Zusammenfluss von Donau und Altmühl für das Denkmal der Befreiungskriege gegen Napoleon (1813–15). Er wollte aber sicherlich auch an sein eigenes Werk erinnern, den damals im Bau befindlichen Ludwigskanal, der, 1846 eröffnet, mit rund 100 Schleusen die Strecke zwischen Kelheim und Neumarkt in der Oberpfalz bewältigte und so die Verbindung herstellte zwischen Main und Donau. Friedrich Gärtner erarbeitete ab 1842 die Grundstruktur der 18-eckigen Befreiungshalle, vollendet wurde das Projekt aber erst 1863 durch Leo von Klenze. Ludwig Schwanthaler zeichnete für die 18 Kolossalstatuen an der Außenfassade verantwortlich. Im Inneren rahmen 34 weiße, aus Carrara-Marmor gearbeitete Siegesgöttinnen die zentrale, 45 m hohe Kuppelhalle ein. Die Vorbilder der Antike, König Ludwigs liebstes Hobby, sind hier in jedem Stein, in jeder Farbe erkennbar.

Übernachten, Essen

Zahlreiche Privatvermieter bieten Zimmer oder Ferienwohnungen an. Auskunft über die Touristeninformationsämter.

Kunst und Stil – **Gasthaus zum Schwan:** Fischergasse 30, Tel. 09441 292 98, www.gasthaus-zum-schwan.de, DZ ab 70 €. Das historische Gasthaus steht am Fuß des Michelsberges unterhalb der Befreiungshalle. Die 11 Gästezimmer sind individuell mit antikem Mobiliar, eines auch im Bauernstubenstil, eingerichtet und freundlich-hell dekoriert. Mit Kunstausstellungen und gelegentlichen Konzertveranstaltungen bieten die Besitzer ihren Gästen ein anspruchsvolles Unterhaltungsprogramm. Im Restaurant (kein Ruhetag) wird bayerische Küche serviert.

Essen & Trinken

Bayerische Gemütlichkeit – **Weißes Brauhaus zu Kelheim:** Emil-Ott-Str. 2, Tel. 09441 34 80, www.weisses-brauhaus-kelheim.de, tgl. 10–22 Uhr, Hauptgericht um 10 €. Im schattigen Biergarten oder unter den Gewölben der Wirtsstube, die angenehm unfolkloristisch eingerichtet ist, gibt's bayerische Spezialitäten wie Schmalzfingernudeln, Krautspätzle oder Rostbraten, auf Vorbestellung auch Kalbshaxe und Spanferkel. Schöner Biergarten.

Aktiv & Kreativ

Bier – **Weißes Brauhaus zu Kelheim:** s. o. Bei den Erlebnisführungen können Besucher einen Blick ins Sudhaus werfen und sich den komplizierten Gärungsprozess erklären lassen. Den Abschluss bildet ein Besuch im Souvenirshop, Führungen Mai–Okt. Di/Do 14, Nov.–April Di 14 Uhr, 4,50 €.

Durch den Donaudurchbruch an der Weltenburger Enge

LUDWIG der KELHEIMER
LUDWIG der KELHEIMER

Archäologiepark Altmühltal
Ein sogenannter Hörpunkt im Innenhof des Archäologischen Museums in Kelheim ist der Startpunkt in den 18 Stationen zählenden Archäologiepark Altmühltal. Die gut ausgeschilderte Route (39 km) von Kelheim nach Dietfurt lässt sich zu Fuß oder mit dem Rad erkunden. Besonders interessant auf der Zeitreise durchs Altmühltal sind ein rekonstruiertes Stadttor des spätkeltischen Oppidums Alkimoennis in Kelheim-Gronsdorf oder die künstlerische Nachbildung eines 2500 Jahre alten Wohnhauses mit Webstuhl bei Prunn. Weitere Infos auf www.tourismus-landkreis-kelheim.de, www.archaeolo giepark-altmuehltal.de. Prospekte mit dem genauen Verlauf kann man anfordern beim Tourismusverband im Landkreis Kelheim e. V., Donaupark 13, 93309 Kelheim, Tel. 09441 20 73 30.

Mit dem Rad – **Absperrbare Radlboxen** sind ein Super-Service der Stadt Kelheim. In die 30 Boxen im Altstadtbereich passt jeweils ein Fahrrad mit Gepäck; abgesperrt wird mit dem Fahrradschloss. In Kelheim startet außerdem der 164 km lange **Altmühltal-Radweg** nach Gunzenhausen (www.natur park-altmuehltal.de).
Archäologischer Wanderpfad – **Naturschutzgebiet Weltenburger Enge:** Er führt auf 5 km von der Befreiungshalle zum Kloster Weltenburg. Unterwegs erläutern Schautafeln die Siedlungsreste aus keltischer Zeit, so z. B. das Zangentor der Keltenstadt Alkimoennis oder den Keltenwall.

Infos

Kelheimer Touristikinformation: Ludwigsplatz 14, Tel. 09441 70 12 34, www.kelheim.de, Sommer: Mo–Fr 9.30–12, 14–18, Sa 14–17, Winter: Mo–Fr 10–12, Mo–Do auch 14–16 Uhr.

Bahn/Bus: Der nächste **Bahnhof** liegt in Saal a. d. Donau, Fahrtauskunft unter www.bayern-fahrplan.de. **VLK-Busse** bedienen ein dichtes Netz in der Umgebung von Kelheim. Infos finden sich auf der Homepage des Landratsamtes, www.landratsamt-kelheim.de. Busservice-Hotline: Tel. 09441 58 58.
Personenschifffahrt: Ende April–Mitte Okt. von Kelheim über Riedenburg nach Dietfurt tgl. mehrere Abfahrten; Rückfahrt per Bus möglich. Ausflugsfahrten von Kelheim zum Kloster Weltenburg, Ende März–Anf. Nov., tgl. mehrere Abfahrten, Tel. 09441 58 58, www.schifffahrt-kelheim.de.

Donaudurchbruch/ Weltenburg ► C 9/10

Der schönste Weg nach Weltenburg ist sicherlich der auf der Donau. Hier durchbricht der Fluss den Jurakalk in der spektakulären **Weltenburger Enge,** weiße Felsen säumen seinen mäandernden Lauf, bis schließlich das **Kloster Weltenburg** wie eine Fata Morgana in dieser Naturlandschaft auftaucht. Unwillkürlich fragt man sich, was wohl die Klostergründer bewogen hat, in einer so den Flussgewalten ausgesetzten Lage zu bauen. Weltenburg hat entsprechend viele Überschwemmungen erlebt, die letzte dramatische 2005. Seit 2006 besitzt das Kloster nun einen Hochwasserschutz.

Weltenburger Enge ► C 9

Der Abschnitt zwischen Kelheim und Weltenburg ist eine der letzten naturbelassenen Donaulandschaften in Bayern. Eingegraben hat sich hier nicht die Donau, sondern ein Nebenarm der Urdonau, deren Bett weiter im Westen und Norden verlief, dem heutigen Altmühltal. Die Weltenburger Enge wurde von dem Nebenarm vor etwa 150 000 Jahren durchbrochen und so die Verbindung zum Urdonautal hergestellt. Westlich von Neuburg an der Donau vereinigten sich die beiden Flussarme. Seltene Flora und Fauna wie Eiben und Feuersalamander haben die Wälder um den Donaudurchbruch besiedelt; die lila-weißen Blüten des Ausdauernden Lattichs und die weißen Schöpfe des Wimpernperlgrases umhüllen im Sommer die Felsen. Bereits König Ludwig I. wollte die Region unter Schutz stellen und seit 1938 ist die Weltenburger Enge tatsächlich Naturschutzgebiet. Übrigens kann man hier im Kalkstein noch zahlreiche Ammoniten entdecken und wer Freude an hübschen Kieselsteinen hat, wird direkt vor dem Kloster auf der Kiesbank fündig.

Kloster Weltenburg/ St. Georg! ►C 9

Asamstr. 32, Tel. 09441 20 40, www.kloster-weltenburg.de

Eine erste Klostergründung durch iroschottische Mönche soll 617 stattgefunden haben. Im 10. Jh. schickte der hl. Wolfgang, Bischof von Regensburg, Benediktinermönche an den Donaudurchbruch. Die erste schriftliche Erwähnung des Konvents stammt aus dem Jahr 1040. Weltlichen Genüssen nicht abgeneigt, begannen die Weltenburger Mönche bereits um das 11. Jh. mit dem ›Bierkochen‹. Heute ist die Klosterbrauerei die älteste noch produzierende Anlage weltweit. Neben dem Bierbrauen galt die klösterliche Sorge auch der Pflege der Musik mit einer eigenen Musikschule sowie dem Ausbau der wertvollen Bibliothek. Seine höchste Blüte erlebte Weltenburg im 18. Jh. Damals wurden auch die Asam-Brüder mit dem Neubau der **Kirche St. Georg** beauftragt. 1718 wurde das Gotteshaus geweiht. Von außen überaus schlicht erscheinend, überwältigt es den Besucher im Inneren mit seinem reichen Stuck- und Bildprogramm. Cosmas Damian und Egid Quirin Asam hatten hier 1716 erstmals die Möglichkeit, ihre Vorstellungen von einem perfekten Bau des Hochbarock umsetzen zu können und taten dies mit der ihnen eigenen Genialität und dem absolut sicheren Gespür für das Spiel von Licht und Dunkel (s. dazu auch Panorama S. 65). Eine intensive Sogwirkung entwickelt das zentrale Deckenfresko der »Ecclesia triumphans« (s. S. 67). Und irgendwo ist auch Cosmas Damians stuckplastisches Selbstbildnis in roter Jacke und weiß gepuderter Perücke versteckt!

Ausstellung Natur – Kloster – Kultur

März–Nov. tgl. 10–18 Uhr, 1,50 €

Von der Geologie und Natur der Weltenburger Enge über die Klostergeschichte bis hin zur Tradition des Bierbrauens und der besonderen Reinheit des Wassers reicht der Bogen, den die sehenswerte Ausstellung im **Felsenkeller des Klosters** anhand von Exponaten und Schautafeln schlägt.

Geschützte Natur

Infos zum Naturschutzgebiet Weltenburger Enge sowie das Programm (geführte Wanderungen etc.) gibt es über den Landschaftspflegeverein VöF e. V., Hemauer Str. 48a, 93309 Kelheim, Tel. 09441 20 73 59, www.voef.de.

Fata Morgana in unwirklich schöner Landschaft – Kloster Weltenburg

Essen & Trinken

Schlemmen im Kloster – **Klosterschenke Weltenburg:** im Kloster Weltenburg, Tel. 09441 675 70, www.klosterschenke-weltenburg.de, tgl. 8–19 Uhr, Hauptgerichte 8–10 €. Am besten schmeckt's hier im Biergarten. Zu den Spezialitäten zählen Saures Züngerl und Sauerbraten, und es gibt eine große Auswahl an Brotzeiten wie Weißwürste, Presssack und Bauernspeck.

Bad Gögging ▸ C 10

In Hienheim, einem Stadtteil von Neustadt an der Donau rund 25 km südwestlich von Kelheim, endete der von den Römern als Barriere gegen das Barbarenland errichtete 548 km lange Limes, der seit 2004 als Bodendenkmal UNESCO-Welterbe ist. Wachttürme und Kastelle schützten die Grenzmauer, Siedlungen entstanden und um das 2. Jh. entdeckten die passionierten Thermennutzer im Sumpfgelände zwischen Donau und Abens schwefelhaltige Quellen. Flugs wurde ein Badehaus errichtet und damit die Grundlage für den heutigen Kurort Bad Gögging gelegt. Der präsentiert sich im schmuck-modernen, wenngleich auch etwas gesichtslosem Gewand moderner Hotels und Kurkliniken. Die Spurensuche beginnt beim Römischen Museum.

Römisches Museum für Kur- und Badewesen
Birketweg, Kontakt über Verein Historia Romana, Tel. 09445 957 50, März–Okt. Di–So 16–17 Uhr, 3 € inkl. Führung, www.historia-romana.de
Wo einst die römische Therme stand, errichteten spätere Generationen im 12. Jh. eine romanische Kirche, die nun als Ausstellungsraum für die in der Therme ausgegrabenen Funde bzw. die Thermenanlage selbst dient.

Übernachten, Essen

Appartements, Ferienwohnungen und Privatzimmer vermittelt die Touristeninformation. Da die meisten Kurgäste in ihren Hotels essen, ist das Restaurantangebot ziemlich übersichtlich.
Golf und Wellness – **Marc Aurel:** Heiligstädter Str. 34–36, Tel. 09445 95 80, www.marcaurel.de, DZ um 200 €. Großzügige Gestaltung auf allen Ebenen: Das fängt bei den gut bemessenen Zimmern an, geht über die Saunalandschaft mit Schwitzbädern aus allen Teilen der Welt und natürlich des Alten Roms bis hin zum beheizten Außenbecken mit Olympiamaßen und Blick auf den hoteleigenen 9-Loch-Golfplatz. Als unvergessene Erfahrung schwärmen die Gäste von den Liquid-Sound-Pools, Salzwasserbecken mit Musik und Farbuntermalung.
Regional verwurzelt – **Hotel Eisvogel:** An der Abens 20, Tel. 09445 96 90, www.hotel-eisvogel.de, Mo ab 18, Di–So 10–24 Uhr, Menü um 17 €, Hauptgerichte um 10 €, Spezialitäten wie Lamm um 18 €, DZ um 100–150 €. Auf der häufig wechselnden Karte des Hotel-Restaurants finden sich viele regionale Produkte, so Lamm aus dem Jura, Spargel aus Abensberg oder Hopfenspargel aus der Hallertau. Bayerische Traditionen werden kreativ aufgepeppt. Auch als Unterkunft empfehlenswert.

Aktiv & Kreativ

Wellness – **Limes-Therme:** Am Brunnenforum 1, Tel. 09445 200 90, www.limes-therme.de, Bad/Sauna Mo–Mi, Fr–So 8–20, Do 8–22 Uhr, Eintritt Bad und Sauna ab 13 €, medizinische Anwendungen auf Anfrage. Großzügige Badelandschaft innen und außen, römische Sauna, eine Grotte, die mit Salz aus dem Toten Meer überzogen ist, sowie ein breites Spektrum medizinischer Anwendungen auf Basis von schwefelhaltigem Wasser und Thermalwasser.

Unser Tipp

Stuckträume in der Asam-Kirche Rohr ▶ D 10/11

Die 11 km von Abensberg nach Osten zur Benediktinerabteikirche Mariä Himmelfahrt in Rohr lohnen die kurze Fahrt unbedingt. In Weltenburg arbeiteten Egid Quirin und Cosmas Damian Asam zusammen; Rohr wurde zum Meisterwerk des Stuckateurs und Baumeisters Egid Quirin, von 1717 bis 1723 dauerten die Bauarbeiten an der ursprünglich romanischen Basilika. Die Unterschiede zwischen den beiden Kirchen springen ins Auge: Nicht nur die Farbgebung – dort dramatisch, hier in zartem Rosé und Gold –, auch die Ausgestaltung mit Fresken ist hier zurückhaltender, klassischer. Der malende Bruder war ja nicht zur Hand. Dafür schöpfte Egid Quirin in seinem Lieblingsdekor, dem Stuck, aus dem Vollen. Der Kirchenraum scheint sich unter Akanthusranken, Muscheln, Wölkchen und Blüten zu biegen! Doch all dies verblasst vor der Inszenierung des Hochaltars als dramatische Bühne für die Himmelfahrt Mariens (s. auch Panorama S. 66; Abt-Dominik-Prokop-Platz 1, 93352 Rohr in Niederbayern, www.kloster-rohr.de).

Infos

Touristeninformation Bad Gögging: Heiligenstädter Str. 5, 93333 Bad Gögging, Tel. 0800 46 34 44 64 (kostenfrei), www.bad-goegging.de, Mo–Fr 9–19, Sa 10–12, 13–16, So/Fei 13–16 Uhr. Umfangreiches Prospektmaterial, aktuelle Veranstaltungskalender und eine stets freundliche Beratung.

Kastell Abusina ▶ C 10

6 km nördlich von Bad Gögging bei Eining, März–Okt. tgl. 9–18 Uhr, www.historia-romana.de, Spenden erwünscht

Bereits im Jahr 80 bestand hier eine aus Holz erbaute Wehranlage; um 120 wurde dann ein steinernes Kastell gemauert, in dem bis zu 700 Mann stationiert waren. Die hatten so manchen Angriff von Markomannen und anderen Germanenvölkern zu überstehen, bis das Kastell im 5. Jh. aufgegeben wurde. Heute ist es die einzige vollständig freigelegte und erhaltene römische Wehranlage in Deutschland. Wer Lust auf einen kleinen Spaziergang hat, kann vom Kastell aus noch die Station auf dem Weinberg besuchen. Sie war der Ausguck für das Kastell in der Ebene, mit Wachtturm und einem kleinen, Kriegsgott Mars geweihten Heiligtum, deren Fundamente noch zu erkennen sind.

Abensberg ▶ C/D 10

Stadtmuseum: Dollingerstr. 18, Tel. 09443 91 03 59, www.stadtmuseum-abensberg.de, Di–So 10–16 Uhr, 3 €

Seit dem Jahr 1000 ist die Existenz des Spargelstädtchens Abensberg, 15 km östlich von Bad Gögging, bezeugt. Bis Ende des 15. Jh. unterstand es dem Grafengeschlecht der Babonen und fiel dann an das Herzogtum Bayern-München. Aus Abensberg stammt der erste Verfasser einer bayerischen Historie, Johannes Turmayr, genannt Aventinus, der ›Abensberger‹ (1477–1534, Grabmal in St. Emmeram, Regensburg). Die beiden gotischen Kirchen St. Barbara und Unserer Lieben Frau sind Zeugnisse der einstigen Bedeutung der Stadt an der Abens. Die dokumentiert auch der ›Herzogkasten‹: Der Getreidespeicher, in dem die Abgaben gelagert wurden, hat mit sechs Stockwerken eine imposante Größe. Seit 2006 zeigt das **Stadtmuseum** in den restaurierten Räumen eine Ausstellung zur Geschichte von Abensberg und berichtet in einer sehr interessanten Abteilung über das Feuersteinbergwerk im nahen Arnhofen: Zwischen 5500 und 4000 v. Chr. wurde hier in über 20 000 Schächten der harte Stein abgebaut, aus dem Werkzeuge und Waffen hergestellt werden konnten. Der Gourmet kennt Abensberg aus einem ganz anderen Grunde: Hier wächst eine der besten **Spargelsorten** Bayerns und aus dem Hopfenanbaugebiet der Hallertau kommt eine noch zartere kulinarische Rarität, der Hopfenspargel (Infos über Direktvermarkter auf www.abensberger-spargel.de).

Infos & Termine

Touristeninformation Abensberg: Dollingerstr. 18, 93326 Abensberg, Tel. 09443 91 03 59, www.abensberg.de, Di–Fr 9–16 Uhr.

Spargelmarkt: in Saarharlanden, 9 km nordöstlich von Bad Gögging an der Straße nach Abensberg, jeden 1. So im Mai. Ein lebhafter Öko- und Bauernmarkt mit etwas Jahrmarktrummel und dem besten Spargel der Region.
Gillamoos: in Abensberg, Beginn am Do vor dem 1. Sept.-So, Dauer 5 Tage, www.gillamoos.de. Seit 1313 wird dieser urbayerische Jahrmarkt schon gefeiert. Programm: Bierzelte, Jahrmarktbuden, Trachtenumzug, Holzsägewettbewerb und Gottesdienst.

Main-Donau-Kanal und Altmühl ▶ A–D 8/9

Der zu Niederbayern und Oberpfalz gehörende Abschnitt der Altmühl ist auf nahezu der gesamten 48 km langen Strecke zwischen Kelheim und Berching Teil des Main-Donau-Kanals. Bereits König Ludwig I. hatte ja versucht, mit dem Bau des Ludwigskanals eine Verbindung zwischen Main und Donau herzustellen. Die ungeschickt

Lieblingsort

Gastfreundschaft drinnen und draußen – Gasthof Stirzer ► B 8

In Dietfurt muss Zeit sein für eine kulinarische Rast beim Stirzer, einem wunderbaren historischen Gasthof, auf dessen Karte Ökoprodukte und Spezialitäten wie Brennnesselsuppe oder Altmühltaler Lamm stehen. Die Wirtsstube mit ihren Naturholztischen ist urgemütlich und wenn sich's einrichten lässt, dann übernachten wir hier auch in einem der ländlich und geschmackvoll eingerichteten sieben Gästezimmer. Wenn da kein Bett mehr frei ist: Die acht Radlerzimmer im Fachwerkstadl sind zwar einfach, aber urig. (Gasthof Stirzer, Hauptstr. 45, Tel. 08464 86 58, www.stirzer.de, Hauptgerichte um 10 €, DZ mit DU/WC 60 €, Radlerzimmer 25 €/Pers.)

geplante Wasserstraße wurde allerdings nicht lange genutzt, da sie zu schmal und wasserarm war und zu viele Schleusen die Fahrt erschwerten. Ab 1960 wurde ein neuer Plan für einen Rhein-Main-Donau-Kanal realisiert und dessen letztes, durchs Altmühltal verlaufendes Teilstück 1992 eröffnet. Das Projekt stieß auf große Proteste, weil durch den Bau u. a. auch in die Ökologie des Naturparks Altmühltal eingegriffen wurde. Die reizvolle Landschaft leidet auch etwas darunter, dass der Kanal teils über dem ursprünglichen Flussniveau verläuft. Dennoch zählt das untere Altmühltal zu den beliebtesten Radlstrecken Niederbayerns und in den Städtchen entlang seines Laufs scheint die Zeit trotz des mächtig angestiegenen Schiffsverkehrs stehen geblieben zu sein. Zahlreiche Burgen und Ruinen wachen von steilem Fels über das Fast-Idyll zu ihren Füßen. Folgende Route kann **per Auto oder Rad** befahren werden; Radler haben die Möglichkeit, den Rückweg per Schiff anzutreten und die Landschaft so noch intensiver zu genießen (www.schifffahrt-kehlheim.de):

Von Kelheim nach Riedenburg (14 km)

An der Befreiungshalle vorbei führt die Straße am Kanal entlang bis zu dem mittelalterlichen Städtchen Essing. Kurz davor lockt ein Besuch in der Unterwelt.

Großes Schulerloch ► C 9

Oberau, 93343 Essing, Tel. 09441 32 77, www.schulerloch.de, Führungen tgl. halbstdl., März/April und Sept./Okt. 10–16, 28. April–10. Sept. 10–17 Uhr, 3,50 €

Das Große Schulerloch ist eine Tropfsteinhöhle, in der eiszeitliche Funde gemacht wurden. Neben der Höhle werden ein Film über Fledermäuse und ein kleines Museum gezeigt.

Essing ► C 9

Ruine Randeck: April–Okt. tgl. 9.30–18 Uhr, 1 €

Essing schmiegt sich mit malerischem Ortsbild zwischen eine Felswand und einen Altarm der Altmühl. Imposant ist die in den 1980er-Jahren erbaute Holzbrücke, die wie eine Hängebrücke in der Mitte ihren tiefsten Punkt erreicht und mit 193 m als längste Holzbrücke Europas gilt. Hoch über dem Markt thront die Ruine Randeck (10. Jh.).

Schloss Prunn ► C 9

Tel. 09442 33 23, www.schloesser.bayern.de, April–Okt. tgl. 9–18, Winter Di–So 10–16 Uhr, 4 €

Kurz vor Riedenburg lohnt dieses Schloss einen Halt: 1037 erstmals erwähnt, war die Burg mit ihrem mächtigen Bergfried im Mittelalter ein kultureller Anziehungspunkt, in dem die Kunst der Minne gepflegt wurde. Hier entdeckte ein Historiograf des Herzogs Albrecht V. im 16. Jh. eine Handschrift des Nibelungenlieds, die heute in der Bayerischen Staatsbibliothek in München aufbewahrt wird. Einige Räume sind mit Möbeln des 16./17. Jh. eingerichtet, in der Wachstube sind mittelalterliche Fresken erhalten.

Riedenburg ► C 9

Falknermuseum/Falknerei: Infos und Besichtigungszeiten bei der Tourismusinformation Riedenburg, Marktplatz 1, Tel. 09442 90 50 00, www.riedenburg.de

Rund 5 km weiter wird dieses Städtchen gleich von drei Burgen bewacht. Sein barockes, auf dem Marktplatz frei stehendes Altes Rathaus ist Mittelpunkt des historischen Ortskerns mit zumeist giebelständigen Häusern. Die

Längste Holzbrücke Europas vor aufragender Felswand – in Essing

beiden Burgen Rabenstein und Tachenstein sind Ruinen, die um das 13. Jh. erbaute **Rosenburg** hingegen ist hervorragend erhalten, dient als Falknermuseum und ist an eine Falknerei verpachtet, die Besucher mit Flugschauen der gefangenen Greifvögel unterhält.

Von Riedenburg nach Berching (32 km)

Dietfurt an der Altmühl ► B 8

Museum: Rengnathmühle, Hauptstr. 51, Tel. 08464 209, www.altmuehltalmuehle.de, tgl. 8–20, Führungen um 10, 14, 16 Uhr

Hinter Riedenburg schlagen Altmühl und Kanal eine große Schlinge, danach geht's dann wieder geradeaus dem Wasser folgend nach Dietfurt an der Altmühl weiter, wo das **Altmühltaler Mühlenmuseum** unbedingt einen Besuch verdient – nicht nur, weil die vier Etagen hohe, über 500 Jahre alte Mühle an sich schon eine spannende Sehenswürdigkeit ist, sondern auch, weil ihr Besitzer so anschaulich erzählen und erklären kann und mit besonderem Enthusiasmus nicht nur die Technik, sondern auch einen 2007 angeschwemmten und präparierten Biber von gewaltiger Größe präsentiert.

Übernachten, Essen

Kulinarische Rast – **Stirzer:** s. Lieblingsort S. 122.

Berching an der Sulz ► A 8

Gluck-Museum: An der Johannesbrücke, Tel. 08462 95 27 90, Mai–Okt. Di–Fr 13.30–16.30, Sa/So 10–12, 13.30–16.30 Uhr, Eintritt frei

Auf Entdeckungstour

Kallmünz – Kunstgeschichte und Kunst-Geschichten

Kallmünz liegt idyllisch an Naab und Vils, bewacht von einem Jurafelsen, den eine Burgruine krönt. Das romantische Örtchen zog im 19./20. Jh. Künstler und Maler an und noch heute begegnen Besucher in und um Kallmünz Künstlernaturen mit Staffelei und Palette.

Reisekarte: ▶ D 7

Zeit: 2 Std. bis 3 Tage

Planung: Verwaltungsgemeinschaft Kallmünz, Keltenweg 1, 93183 Kallmünz, Tel. 09473 940 10, www.kallmuenz.de

Anfahrt: Kallmünz erreicht man von Regensburg über die A 93 oder die A 3.

»So was Feines, Vielseitiges, Sympathisches findet man nicht leicht wieder«, schrieb Wassily Kandinsky 1903 über Kallmünz an Gabriele Münter. Doch es waren nicht Kandinsky und Münter, wie gerne kolportiert, sondern der Münchner Maler Charles Palmié, der um 1900 bei Streifzügen durchs Donau- und Altmühltal auf Kallmünz stieß und seinen Malerkollegen Wassily Kandinsky darauf aufmerksam machte. Als Kandinsky 1903 nach einem Platz suchte, an dem er mit seiner Klasse der Malschule Phalanx arbeiten könnte, entschied er sich schließlich für das Naabtal. Gabriele Münter zögerte zunächst, dem (noch) heimlichen Geliebten zu folgen, schloss sich im Juni aber doch den Malern an. Der Aufenthalt Kandinskys und Münters vom 5. Juni bis 12. August 1903 endete mit der ›offiziellen‹ Verlobung des noch verheirateten Künstlers mit seiner Muse und Kollegin. In dieser Zeit entstanden mehrere Werke der beiden vor Kallmünzer Kulisse, so Münter beim Malen im Garten des Gasthofs Rote Amsel oder Kandinsky bei der Arbeit an einer Ölstudie auf einer Wiese bei Kallmünz. Sie gehören zur Sammlung der Galerie im Lenbachhaus, München.

Wie alles begann ...

Der Jurafelsen über dem Ort war bereits im ersten Jahrtausend v. Chr. besiedelt; ab dem 10. Jh. ist die Existenz einer Burg überliefert, die Ludwig der Kelheimer im 12. Jh. ausbaute. 1641 wurde sie von den Schweden zerstört und seither nicht mehr aufgebaut. Den Ort am Fuß des Berges prägt die Architektur vom 16. bis 18. Jh. 1550 wurde die dreibogige Brücke über die Naab geschlagen. Beim Bummel durch die Gassen um den Inneren Markt und durchs Viertel Am Planl fallen an vielen Häusern Reste von Wandbildern auf.

›Haus ohne Dach‹ im Jurafelsen

Bereits im 18./19. Jh. waren Maler in Kallmünz zu Hause; einer von ihnen, Georg Hämmerl, schuf einige der neugotischen Glasfenster im Regensburger Dom.

Künstler und Lehrer

In der Galerie am Fels stellt die aktuelle Künstlerszene von Kallmünz aus. Viele der hier lebenden Kunstschaffenden haben sich zu der freien Künstlergemeinschaft MOSAIK zusammengeschlossen, die ihre Werke in der Galerie am Fels präsentiert (Alte Dinauer Str. 1, Tel. 09473 667, www.kuenstler gruppe-mosaik.de). Es sind Bildhauer darunter und Maler, Hobbykünstler und Professionelle. Eben diese Mischung macht das Sympathische der Gruppe aus. Und ihre Bereitschaft, offen und experimentierfreudig miteinander zu arbeiten. Neben ihrer eigenen Arbeit organisieren Mitglieder von MOSAIK auch Mal- oder Bildhauerkurse im Ort (Kursplan unter www.kuenstlergruppe-mosaik.de).

Die Rote Amsel

Dass aus dem alten Kallmünzer Gasthof das Künstlerhaus Rote Amsel wurde, ist ebenfalls Charles Palmié zu verdanken. Er und einige Münchner Künstlerkollegen fanden Gefallen an dem historischen Bau und halfen den Besitzern, ihn künstlerisch auszugestalten. Die Wandbilder von Palmié, Adalbert Niemeyer oder Robert Engels wurden allerdings nicht bewahrt und fielen Feuchtigkeit und Modernisierung zum Opfer. An der Giebelfassade der Roten Amsel sind aber noch der »Heilige Willibrodus« von Palmié und der »Postomnibus« von Richard Falkenberg erhalten. Als Gästehaus fungiert die Rote Amsel heute noch (Vilsgasse 46, Tel. 09473 293, www.zur-roten-amsel.de, 4 Zi., Etagendusche, DZ 40 €). Wer gerne bei Künstlern wohnt, wird sich in einem der freundlich eingerichteten Appartements eines Bildhauers wohlfühlen (Gästehaus Scholz, Alte Dinauer Str. 1, Tel. 09473 667, www.gaestehaus-scholz.de, um 35 €).

Gastronomie und Kunst

Kunst- und kulinarischen Genuss unter einem Dach bieten die Münter Stuben (Vilsgasse 31, Tel. 09473 14 80, www.muenter-stuben.de, Fr ab 14 Uhr, Sa ab 13, So ab 12–open end, aber mindestens bis 22 Uhr) und gleich nebenan das Galerie-Café Blaue Lilie mit wechselnden Kunstausstellungen und feinen, kleinen Gerichten (Vilsgasse 34, Tel. 09473 95 00 55, Mo–Mi 14–19, Sa/So 12–20 Uhr, Gerichte um 5–7 €). Künstlerische Fertigkeiten zeigt aber auch Koch und Bierbrauer Richard Luber in seinem Gasthof Goldener Löwe (Alte Regensburger Str. 18, Tel. 09473 380, www.luber-kallmuenz.de, Di–Sa 18–24, So 11.30–14.30 Uhr, Hauptgerichte ab 12 €, 8 Fremdenzimmer, DZ 69 €): Lubers Oberpfälzer Menü könnte folgendermaßen aussehen: zunächst eine Fischmousse von der Forelle, dann Fleischstrudel mit Basilikumsauce und zum Abschluss eine Zoigl-Mousse. Dazu Dunkles aus der Hausbrauerei. Prost!

In der Galerie am Fels stellt die aktuelle Künstlerszene von Kallmünz aus

Kurz hinter Beilngries biegt die Altmühl nach Westen ab. Die Tour führt aber noch ein paar Kilometer am Kanal entlang nach Norden bis zum historischen Städtchen Berching an der Sulz.

Im 9. Jh. erstmals erwähnt und von einer komplett erhaltenen Stadtmauer aus dem 15. Jh. umgeben, vermittelt das Städtchen (7000 Einw.) lebendige Geschichte. Zwei Stadttore führen in den kompakten Altstadtkern zwischen Sulz und Kanal; von den einst 15 Wehrtürmen sind noch zwölf erhalten. Östlich der Sulz erstreckt sich die früher ebenfalls ummauerte Vorstadt, deren Schutzwall aber heute weitgehend abgetragen ist. Mittelpunkt der Altstadt sind zwei Plätze, die ineinanderübergehen, Reichenau- und Pettenkoferplatz, die die teils mit Fachwerk geschmückten Fassaden der zumeist aus dem 16./17. Jh. stammenden Häuser einrahmen. Für einen überraschenden Effekt sorgt hier der Stadtbach, der den Platz von West nach Ost durchplätschert und eine geradezu ländliche Stimmung schafft. In den Seitenstraßen sind zahlreiche Speicher bzw. Stadl'n zu entdecken, in denen Waren gelagert wurden – ein Indiz für den großen Wohlstand von Berching im Mittelalter. Die beiden gotischen Kirchen Mariä Himmelfahrt und St. Lorenz wurden im 17. und 18. Jh. umgebaut und präsentieren sich im verspielten Gewand von Barock und Rokoko. Als Beinahe-Geburtsort des Barockkomponisten Christoph Willibald Gluck (geb. 1714 im Nachbarort Erasbach) zeigt Berching im Museum an der Johannesbrücke eine Ausstellung zu Leben und Werk des Musikers.

Unser Tipp

Architektur trifft Skulptur – Museum Lothar Fischer ► A/B 6/7
Neumarkt in der Oberpfalz, 22 km nördlich von Berching, ist allein schon wegen seines mittelalterlichen Stadtbildes den Abstecher wert. Das **Museum Lothar Fischer** hingegen präsentiert die moderne Oberpfälzer Kunst- und Architekturszene: Der Bildhauer Lothar Fischer (1933–2004), Mitbegründer der Gruppe S.P.U.R. (s. S. 98), hat in Neumarkt Kindheit und Jugend verbracht. Zusammen mit dem Neumarkter Architekten Johannes Berschneider plante er den Museumsbau, dessen Einweihung er aber nicht mehr erlebte: Die perfekte Wirkung, die durch die Synthese von Architektur und Skulptur erzielt wird, ist allein schon eindrucksvoll. Und Lothar Fischers Kunst spricht für sich. (Weiherstr. 7a, 92318 Neumarkt i. d. Oberpfalz, Tel. 09181 51 03 48, www.museum-lothar-fischer.de, April–Sept. Mi–Fr 14–18, Sa/So 11–18, Okt.–März Mi–Fr 14–17, Sa/So 11–17 Uhr, 3 €.)

Abends & Nachts

Kultur & Genuss – **Kunstcafé an der Johannesbrücke:** Tel. 08462 94 28 64, Di–So 19–1 Uhr. Die Abende verbringen junge und jung gebliebene Berchinger übrigens gerne in diesem Café mit kleinem Biergarten an der Sulz. Die Ausstellungen moderner Künstler aus der Region im Café sind fast immer sehenswert.

Infos

Touristeninformation: Pettenkoferplatz 12, Tel. 08462 205 13, www.berching.de.

Das Beste auf einen Blick

Oberpfalz und Naturpark Oberer Bayerischer Wald

Highlights!

Weiden: Das historische Städtchen hat einen malerischen Marktplatz, dessen schönstes Gotteshaus ein Juwel des Jugendstils ist. Mit den Max-Reger-Tagen findet in Weiden ein ambitioniertes Musikfestival statt. S. 138

Kappl: Die Wallfahrtskirche bei Waldsassen steht nicht nur theologisch, sondern auch architektonisch ganz im Zeichen der Dreifaltigkeit. Ein ungewöhnliches Bauwerk in stiller Natur. S. 148

Auf Entdeckungstour

Akanthus – ein kleines grünes Blatt macht Kunstgeschichte: Mit Auto oder Fahrrad geht es entlang des alten Handelsweges Goldene Straße zu Dorfkirchen, in denen ganz besondere Altäre stehen. S. 140

Kultur & Sehenswertes

Amberg: Die Stadtbefestigung ist fast durchgängig wunderbar erhalten und mit imposanten Toren versehen – ideal auch für eine Joggingrunde! S. 132, 135

Wallfahrtskirche Weißenregen: Das Kirchlein über Bad Kötzting ist mit einer originellen Kanzel geschmückt – sie zeigt die Apostel beim Fischen von Gläubigen. S. 155

Aktiv & Kreativ

Monte Kaolino: Sommerskifahren und -snowboarden auf einem Berg aus weißem Quarzsand bei Hirschau. S. 138

Nietzsche-Wanderweg: Auf den Spuren des Philosophen führt die schattige Wanderung auf den Lamberg bei Cham. S. 152

Genießen & Atmosphäre

Casino Wirtshaus: Das Amberger Gasthaus logiert in einer ehemaligen Kirche; zur originellen Atmosphäre gesellt sich pfiffige Küche. S. 137

Zur Klause: Im Gasthaus neben der Wallfahrtskirche Weißenregen kann man so richtig die Seele baumeln lassen – der Blick aus dem Biergarten ist einfach schön! S. 157

Abends & Nachts

Casino Saal Amberg: Events und Partys in der Altstadt, nur am Wochenende. S. 137

Das ostbayerische Dornröschen

Die nördliche Hälfte der Oberpfalz ist fast noch ein Stiefkind des Tourismus – doch diese einsame Landschaft mit ihren dichten Wäldern, dem ›Land der 1000 Teiche‹, einer Vielzahl an Burgen, Burgruinen und historischer Städtchen lohnt die Entdeckungsreise. Granitfelsen und Vulkankegel prägen das Landschaftsbild, die Flüsse Waldnaab, Fichtennaab und Vils bilden idyllische Wasserstraßen in der Waldeinsamkeit. Am besten entdeckt man die Region aktiv, per Fahrrad, auf historischen Wanderwegen oder auch mit Kanu oder Kajak. Weiden und Amberg, Einfallstore für Oberpfälzer Wald und Steinwald, sorgen fürs städtische Kontrastprogramm mit spannenden Museen und originellen Restaurants in historischen Mauern. Weiter nach Süden, wo der Oberpfälzer in den Bayerischen Wald übergeht, wird die Region gefälliger, lieblicher – doch gerade hier wüteten die Söldnerhorden im Dreißigjährigen Krieg besonders schlimm, so dass die zerstörten mittelalterlichen Städte und Kirchen im Stil des Barock wieder aufgebaut werden mussten. Hauptort und Ausgangspunkt für den nördlichen Naturpark Bayerischer Wald ist Cham. Dafür, dass auch die Entspannung nicht zu kurz kommt, sorgt der Kneippkurort Bad Kötzting mit seinem Wellnessangebot. Wer sich für ländliche sakrale Kunst interessiert, sollte der Entdeckungstour zu barocken Akanthusaltären abseits der touristischen Hauptrouten folgen.

Infobox

Internet

www.oberpfaelzerwald.de – dort Links zu den jeweiligen Regionen. Eine Gesamtvorstellung der Region bietet www.tourismus-ostbayern.de.

Aktiv

Sportliche Naturen sollten Wanderschuhe und/oder Fahrradausrüstung nicht vergessen. Infos zum Fahrradverleih bei den Touristeninformationen.

Amberg ► C/D 5

Wie ein Ei liegt die historische Altstadt umgeben von einem Grüngürtel entlang der noch hervorragend erhaltenen Wehrmauer mit Toren und Türmen im geradlinigen Straßenplan des modernen Amberg (45 000 Einw.). Die Vils teilt das historische Ensemble ziemlich exakt in zwei Hälften, und wo der Flusslauf und die von Südwest nach Nordost verlaufende Georgenstraße sich treffen, sind Marktplatz, Rathaus und die Kirche St. Martin zu finden. In der Altstadt führen fünf Brücken von Ost nach West über die Vils. Nur die mittlere (Georgenstraße) ist mit dem Auto befahrbar.

Seine Blüte erlebte Amberg zwischen dem 12. und dem 17. Jh. Am Schnittpunkt von Handelsstraßen gelegen, dazu die Schifffahrt auf der Vils nutzend, war Amberg eine Stadt der wohlhabenden Kaufleute, die ihre Reichtümer auch in repräsentative Bauvorhaben investierten. Gehandelt wurde vor allem mit Eisenerz aus den nahen Hammerwerken, den Vorläufern der späteren Luitpoldhütte. Um die Produkte besser vermarkten zu können, schlossen sich die Eigentümer dieser Hammerwerke 1387 zur Großen Hammereining zusammen und begründeten damit eines der frühesten Wirtschaftskartelle Europas. Der Dreißigjährige Krieg streifte die Stadt; die Erbfolgekriege hingegen fügten Amberg im 18. Jh. schweren Schaden zu. Im 19. Jh. brachte die Gründung der Luitpoldhütte neuen Aufschwung. Wie viele andere ostbayerische Städte auch hatte Amberg nach dem Zweiten Weltkrieg wirtschaftlichen Niedergang und Flüchtlingsströme aufzufangen. Heute präsentiert sich die Stadt als Teil der aufstrebenden Metropolregion Nürnberg.

Marktplatz mit Rathaus und St. Martin

Auf dem **Marktplatz** sind gleich zwei wichtige Sehenswürdigkeiten versammelt: Das mit Treppgiebeln und einer loggiaähnlichen Vorhalle geschmückte **Rathaus** geht in seinem Kern auf das 14. Jh. zurück und wurde fast im Jahrhundertrhythmus um-, aus- und rückgebaut. Heute kommt es seiner ursprünglichen Gestalt aus dem 16. Jh. wohl am nächsten, wenngleich der Altan, die Bogenhalle zum Markt, damals zweigeschossig war. Die gotischen und Renaissancesäle im Inneren können leider nicht besichtigt werden. Die südwestliche Ecke des Marktplatzes beherrscht die schlanke, hohe Gestalt der Kirche **St. Martin.** In ihrem Westteil wurden Fundamente eines romanischen Baus entdeckt, sodass die Kirchengeschichte hier am Ufer der Vils wohl bis ins 10. Jh. zurückgeführt werden kann. Ihr heutiges Aussehen erhielt St. Martin mit dem von den Bürgern finanzierten Neubau im 15. Jh. im Stil der Hochgotik mit kühnen, in die Vertikale strebenden Linien. Die Innenausstattung wie Glasfenster und Altäre stammt zum Teil aus der Zeit der neugotischen Umgestaltung im 19. Jh. Aus dem romanischen Vorgängerbau wurden das bronzene Taufbecken und die steinerne Verkündigungsgruppe aus lebensgroßen Figuren übernommen.

Südlich schließt der Salzstadelplatz an – auch in Amberg wurde mit Salz gehandelt und das kostbare Mineral gelagert – und über die Salzgasse erreicht man die Zeughausgasse mit dem Stadt- und dem Archäologischen Museum.

Stadtmuseum Amberg und Archäologisches Museum der Oberpfalz

Zeughausstr. 18, Tel. 09621 102 84, www.amberg.de, Di–Fr 11–16, Sa/So 11–17 Uhr, 2 €

Im ehemaligen **Bau- und Getreidestadl** aus dem 15./16. Jh. machen Exponate wie ein Stadtmodell, der ›Amberger Liedertisch‹ sowie die originalgetreu aufgebauten Läden der Bäckerei Singer und der Gemischtwarenhandel Ron Ambergs Geschichte lebendig. Sehenswert ist auch die Abteilung zur Industrialisierung im 19. Jh. Im **Archäologischen Museum** werden vor- und frühgeschichtliche Funde aus der Oberpfalz gezeigt und die Lebensweise der altsteinzeitlichen Jäger und Sammler sowie der bronzezeitlichen Feldbauern an Modellen dokumentiert.

An der Vils

An der Vils entlang geht's nun zurück Richtung St. Martin. Den Fluss überqueren hier die Schiffsbrücke und das Eichenforstgässchen. Blickt man nach Süden, sieht man das über die Vils gespannte Bogentor der Stadtbefestigung. Die Amberger nennen es **›Stadtbrille‹**, weil sich seine zwei über dem Wasser befindlichen Bögen im Fluss spiegeln. Wer Sinn für originelle Ausstellungen hat, der wende sich dann wieder nach Norden, überquere die Schiffsbrücke und besuche auf der anderen Flussseite das ›Klösterl‹ mit dem Luftmuseum.

Luftmuseum Amberg

Eichenforstgässchen 12, Tel. 09621 42 08 83, www.luftmuseum.de, Okt.–März Di–Fr 14–17, Sa/So 11–17, April–Sept. Di–Fr 14–18, Sa/So 11–18 Uhr, 3,50 €

Ein Museum zum Thema Luft? Warum nicht! Es ist schon erstaunlich, was dazu zu zeigen und zu dokumentieren ist: Luftsessel und Seifenblasen, Luftballons und Luftduschen etc. pp. Das Museum macht allen Spaß, die Sinn für Originelles haben.

St. Georg

Ein Bummel durch die Georgenstraße bringt den Besucher zur **St. Georgskirche** am westlichen Ende der Altstadt, auch sie schon ab dem 11. Jh. beurkundet, im 14. Jh. als gotischer Neubau begonnen. Anfang des 18. Jh. wurde das Gotteshaus durch den Münchner Baumeister Johann Baptist Zimmermann mit barocken Stuckaturen geschmückt, Freskant Johann Adam Müller sorgte fürs Bildprogramm. Ein Vergleich dieser Kirche mit den Asamschen Werken, die ja zur gleichen Zeit in Kelheim, Regensburg und Rohr entstanden, ist interessant. Bei aller Meisterschaft der Künstler gelingt das Ineinanderfließen von Stuck und Bild nie mit der den Brüdern Asam eigenen Harmonie – was aber den Gesamteindruck dieses schönen und erhabenen Gotteshauses nicht schmälert.

Eh'häusl und Schulkirche

In der Seminargasse liegt das **Eh'häusl,** nach eigenem Bekunden das kleinste Hotel der Welt (s. auch S. 136). Tatsache ist, dass das schmale Haus (Nr. 8) einem Amberger Gesetz zu verdanken ist, das im 18. Jh. von zukünftigen Brautleuten forderte, unverschuldeten Grundbesitz nachzuweisen. Ein findiger Geist baute dann dieses schmale Stück in die Lücke zwischen zwei Häuser und verkaufte es an Brautleute, um es nach der Hochzeitsnacht wieder zurückzukaufen. Ein einträgliches Geschäft, wie überliefert ist.

Am Schrannenplatz wartet ein weiterer Kirchenbau auf Bewunderung: Die **Schulkirche** des Salesianerklosters wurde Ende des 17. Jh. erbaut und im Stil des Rokoko ausgestattet. Man verzichtete auf Prominenz, hier gingen einheimische Künstler zu Werke, um das Lob Gottes und des Ordens zu preisen. Eine geradezu magnetische Sogwirkung geht vom Deckenfresko aus (1758, Gottfried Bernhard Götz); Sinnbild des Rokoko ist die Musikempore mit ihrer Muschelform, der Rocaille.

St. Franziskus, Walfischhaus und Ziegeltor

Die gotische Kirche **St. Franziskus** schräg gegenüber dient seit der Säkularisierung 1802 als Stadttheater. In den Räumen nebenan residierte die Kulturvereinigung Casino, der das heutige Gasthaus mit schattigem Biergarten seinen Namen verdankt. Hier ist der ideale Ort für eine Rast, bevor es über den Ledererssteg in die östliche Stadthälfte zurückgeht. Das **Walfischhaus** in der Löffelgasse 2 war Ende des 17. Jh. eine Färberei. Deshalb auch das weit vorspringende Dach, unter dem die Stoffe zum Trocknen hingen. Den Namen verdankt es den Figuren, die die Dachkonsole stützen: zwei Walfische, die Jonas verschlingen bzw. ausspeien. Daneben sind eine Meerjungfrau und ein Ritter zu sehen. Über Kasern- und Ziegelstraße erreicht man nun die Stadtbefestigung und eines ihrer schönsten Tore, das **Ziegeltor** mit hohem gotischen Turm. Weitere sehenswerte Stadttore befinden sich im Südosten (Nabburger Tor), Nordwes-

Das Eh'häusl – schmales Haus für die Hochzeitsnacht

ten (Vilstor) und Südwesten (Wingershofer Tor).

Joggingrunde um die Altstadt

Entlang der Stadtbefestigung mit ihren noch wunderbar erhaltenen Toren und Türmen rund um die Altstadt nutzen viele Amberger das von einem Grünstreifen eingerahmte Oval als ca. 3 km lange Joggingstrecke. Wer seine Laufschuhe und/oder die Nordic-Walking-Stöcke dabeihat, kann's ihnen gleichtun: Vom Ziegeltor nach rechts (Osten) passiert man zunächst die Bahnhofsstraße, folgt dem scharfen Knick der Mauer nach Südwesten und steht gleich danach vor dem Nabburger Tor (14. und 16. Jh.). Weiter nach Südwesten erreicht man die Vils und die ›Stadtbrille‹. Jenseits des Flusses steht das Wingershofer Tor (16. Jh.), dahinter das ehemalige kurfürstliche Schloss. Der folgende ca. 300 m lange Abschnitt ist nicht ganz so hübsch; hier wurde die Stadtbefestigung abgerissen. Wer nicht entlang der Ringstraße laufen will, kann in die Altstadt ins Proviantsamtgässchen ausweichen. Am Malteserplatz beginnt der schönste und am besten erhaltene Abschnitt der Stadtmauer. Bastionen, Türme und Wehrgang zeigen, wie gut Amberg befestigt war. Schon bald kommt das Vilstor (14. Jh.) mit Torturm in Sicht. Nach Überquerung der Mühlgasse ist man fast schon wieder am Ausgangspunkt – es sei denn, man dreht eine Ehrenrunde durch die Parkanlage Englischer Garten! Dann geht's noch mal über die Vils und zurück zum Ziegeltor.

Plättenfahrt

Gemächlicher als auf einer Plätte, einem flachkieligen Boot, das auf der Vils gestakt wird, kann man die historische Altstadt nicht erleben. Die Fahrten starten von Mai bis Oktober jeden Samstag zwischen 14 und 17 Uhr an der Schiffsbrücke. Anmeldung bei der Touristeninformation (s. S. 137), Preis 2 €.

Oben der Berg für Sommerski, unten karibische Gefühle – am Monte Kaolino

Übernachten

Winzig und originell – **Eh'häusl:** Seminargasse 8, Tel. 09621 378 26, schatz@stadtbau-amberg.de, 1 DZ, 195 €. Eine Nacht im kleinsten Hotel der Welt ist etwas für romantische Naturen, Flitterwöchner oder Gäste, die etwas Besonderes erleben wollen.

Zentrumsnah im Grünen – **Allee Parkhotel Maximilian:** Pfalzgrafenring 1, Tel. 09621 33 00, www.allee-parkhotel-maximilian.de, 47 Zi., DZ ab 87 €. Das moderne, originell ovale Hotel Garni nahe beim Ziegeltor bietet den Standardkomfort eines guten Stadthotels mit kostenlosem WLAN und Erlebnissauna. Das Haus serviert nur Frühstück; Abendessen gibt's auf Vorbestellung.

Irische Gemütlichkeit – **Hotel zur gold'nen Krone:** Waisenhausgasse 2, Tel. 09621 917 01 70, www.kates-amberg-hotel.de, 11 Zi., DZ ab 80 €. In einem der ältesten Häuser Ambergs mit gemütlich-rustikal eingerichteten Zimmern werden die Gäste vom waschechten Iren Raymond Grassick herzlich umsorgt. Im Haus gibt's ein Restaurant und ein Irish Pub.

Essen & Trinken

Frankophil und ökologisch – **Die Topfgucker:** Apothekergässchen 5, Tel. 09621 32 05 98, Mo, Mi–Fr ab 18, Sa/So ab 12 Uhr, Hauptgerichte um 12 €. Beliebte Gerichte der Elsässer und pro-

vençalischen Küche mit Vollwerttouch: Zur Zwiebelsuppe gibt's Vollkorntoast, Flammkuchen und Spätzle sind aus Dinkelmehl. Dazu serviert das nette Team frische, knackige Salate, feinen Wein und eine Auswahl guter Biere.
Oberpfälzer Spezialitäten – **Schloderer Bräu:** Rathausstr. 4, Tel. 09621 42 07 07, www.schlodererbraeu.de, tgl. 11–23 Uhr, Hauptgerichte 8–10 €. Beim Schloderer können die Gäste bayerische Mahlzeiten genießen und dabei dem Braumeister beim Bierbrauen zuschauen. Keine Frage, dass Weizen und Helles ebenso gut schmecken wie Spanferkel und Lammbraten.
Traditionsküche modern – **Casino Wirtshaus:** Schrannenplatz 8, Tel. 09621 226 64, Di–So ab 10 Uhr, Hauptgerichte um 8 €. Oberpfälzer Küche mit frechem Pfiff: Stallhase in Buttermilchsauce beispielsweise oder eine luftig-leichte Schwammerlsuppe – die Gerichte sind durchweg gelungen, die Atmosphäre im dunkel getäfelten Wirtshaus und im schattigen Biergarten entspannt.

Abends & Nachts

Events und Partys – **Casino Saal:** Klosterhof 1, Tel. 09621 91 51 30, www.casino-saal-amberg.de, Do–Sa ab 19 Uhr. Ambergs Ausgehadresse Nr. 1 in der Altstadt mit Kneipe, Themenpartys, Events wie z. B. dem Kneipenfestival. Wechselnde DJs sorgen für musikalische Untermalung.

Infos

Touristeninformation: Hallplatz 2, 92224 Amberg, Tel. 09621 102 39, www.amberg.de, April–Okt. Mo–Fr 9–17, Sa 10–13, Nov.–März Mo–Fr 9–17 Uhr.

Bahn/Bus: Der Bahnhof befindet sich am östlichen Altstadtausgang am Kaiser-Ludwig-Ring. Züge u. a. nach Regensburg und Nürnberg. Fahrplanauskunft auf www.bahn.de. Busse des RBO fahren mehrmals tgl. u. a. nach Regensburg, Sulzbach und Weiden; Haltestelle neben dem Bahnhof, Fahrplanauskunft auf www.rbo.de.
Parken: Parkmöglichkeiten in mehreren Garagen am Altstadtring.

Wallfahrtskirche Mariahilf ▶ C/D 5

In der Wallfahrtskirche **Mariahilf** auf dem Mariahilfberg, 3 km von Amberg, begegnet der Besucher wieder Cosmas Damian Asams Freskenkunst. Die Kirche wurde nach dem Dreißigjährigen Krieg gestiftet, nachdem das zwischenzeitlich lutherische Amberg zum katholischen Glauben zurückgekehrt war. Ursprünglich stand hier eine 1634 in einem Pestgelübde versprochene Kapelle, die 1646 abbrannte. Dabei blieb das Gnadenbild unversehrt und so setzte sofort eine Wallfahrt ein, für deren Zwecke Kloster und ab 1697 die jetzige Kirche errichtet wurden. Prominente Handwerker wie Dietzenhofer (Pläne), Carlone (Stuck) und Asam (Deckenfresko über die Geschichte der Wallfahrt) wurden engagiert. Zur Kirche hinauf führt ein von Linden gesäumter Kreuzweg.

Thomas-Glaswerk ▶ D 5

Rosenthalstr. 12, www.rosenthal.de, nicht zugänglich

Eine Kathedrale für das **Thomas-Glaswerk** von Rosenthal ließ das Unternehmen 1968–70 4 km außerhalb im Südosten Ambergs errichten. Die Glashütte befindet sich in einer Senke; der Überbau aus Betonplatten und Glasflächen liegt darüber wie ein Dach, das zugleich Fassadenwirkung hat. Architekt Walter Gropius sagte: »Ich weiß schon, was ich mache: Ich setze ein Schiff in einen grünen See.« – Das Ergebnis ist eine perfekte Synthese aus Funktionalität und Ästhetik.

Monte Kaolino ▶ D 4

Tel. 09622 815 02, www.montekaolino.eu, Lift: Mai–Sept. tgl. 10–18 Uhr, 2 €, Verleih von Bigfoots, Sandboards, Skiern; Dünenbad: Mai–Sept. tgl. 9–20 Uhr, 3 €; GeoPark: www.geopark-kaolinrevier.de

Auf den 110 m hohen **Monte Kaolino** bei Hirschau, 12 km nordöstlich von Amberg, zieht's nicht nur Sommerski- und -boardfahrer. Das Hinunterlaufen und -kugeln im weißen Quarzsand macht allen Spaß. Der Berg ist ein ›Abfallprodukt‹ des Tagebaus, der in der Region Hirschau seit 1833 betrieben wurde. Seit der Stilllegung ist die Industriebrache GeoPark und wird seitdem vorsichtig renaturiert, wobei die Spuren der industriellen Nutzung beibehalten werden sollen. Der Kaolinberg ist seit einigen Jahren ein kultiges Sommerskigebiet; ein Lift bringt die Sportlichen nach oben. Gleich nebenan kann man nach dem Skifahren im Dünenbad Wasser, Sonne und Sand genießen und sich wie in der oberpfälzischen Karibik fühlen.

Weiden in der Oberpfalz ! ▶ E 3

Kindheitsort des Komponisten Max Reger, Traditionssitz der Porzellanindustrie – die Stadt Weiden (42 000 Einw.) ist ebenso stolz auf ihre prominenten Bürger und Unternehmen wie auf die bis ins 13. Jh. zurückreichende Stadtgeschichte. Mitte des 14. Jh. begann Weidens Blütezeit als Zollstation und Kreuzungspunkt der beiden Fernhandelswege Goldene Straße und Magdeburger Straße. Schwere Zerstörungen brachte der Dreißigjährige Krieg, die Jahrhunderte danach fiel Weiden in Bedeutungslosigkeit. Erst die Eisenbahn ermöglichte ab 1863 einen Aufschwung. Neue Betriebe ließen sich in der Stadt nieder, darunter die Glas- und Porzellanmanufakturen Bauscher, Seltmann und Nachtmann, die heute noch in Weiden arbeiten. Weidens Herzstück sind Oberer und Unterer Markt, die das Oval der Altstadt von

Am Markt von Weiden in der Oberpfalz

Nordost nach Südwest teilen. Das freistehende Alte Rathaus bildet die Mitte dieser Wegachse. Eine kunsthistorische Rarität in diesem Teil Bayerns ist die im Jugendstil ausgestattete Kirche St. Josef.

Unterer Markt und Rathaus

Das **Untere Tor** aus dem 14. Jh. wurde im 17. Jh. umgebaut und führt vom Schlörplatz zum **Unteren Markt,** wo man sich im Mittelalter wiederfände – wären da nicht die Cafés und Läden hinter den gotischen, teils im 17. Jh. durch Renaissance und Barock beeinflussten Fassaden. Viele Häuser besitzen eine breite, mit Kreuzgrat überwölbte Durchfahrt zu den Stall- und Wirtschaftsgebäuden dahinter. Im Haus Nr. 9 (BräuWirt) am Unteren Markt ist dies noch beispielhaft zu sehen. Für stimmungsvolle Atmosphäre sorgt das grüne Band aus Linden und Kastanien, das in der Mitte des Unteren Markts auf das **Alte Rathaus** zuführt. Dieses wurde nach einem heftigen Stadtbrand im 16. Jh. neu errichtet; in den Passagen im Erdgeschoss, wo heute der Info Point und mehrere Läden eingezogen sind, waren bereits damals Geschäfte untergebracht.

Oberer Markt und St. Michael

Den **Oberen Markt** hinter dem Rathaus beherrscht die evangelische Stadtpfarrkirche **St. Michael.** Seit ihrer ersten Erwähnung 1341 war die Kirche von wiederholten Zerstörungen und Umbauten betroffen und präsentiert sich heute barock überformt. Von 1663 bis 1899 wurde das Gotteshaus simultan von beiden christlichen Glaubensgemeinschaften genutzt. Ende des 19. Jh. erlernte der in Weiden aufgewachsene Komponist Max Reger (1873–1916) hier das Orgelspiel. Die

Auf Entdeckungstour

Akanthus – ein kleines grünes Blatt macht Kunstgeschichte

Diese Tour führt zum Teil auf dem alten Handelsweg Goldene Straße, an der zahlreiche Akanthusaltäre den jahrhundertelangen Kulturaustausch entlang der Kaufmannsroute belegen. Ähnliche Altarformen finden sich sonst nur im böhmischen Raum.

Reisekarte: ► B–D 3–5, E 2, 5/6

Zeit: 60 km, per Auto 2 Std.; mit dem Fahrrad für Sportliche 1 Tag

Planung: Radkarte Amberg-Sulzbacher Land bei den Touristinfostellen in Amberg und Sulzbach-Rosenberg. Besichtigung der Schlosskapelle Holzhammer unter Tel. 09604 22 66 mit Graf Johannes von Strachwitz vereinbaren. Weitere Infos zu den Altären unter Tel. 09664 95 24 57, im Internet unter www.die-goldene-strasse.de

Start: Amberg, Touristeninformation, s. S. 137

Auf Spurensuche: Von der Amberger Touristeninformaion folgt man den Hinweisschildern zur B 85 in Richtung Schwandorf, von der noch im Stadtgebiet eine Straße nach Freudenberg abzweigt und sich im letzten Teilstück durch Wald sanft bergan schlängelt. In **Freudenberg** ist's nach rund 16 km Zeit für etwas Kultur. Man lässt das Auto stehen und spaziert 130 Höhenmeter auf den Johannisberg zur **Wallfahrtskirche St. Johannes Baptist.** In der südwestlichen Kapelle der 1652 erbauten Kirche steht ein fast zierlicher Akanthusrahmenaltar von 1729. Blätter und Ranken umwuchern ein Gemälde Mariens mit dem Jesuskind. Bereits die alten Griechen schätzten das Blatt der Distelpflanze als Dekorationselement an ihren Säulenkapitellen. In Deutschland wird häufig der Bärenklau mit dem mediterranen Akanthus gleichgesetzt – die Form der Blätter und der wuchernde Wuchs sind ähnlich.

Altar mit Tiefenwirkung

Im Freudenberger Ortsteil Wutschdorf folgt man nun der Straße 2399 nach Nordosten in Richtung Hainstetten und dann auf der AS 10 nach Norden Richtung Schnaittenbach. Im Zentrum des Städtchens wählt man die B 14 nach Osten in den Ortsteil **Holzhammer** (ca. 3 km). Die **Kapelle des Schlosses** (Besichtigung telefonisch vereinbaren, s. links) beherrscht ein Akanthusaltar, dessen breites Rankenwerk mit Distelblüten geschmückt ist. Er wird einem der bekanntesten Akanthusschnitzkünstler, Johann Michael Doser (1678–1756), zugeschrieben. Hier ist im Gegensatz zu dem Freudenberger Altar zu erkennen, dass die Akanthusaltäre auch plastische Tiefenwirkung haben können. Der Schwerpunkt liegt jedoch auf dem himmelwärts rankenden Blätterschmuck. Im Gegensatz zu den barocken Altären, die über Sockel, Säulenaufbau und Kapitell strengen Architekturprinzipien folgen, sind Akanthusaltäre rein ornamental. Der Altar ist Schmuck und Rahmen für das Gnaden- oder Heiligenbild in seinem Zentrum. In seiner Wirkung erinnert er an Ikonostasen der Ostkirche.

Blick ins 17. Jahrhundert

Ostbayern hat unter den Plagen des 17. Jh. besonders gelitten: Es war Aufmarschgebiet für Söldner und Heere des Dreißigjährigen Kriegs und, kaum überstanden, des Spanischen Erbfolgekriegs. Dazwischen wütete die Pest unter den Überlebenden, und als ob dies alles nicht genug Strafe gewesen wäre, brach eine kleine Eiszeit an, die das Getreide auf den Feldern vernichtete. Als Ende des 17. Jh. wieder Ruhe einkehrte und der Protestantismus besiegt schien, suchten die Menschen Hilfe bei Gott und seinen Heiligen. Die Hoffnung auf ein besseres Leben versprach die katholische Kirche mit der üppigen und symbolhaften Ausstattung des Barock.

Aufnahme in den Himmel

Nun kehrt man nach Schnaittenbach zurück und fährt nach Hirschau weiter. Die Straße führt angenehm am Ufer von Ehenbach und Hirschauer Mühlbach ins Ortszentrum, begleitet von den weißen Abraumhalden des Kaolintagebaus. In **Hirschau** muss man wenden und auf der Ehenfelder Straße nach Norden zur ehemaligen **Wallfahrtskirche Vierzehn Nothelfer** weiterfahren (April–Okt. 8.30–18 Uhr, 4 km). Die gesamte Ostwand ist hier beherrscht vom Akanthusrankwerk des Nothelferaltars, den Johann Hirschl aus Amberg 1713 fertigte. Neben den zu zwei Siebenergruppen zusammengefassten Nothelfern sind die Heiligen Florian, Rochus und Sebastian sowie Maria in den Altar integriert. Seit einem Skulpturendiebstahl 1972 darf die Kirche nur noch bis zum schmiedeeisernen Gitter betreten werden. Der Nothelferaltar enthüllt nach Meinung vieler Kunsthistoriker den eigentlichen Symbolgehalt der Akanthusaltäre: So wie die Ranken dieser Pflanze vielfach verzweigt und die Heiligen umhüllend nach oben streben, versinnbildlichen sie die Aufnahme der Frommen in die himmlischen Gefilde und erfüllen eine ähnliche Funktion wie die illusionistischen Deckenfresken des Barock und Rokoko: Der Gläubige spürt bei ihrem Anblick, dass er die irdischen Einschränkungen überwinden und durch die Kraft seines Glaubens und die Gnade des Herrn zu Gott gelangen kann.

Akanthus abseits der Route in Auerbach

Noch mehr Akanthus?

Von Hirschau sind's ca. 20 km nach **Sulzbach-Rosenberg,** wo ein Akanthusaltar von J. M. Doser im **Stadtmuseum** aufbewahrt wird (www.sulzbach-rosenberg.de). Weitere sehenswerte Akanthusaltäre befinden sich nordwestlich bzw. nördlich und abseits dieser Tour in **Königstein** (St. Michael) und **Auerbach**, dem Geburtsort von J. M. Doser (Pfarrkirche Johannes der Täufer). Im Landkreis Tirschenreuth steht einer der letzten Vertreter dieser rund 70 Jahre andauernden Akanthusmode, der 1750 angefertigte Vierzehn-Nothelfer-Altar in der katholischen **Pfarrkirche** von **Thumsenreuth**.

2007 eingeweihte Reger-Orgel soll an den berühmten Sohn der Stadt erinnern und eine möglichst authentische Aufführung seiner Orgelkonzerte ermöglichen. Weidener Bürger, die Stadt und das Land Bayern hatten sich gemeinsam für den Ankauf des teuren Instruments engagiert. Zwischen Kirche und **Oberem Tor** (16. Jh.) nach rechts gehend, stößt man auf das Alte Schulhaus, heute Stadtmuseum.

Stadtmuseum und Galerie im Alten Schulhaus

Schulgasse 3a, Tel. 0961 470 39 00, www.weiden-oberpfalz.de, Mo–Fr 9–12, 14–16.30 Uhr, Eintritt frei
Bis 1877 residierte in dem mächtigen Renaissancebau Weidens einzige Schule. Nach dem Umbau zum Kulturzentrum fand hier u. a. das **Stadtmuseum** eine Heimat. Originalgetreu eingerichtete Stuben und Werkstätten vermitteln eine Vorstellung vom früheren Leben in der Stadt. In den Max-Reger-Zimmern erhielt der Komponist Musikunterricht. Ein Flügel, Bilder, Noten und Dokumente erinnern an den berühmten Weidener.

St. Joseph

Die Bürgermeister-Prechtl-Straße überquerend steht man vor der katholischen **Pfarrkirche St. Joseph** mit ihren Zwillingstürmen. 1899/1900 erbaut, wurde die Innenausstattung im Geist des Jugendstils erst 1912 durch den Weidener Wilhelm Vierling nach Plänen von Franz Hofstätter fertiggestellt. Dem hohen, schmalen Kirchenraum verleihen unzählige Goldmosaiksteinchen ein beständiges Glitzern und Glänzen. Sie umrahmen als Heiligenscheine die göttlichen Heerscharen, überziehen wie ein Sternhimmel die Gewölbe, bilden Schmuckbänder, Schriftzüge und Ornamente. Einer der vielen Höhepunkte dieses Gotteshauses ist die mit Mosaiken verkleidete Taufkapelle. Am besten lässt man die ungewöhnliche Schönheit dieses Raums einfach auf sich wirken!

Reger-Wohnhaus und Stadtmauer

Vom Oberen Markt aus empfiehlt sich ein Bummel durch die Nebengassen mit ihren hübsch restaurierten Häusern. In der Oberen Bachgasse 6 steht das **Wohnhaus der Familie Reger** (kann nicht besichtigt werden). Die Gasse endet an dem einzigen noch erhaltenen Teil der **Stadtmauer,** die im Bogen zum Ausgangspunkt am Unteren Tor zurückführt.

Stadtökologischer Lehrpfad

Eine Ergänzung zur ›klassischen‹ Stadtbesichtigung ist die Tour vom Neuen Rathaus durch die Altstadt bis zum Flutkanal der Waldnaab, wo der Weg bei einem Biberbau endet. Der Lehrpfad betrachtet die historischen und modernen Sehenswürdigkeiten und Stationen aus ökologischer Sicht und ermöglicht so einen ganz anderen Blick. Die Beschreibung kann man sich unter www.weiden-oberpfalz.de und dann über Tourismus/Stadtökologischer Lehrpfad als PDF herunterladen.

Übernachten

Familiär & romantisch – **Klassikhotel am Tor:** Schlörplatz 1a, Tel. 0961 474 70, www.klassikhotel.de, 40 Zi., DZ ab 80 €. Ein Teil dieses ruhigen, charmanten Hotels am Unteren Tor befindet sich in historischen Mauern des 16. Jh. Fotos von prominenten Gästen schmücken die Wände. Die Zimmer sind freundlich und komfortabel eingerichtet, das Frühstück üppig und der Service sehr aufmerksam. Und der Markt beginnt vor der Tür.

Essen & Trinken

Oberpfälzer Lifestyle – **Zoe:** Unterer Markt 35, Tel. 0961 41 97 11, Di–So 9–24 Uhr, Hauptgerichte 8–13 €. Weiß und Schiefer in historischen Gewölben – das Restaurant ist ein ästhetischer Genuss und die Küche hält mit leichter, mediterran inspirierter Küche mit.
Oberpfälzer Tradition – **BräuWirt:** Unterer Markt 9, Tel. 0961 48 13 30, tgl. 11–24 Uhr, Hauptgerichte 7–10 €. Der Zoigl-Stern an der Fassade vermeldet stolz, dass beim BräuWirt Zoigl-Bier gebraut wird. In den historischen Gewölberäumen, im idyllischen Hinterhof oder im Freisitz davor genießen die Gäste bayerische Spezialitäten wie Krustenbraten, Züngerl mit Knödel oder auch Bratwürste mit Kraut. Dazu passt der süffige Zoigl ganz hervorragend.
Oberpfälzer Basics – **Hennerloch:** Türlgasse 7, Tel. 0961 447 83, Mo–Fr 9–24, Sa 9–16.30 Uhr, Hauptgerichte um 5 €. Gemütlich-rustikal, einfach eingerichtet und mit einem hübschen Biergarten ist das Gasthaus ideal für die Mittagsrast bei schmackhafter, unkapriziöser Kost. Züngerl gibt's und Fleischpflanzerl, alles zu sehr erschwinglichen Preisen und schmackhaft zubereitet.

Einkaufen

Edelporzellan – **Seltmann Weiden:** Christian-Seltmann-Str. 59-67, Tel. 0961 20 41 15, www.seltmann-weiden.com, Mo–Fr 9–17, Sa 9–13 Uhr. Porzellan zu Schnäppchenpreisen im Werksverkauf.

Infos & Termine

Touristeninformation: in der Max-Reger-Halle, Dr. Pfleger-Str. 17, 92637 Weiden i. d. Opf., Tel. 0961 480 82 50, www.weiden-oberpfalz.de, April–Sept. Mo–Fr 9–13, 14–16, Sa 9–13, Okt.–Mai Mo–Fr 8–13, Mo–Do auch 14–16 Uhr.
Info-Point: Altes Rathaus, Oberer Markt 1, 5–22 Uhr, hier nur Prospektmaterial und eine Web-Cam.

Bahn/Bus: Bahnhof an der Bahnhofstraße im Südwesten der Altstadt, Verbindungen mit der Vogtlandbahn stündlich nach Regensburg, Regionalexpress nach Nürnberg, Auskunft unter www.bahn.de. ZOB Busbahnhof, Dr.-Pfleger-Straße, Busse nach Oberviechtach, Tirschenreuth, Neustadt/Waldnaab, Auskunft unter www.nwn-bus.de.

Max-Reger-Tage: Anfang Sept.–Anfang Okt. Das Festival ist eines der ambitioniertesten Ostbayerns mit Konzerten u. a. im Alten Rathaus; Informationen und Termine unter www.maxregertage.de. Eine ideale Gelegenheit, Regers Musik im historischen Festsaal zu lauschen.

Parkstein ► D 3

14 km nordwestlich von Weiden schmiegt sich der Ort an den Fuß eines dunklen Felsens. Alexander von Humboldt nannte den Parkstein »den schönsten Basaltkegel Europas«. Er ist der Verwitterungsrest eines Vulkans aus dem Tertiär und seine 38 m hohe, aus vier- und sechseitigen Basaltsäulen bestehende Steilwand ist eine geologische Rarität. Sie bildet in Stein sozusagen die Feuergarben des Vulkans ab. Früher thronte eine Burg auf dem erloschenen Vulkan; heute schmückt ihn die 1851 erbaute **Wallfahrtskirche St. Maria** mit Fernblick – die Sicht reicht bis nach Tschechien und in die Fränkische Schweiz.

Übernachten, Essen

Gutbürgerlich mit Bergblick – **Gasthof Bergstüberl:** Basaltstr. 16, Tel. 09602 46 37, www.bergstueberl-parkstein.de, Do–Di 9–24 Uhr, Hauptgerichte 8–10 €. Im Gasthof Bergstüberl gibt's Oberpfälzer Köstlichkeiten in einem hübschen Biergarten und einige Pensionszimmer (DZ 55 €).

Windischeschenbach

► E 2

Geo-Zentrum an der KTB: Am Bohrturm 2, 92767 Windischeschenbach, Tel. 09681 912 73, www.geozentrum-ktb.de, Mai–Okt. 10–18, Nov.–April 10–16 Uhr, 2 €, für Gruppen ab 5 Pers. Bohrturmführungen (bitte voranmelden)

Mit Erdgeschichte und Geologie hat auch das 20 km nördlich liegende Windischeschenbach zu tun. Hier lief von 1987 bis 1994 das kontinentale Tiefbohrprojekt der Bundesrepublik. Ziel der Bohrung war es, einen Temperaturbereich von ca. 300 °C und eine Tiefe von rund 10 000 m zu erreichen. In dieser Tiefe verhält sich das Gestein nicht mehr spröde, sondern plastisch; es bricht nicht, sondern verformt sich. Die Bohrung brachte Aufschlüsse über Bedingungen und Prozesse in der Erdkruste. Der Bohrturm steht noch und kann besichtigt werden (s. o.); daneben dokumentiert eine Ausstellung die verschiedenen Aspekte des Projektes.

Windischeschenbach gilt auch als Hauptstadt des Zoigl-Biers (s. S. 25). Dieser Oberpfälzer Brautradition nach mittelalterlichem Recht frönen hier noch 17 Wirte! Wo's gerade Zoigl gibt, zeigt der sechszackige Stern an. Echten Zoigl nach Kommunbrautradition erkennt man am grünen Logo. Infos unter www.zoiglbier.de.

Tirschenreuth ► F 2

Oberpfälzer Fischereimuseum: Regensburger Str. 6, Tel. 09631 61 22, www.museumsquartier-tirschenreuth.de, Di–So 11–17 Uhr, 3 €

Über den Landkreis Tirschenreuth sollte man am besten fliegen, denn nur von oben ist die tatsächliche Ausdehnung des ›Landes der 1000 Teiche‹ zu erfassen. Um das Jahr 1000 legte das Grafengeschlecht aus Ortenburg/Niederbayern hier die ersten Teiche zur Karpfenzucht an. Um 1300 war der Ort Tirschenreuth eine von Wasser umgebene Insel. Unter der Verwaltung des Zisterzienserstiftes Waldsassen erlebte die Karpfenzucht im 14./15. Jh. ihre größte Blüte. Heute sind 4000 Teiche mit einer Fläche von 2500 ha bewirtschaftet, zu 95 % mit Karpfen.

Der sympathische, seit 1134 schriftlich überlieferte Ort gehörte ab 1217 zum Kloster Waldsassen und war dessen Verwaltungssitz für die Region. Brände haben viel Historisches vernichtet, auch die **Stadtpfarrkirche Mariä Himmelfahrt** wurde mehrmals zerstört. Ihr Flügelaltar aus dem 15./16. Jh. ist ein besonders gelungenes Beispiel hochgotischer Schnitzkunst. Tirschenreuth ist dank der vielen Teiche vor allem ein Ziel für Angler. Im **Fischereimuseum** können sich Petrijünger schon mal vorab informieren, bevor sie ihre Leinen auswerfen. Und nicht vergessen! Fürs Angeln benötigt man eine Angelkarte, die es in Tirschenreuth u. a. an der OMV-Tankstelle gibt.

Wandern und Radfahren um Tirschenreuth

Durch den Landkreis Tirschenreuth und den Steinwald führen zahlreiche gut markierte Nah- und Fernwanderwege, darunter der 2007 eingeweihte Goldene Steig. Tourenvorschläge und Beschreibungen finden sich auf www.oberpfaelzerwald.de. Die Broschüren »Radmagazin Oberpfälzer Wald« und »Wandermagazin Oberpfälzer Wald« kann man auf der Homepage oder bei den Touristeninformationsbüros der jeweiligen Landkreise anfordern. Hier Tipps für zwei Fahrradtouren, die den besonderen Charakter dieser Landschaft erschließen:

Stiftländer Karpfenradweg

▶ E/F 1/2

Die 48 km lange Tour durch die Tirschenreuther Teichpfanne verläuft weitgehend eben durch Seen und Waldlandschaft über Tirschenreuth, Mitterteich, Oberteich, Triebendorf, Wiesau, Kornthann, Muckenthal, Seidlersreuth, Falkenberg, Rothenbürg und zurück nach Tirschenreuth. Eine genaue Tourenbeschreibung ist bei der Touristeninformation erhältlich.

Oberpfälzer Kegeltour ▶ D 2

25 km geht's auf dieser Rundtour von Erbendorf aus über Waldeck und Zwergau durch die Vulkankegellandschaft des südlichen Steinwalds. Gleich zu Beginn werden Waden und Kondition bei der Fahrt auf die Platte ordentlich beansprucht. Die Fahrradtour ist als geologischer Themenweg ausgeschildert, mit Haltepunkten an erdgeschichtlich interessanten Punkten. Die genaue Beschreibung mit Routenführung und Höhenprofil gibt's auf www.naturpark-steinwald.de unter dem Menüpunkt ›Geologie erleben‹.

Infos & Termine

Touristeninformation: Maximilianplatz 35, 95643 Tirschenreuth, Tel. 09631 60 02 48, www.stadt-tirschenreuth.de, Mo–Do 9–12, 13–17, Fr 9–12, April–Sept. zusätzlich Fr 13–16, Sa 10–12 Uhr.

Erlebniswochen Fisch: Ende September bis Mitte Oktober werden die Teiche ›abgefischt‹. Das feiern die Orte im Landkreis mit Fischmarkt und -messe. Höhepunkt ist die Karpfenkirwa (Kirchweih) in Kornthan, wo's neben Karpfen blau oder geräuchert auch ›Kirwakoacha‹ und ›Koichln‹ (Kirchweihkuchen und Kücherl) gibt.

Naturpark Steinwald

▶ D/E 1/2

Infos und Tourenvorschläge: www.naturpark-steinwald.de

Westlich vom Land der 1000 Teiche schiebt sich der Steinwald wie ein schmaler, granitener Buckel zwischen Fichtelgebirge und Oberpfälzer Wald. Seine höchste Erhebung ist die 946 m hohe Platte, die man hinaufwandern und deren schöne Fernsicht man genießen kann. Charakteristisch für den Steinwald sind die Bergkegel – Überreste früherer vulkanischer Aktivitäten – und die teils bizarr geformten Granitfelsen, denen der Volksmund Sagen und unheimliche Namen angedichtet hat. In den Fichtenwäldern, die in jüngster Zeit mit Buchen aufgeforstet wurden, leben Auerhahn, Schwarzstorch, Rot- und Schwarzwild sowie einige Luchse.

Burg Falkenberg ▶ E 2

Museum: theoretisch Di–So 14–16 Uhr, praktisch ist es unregelmäßig geöffnet

Die Feste 9 km südwestlich von Tirschenreuth thront auf einem Granitklotz über dem gleichnamigen Ort. Sie

Kostbarkeit des frühen Rokoko – Klosterbibliothek in Waldsassen

wurde im 11. Jh. erbaut, gehörte ab dem 13. Jh. dem Kloster Waldsassen und wurde zur Abwehr der Hussiteneinfälle massiv verstärkt. Ihr heutiges Aussehen verdankt sie der Restaurierung durch Werner Graf von der Schulenburg in den Jahren 1933–1939. Sie dient heute als Museum, ist aber nur unregelmäßig geöffnet. Doch allein die uneinnehmbare Lage lohnt den Aufstieg. Den können Wanderer sich dann im Gasthof zum roten Ochsen kulinarisch versüßen lassen. Den Gasthof gibt's seit dem 12. Jh., die Küche ist bodenständig und einfach, das Bier frisch gezapft (Schönfichter Str. 7, Tel. 09637 272, Mi–Mo, Hauptgerichte 6–8 €).

Katharinenkirche in Reuth ► E 2

Eine kulturelle Besonderheit der nördlichen Oberpfalz lohnt in **Reuth** bei Erbendorf, weitere 9 km nach Westen, einen Besuch: Die 1717 erbaute **Katharinenkirche** schmückt ein Akanthusaltar, dessen hl. Katharina von einem filigran geschnitzten Blatt- und Rankenwerk eingerahmt wird. Diese barocke Altarmode kam mit Kaufleuten auf dem Handelsweg Goldene Straße, der hier entlangführte, aus Böhmen in die Oberpfalz und breitete sich schnell aus. Der Rankenaltar von Reuth gilt als ein Meisterstück des Akanthus-Trends (weitere Altäre in Auerbach, Thumsenreuth und Hirschau, s. auch Entdeckungstour S. 142).

Waldsassen und die Kappl ! ► E/F 1

Waldsassen liegt nur wenige Kilometer von der tschechischen Grenze entfernt im Oberpfälzer Wald. Beherrscht wird der Ort von der Stiftsbasilika des Zisterzienserinnenkonvents, die heute als

Stille im Kloster
Im Kloster Waldsassen stehen einige Gästezimmer für Besucherinnen zur Verfügung, die ein paar Tage der Stille verbringen wollen. Anmeldung unter Tel. 09632 92 00 31 bei Priorin S. Mechthild Hohenberger, Informationen unter www.abtei-waldsassen.de.

Pfarrkirche Dienst tut. Gegründet wurde das Kloster im Jahr 1133. Die Abtei wurde von den jeweiligen Herrschern großzügig gefördert und mit großen Gütern belehnt, trieb sie doch die Urbarmachung und Rodung des ›Nordgaus‹ voran. Als reichsunmittelbares Kloster war Waldsassen ab dem 13. Jh. ein autarkes Gebilde und ein bedeutender Wirtschaftsbetrieb – der Ausbau der Karpfenzucht war nur eine der klösterlichen Einnahmequellen. Im 16. Jh. geriet Waldsassen unter kurpfälzische Herrschaft; mit der Reformation wurde es 1556 aufgehoben. Anfang des 17. Jh. ließ sich eine Tuchmacherfamilie neben der Abtei nieder und begründete die Siedlung Waldsassen. Mit der Rückkehr nach Bayern und zum Katholizismus wurde das Kloster wieder besetzt und Ende des 17. Jh. im barocken Stil neu errichtet. Heute ist es Zisterzienserinnenabtei mit einem im Aufbau befindlichen Kultur- und Begegnungszentrum (www.kubz.de). 2008 feierte die Abtei ihr 850-jähriges Jubiläum.

Kirche Mariä Himmelfahrt und Klosterbibliothek

Klosterbibliothek: Tel. 09632 92 00 25, www.abtei-waldsassen.de, April–Okt. Mo 14–16.45, Di–So/Fei 10–12, 14–16.45 (jeweils mit Führung, letzter Einlass eine halbe Stunde vor Schließung), Nov.–März tgl. 13–16 Uhr, 2,50 €; Konzertprogramm in der Basilika unter www.basilikakonzerte.de

Herausragendes Merkmal dieser Kirche ist ihr immens großes Langhaus, mit 83 m eines der längsten barocken Gotteshäuser in Bayern. Ende des 17. Jh. begannen Abraham Leuthner aus Prag und der Münchner Georg Dientzenhofer mit dem Neubau von Kirche und Kloster. Das Gotteshaus ist trotz der monumentalen Ausmaße nicht wuchtig. Sorgsam eingesetztes Stuckdekor und Fresken verleihen dem Raum Erhabenheit und zugleich Leichtigkeit. Der Tessiner Giovanni Battista Carlone, der zuvor am Passauer Dom gearbeitet hatte, stuckierte und formte den Hochaltar; Freskant war der Prager Jakob Steinfels. Am intensivsten erlebt man die Raumwirkung dieser Kirche bei einem Basilikakonzert. Das Hochamt findet jeden Sonn- und Feiertag um 9.30 Uhr statt. Das Kloster nebenan birgt mit der **Bibliothek** eine Kostbarkeit des beginnenden Rokoko, die 1724/25 von italienischen Stuckateuren und dem Freskenmaler Karl Hofreiter ausgestattet wurde.

Kappl! ►E 1

Vom Kloster Waldsassen führt ein 4 km langer Rosenkranzweg mit 15 Stationen sanft bergan zur Wallfahrtskirche Kappl. Angelegt wurde er bereits 1698 und alljährlich zu den Bitttagen und an Christi Himmelfahrt pilgern Hunderte von Gläubigen auf dem Waldweg zu der ungewöhnlichen Barockkirche. Wenn man ihn gemächlich geht, steht man nach 50 Minuten vor dem Gotteshaus.

Die Wallfahrt zur Kappl findet urkundlich bezeugt seit 1527 statt; ein

Perle des Barock – die Wallfahrtskirche Kappl

Gotteshaus auf dem 600 m hohen Glasberg gab es aber bereits im 12. Jh. Damals weideten Mönche des Klosters Waldsassen der Legende zufolge ihr Vieh an dieser Stelle und hängten zum Gebet ein Bild der Dreifaltigkeit an einen Baum. Dieses Bild galt bald als wundertätig und eine erste Kapelle wurde errichtet. Ende des 17. Jh. baute Georg Dientzenhofer im Auftrag der Abtei Waldsassen die heutige, barocke Wallfahrtskirche Hl. Dreifaltigkeit. Die Architektur sollte die Dreifaltigkeit symbolisieren – daher die drei Türme mit ihren Zwiebelkappen. Im Inneren setzt sich diese Symbolik fort: Der wie ein Dreieck mit abgerundeten Ecken geformte Kirchenraum besitzt drei Halbnischen mit jeweils drei Altären, die von drei Fenstern ausgeleuchtet werden. Vom Umgang führen drei mal drei Türen in die Kirche. Heller Stuck und rötlicher Stuckmarmor geben dem Gotteshaus eine lichte Stimmung. Die ursprünglichen Deckenfresken wurden 1934 durch ein modernes Kuppelbild ersetzt.

Essen & Trinken

Ländlich – **Kapplwirt:** Kappl 1, Tel. 09632 688, www.kapplwirt.de, Mi–Mo 9.30–18 Uhr, Hauptgerichte um 7 €. Die Wirtschaft ist nahezu so alt wie die Kappl und seit über 100 Jahren in Familienbesitz. Hier bekommt man Oberpfälzer Spezialitäten wie Sauerbraten oder Bratwürste, teils aus eigener Schlachtung. Nachmittags gibt's selbst gebackenen Kuchen – und das Ganze mit Blick auf die Wallfahrtskirche.

Kultig – **Café LebensArt:** Raiffeisenpassage Waldsassen, Prinz-Ludwig-Str. 27a, Tel. 09632 91 60 24, www.cafe-lebensart.net, Mo, Mi, Do 11–22, Fr 11–24, Sa/So 14–24 Uhr, Business-Lunch um 5 €. Baguettes, Pasta und Currys für den kleinen Hunger, dazu ab und an Livemusik oder Lesungen – ein angenehmer entspannter Rahmen für eine Zwischenmalzeit oder ein abendliches Glas Wein.

Infos & Termine

Touristeninformation: Johannisplatz 11, 95652 Waldsassen, Tel. 09632 881 60, www.waldsassen.info, Mo–Fr 9–17, Sa/So 10–12 Uhr.

Großes Kapplfest: 1. So nach Pfingsten. Gottesdienst und großer Jahrmarkt.
Kleines Kapplfest: Christi Himmelfahrt, ebenfalls mit Jahrmarkt. Nach der Messe um 9.30 Uhr entschwebt eine Christusfigur sprichwörtlich in die Kirchenkuppel.

Cham ► H 7

Vom Armenhaus Ostbayerns in den 1950er-Jahren hat sich Cham in erstaunlich kurzer Zeit zu einem bedeutenden Wirtschaftsstandort mit sensationell niedriger Arbeitslosenrate gewandelt. Das Städtchen (17 000 Einw.) am Regen ist längst über seinen historischen Kern hinausgewachsen, hat dessen Charme aber bewahrt. Die Wurzeln der Stadt reichen weit ins 10. Jh. zurück, als die Burg auf dem Galgenberg zur Sicherung der Grenze nach Böhmen erbaut wurde. Die der Abtei Chammünster vor den Toren Chams sind noch gut hundert Jahre älter.

Vom Biertor zum Marktplatz

Die historische Altstadt schmiegt sich in eine Schleife des Regens: Von der Stadtmauer stehen heute nur noch wenige Reste im Nordwesten, darunter das imposante **Biertor** (14. Jh.) mit seinen beiden Rundtürmen. Gleich dahinter lag die Chamer Burg, die jedoch im 17. Jh. in ein Weißbierhaus umgewandelt wurde. Kloster- und Rosenstraße münden auf den **Marktplatz**. Das **Rathaus** wuchs aus zwei im 14. und 15. Jh. erbauten Teilen zusammen und vermittelt trotz mehrfacher Beschädigung durch Stadtbrände ein imposantes Bild davon, welche Bedeutung Cham im Mittelalter hatte. Stadtbrände haben Cham hart getroffen und viel zerstört; ein besonders gut erhaltenes Haus der Renaissance, das die Feuer überstanden hat, ist hier der ehemalige **Gasthof zur Krone** (Nr. 14) mit eleganter Vorschussmauer. Diese sollte das Überspringen der Flammen auf den Dachstuhl verhindern und wurde vor der Giebelfront aufgemauert. Beherrscht wird der Marktplatz von der **Pfarrkirche St. Jakob,** die auf romanischem Fundament als gotisches Langhaus erbaut und im 18. Jh. barockisiert wurde. Umbauten im 19./20. Jh. haben die ursprüngliche Ausstattung weitgehend verdrängt. Nur das reiche Stuckdekor ist noch erhalten.

Graf-Luckner-Brunnen

Täglich um 12.05 Uhr erklingt eine etwas ungewöhnliche Melodie über den Marktplatz: Es ist die Marseillaise, die zu Ehren eines prominenten Sohnes der Stadt, Nikolaus Graf von Luckner, komponiert wurde. Als Bürgerlicher 1722 in Cham geboren, absolvierte er eine beispiellose Militärkarriere, meist im Dienste Frankreichs, und wurde dafür mit der Marseillaise geehrt. Dann wechselte sein Geschick, er fiel in Ungnade und wurde 1797 in Paris guillotiniert. Ihm zu Ehren schuf der Künstler Joseph Michael Neustifter einen originellen **Brunnen,** seit 1995 Mittelpunkt des Marktplatzes. Er zeigt Graf Luckner als einen wasserspritzenden Kobold, begleitet von zwei Sagengestalten, der Waldhexe und dem Bilmesschneider, einem Unhold und Getreidedieb, der hier das ›Peace‹-Symbol schwenkt.

Museum S.P.U.R.

Schützenstr. 7, Tel. 09971 407 90, Mi, Sa/So/Fei 14–17 Uhr, Eintritt frei
Wer sich für moderne Kunst interessiert, sollte dem Museum S.P.U.R. einen Besuch abstatten. Es stellt Werke der gleichnamigen Künstlergruppe aus (s. S. 98).

Chammünster

Die ehemalige Urpfarrei des Bayerischen Waldes wenige Kilometer südöstlich des Stadtzentrums ist dank ihrer markanten Doppeltürme weithin zu sehen. 739 stiftete der Agilofinger-Herzog Odilo dem Regensburger Kloster St. Emmeram ein Stück Land am Flüsschen Chamb, auf dem die Mönche eine *cella ad chambe,* also ein kleines Kloster am Fluss, errichteten. Sie waren mit Rodung und Missionierung beauftragt und schoben ihren Einflussbereich stetig weiter nach Osten. Im 10. Jh. wurde das Kloster Regensburg unterstellt, ein romanischer Vorgängerbau errichtet. Die heutige gotische Gestalt entstand bei einem Neubau im 15. Jh. Faszinierend ist im Kirchenraum die Verbindung gotisch strenger Schlichtheit der granitenen Pfeiler mit dem golden leuchtenden Prunk des hochbarocken Altars, der dem Chamer Fidelis Ittelsberger zugeschrieben wird. Unter der Westempore ist noch ein romanischer Taufstein erhalten.

Übernachten

Funktional & zentral – **Hotel am Regenbogen:** Schützenstr. 14, Tel. 09971 84 93, www.hotel-am-regenbogen.de, 29 Zi., DZ um 60 €. Das komfortable

Hotel in der Nähe des Biertors gehört zum Kolpingwerk und ist als Tagungshotel beliebt. Radfahrer finden sichere Unterstellmöglichkeit. Im Biergarten sitzt man lauschig am Regen.
Familiäre Gastlichkeit – **Am Ödenturm – das Gasthaus:** Am Ödenturm 11, Tel. 09971 982 70, www.oedenturm.de, 12 Zi., DZ um 50 €. Der gemütliche Gasthof liegt 10 Min. von Cham Richtung Chammünster am Fuß des Lambergs. Die Zimmer sind freundlich eingerichtet; im hauseigenen Restaurant kann man gehobene bayerische Küche und Wild aus eigener Jagd genießen. Hauptgerichte 11–15 €.

Essen & Trinken

Die Chamer Altstadt haben Chinalokale, Dönerbuden und Pizzaservice fest im Griff. Für empfehlenswerte bayerische Küche muss man ein Stück gehen oder in die Nachbarorte fahren.
Mit Abenteuerspielplatz – **D'Wasser Wirtschaft:** Oberer Regenanger 3, Tel. 09971 86 24 24, www.wasserwirtschaft-cham.de, Mo–Do 10–24, Fr–So 10–1 Uhr, Hauptgerichte um 8 €. Am schönsten bei gutem Wetter: Der Biergarten unter Kastanien ist urgemütlich, die Kinder spielen auf dem Abenteuerspielplatz, Steckerlfisch und das Bauernbrot aus dem Brotbackofen verbreiten herrliche Aromen. Bei Kälte und Regen geht's in die rustikale Wirtsstube.
Nach altem Brauch – **Klostermühle Altenmarkt:** Altenmarkt 6, Tel. 09971 76 08 71, www.klostermuehle-altenmarkt.de, tgl. 9–19 Uhr, Brotzeit um 5 €. Ein alter Vierseithof mit funktionsfähiger Mühle, darin ein Hofladen mit Bauernprodukten und eine Wirtschaft, in deren barocker Bauernstube Gäste eine kalte Brotzeit oder einen Kuchen bekommen. Gekocht wird nach überlieferten Rezepten, aber nur auf Vorbestellung.

Aktiv & Kreativ

Auf dem Regen – **Bootsverleih:** Hotel am Regenbogen, für Bootsfahrten auf dem Regen.
Rad fahren – **an der Chamb entlang:** In Cham startet der Chambtal-Radweg an der Chamb entlang 22 km bis Furth im Wald.
Wandern – **Auf Nietzsches Spuren:** Im August 1867 unternahm der Philosoph Friedrich Nietzsche (1844–1900) eine Wanderung auf den Lamberg bei Cham. Diese Tour kann man vom Wanderparkplatz Zisslerkreuz/Friedrich-Nietzsche-Weg unweit des Gasthofes Am Öderturm aus in etwa 3 Std. nachvollziehen.

Infos

Touristeninformation: Propsteistr. 46, 93413 Cham, Tel. 09971 80 34 93, www.cham.de, Mo–Fr 8–12, 13–17, Mai–Sept. auch Sa 9.30–11.30 Uhr.

Bahn/Bus: Bahnhof, Bahnhofstr. 11, Tel. 09971 60 21, www.bahn.de, Züge nach Amberg, Furth im Wald; Busstation am Bahnhof, Busse nach Hof, Straubing, Regensburg, Infos unter www.landkreis-cham.de.

Falkenstein ▶ G 8

Museum auf Anfrage; Burgrestaurant: Burgstr. 10/12, Tel. 09462 94 23 80, www.burgfalkenstein.eu, Di–So 10–22 Uhr, im Winter nur Mi–So, Hauptgerichte um 10 €
Die Burg thront seit dem 11. Jh. auf einem Granitkegel 23 km südwestlich

von Cham. Der imposante dreigeschossige Bau wurde mehrmals eingenommen, konnte aber auch zahlreiche Angriffe abwehren. Heute dient er als Jagdmuseum, Hotel und Restaurant. Vor allem an den Wochenenden kommen Hochzeits- und Festgesellschaften, um in der romantischen Kulisse zu feiern. Hungrige Besucher lassen sich ein Burgpfandl oder eine Raubritterpfanne servieren!

Churpfalzpark ▸ G 7

Loifling, Tel. 09971 303 40, www.churpfalzpark.de, April–Mitte Okt., tgl. 10–17 Uhr, Erwachsene 15 €, Kinder 13 €

Im 5 km von Cham entfernten Loifling gibt's einerseits einen Rummel- und Freizeitpark mit Riesenrad, Karussells und Rutschenparadies, andererseits wunderschön bepflanzte Gärten, die vor allem zur Dahlienblüte im Sommer in allen Farben des Regenbogens erstrahlen.

Furth im Wald ▸ H/J 6

Furth (10 000 Einw.) ist vor allem wegen seines ›Drachenstichs‹ bekannt. Dieses spektakuläre Festspiel wird in Furth im Wald seit 500 Jahren aufgeführt und knüpft an die St.-Georgs-Legende vom Drachentöter an. Historisch erinnert das Festspiel wohl an die Jahrhunderte, in denen sich Furth im Wald der aus Osten anrückenden Heere von Hussiten, Schweden und Panduren erwehren musste. Diese und die häufig auftretenden Stadtbrände haben von der mittelalterlichen Bausubstanz nicht viel übrig gelassen; Furth ist eine Stadt im Gewand des

Schrecklich schön – der Further Drachenstich wird seit 500 Jahren aufgeführt

19./20. Jh., was den freundlichen Eindruck der Altstadt überhaupt nicht schmälert.

Erstes Drachenmuseum Deutschlands

Schlossplatz 4, Tel. 09973 80 25 85, www.drachenmuseum.de, So vor Ostern–1. Nov. Di–So 10.15–16.45, sonst Di, Do 14.15–17, Sa/So 11–13 Uhr, 2,50 €

Hier werden alle Fragen rund um das Thema Drachen beantwortet. Gibt es sie wirklich? Wie sieht eine Drachenhöhle aus? Was essen Drachen? – Spannend für Groß und Klein!

Im gleichen Haus residieren auch das **Kindermuseum Glas-Licht-Spiegel** und das **Landestormuseum** mit einer Ausstellung zur Geschichte des bayerisch-böhmischen Grenzgebiets (www.furth.de/kultur).

Further Felsengänge

Kramerstraße, Tel. 09973 12 29, www.flederwisch.de, Mai–Sept. tgl. 13–16, Führungen Jan.–Okt. So, Mo 14, Mi 11, Nov./Dez. Mi 11 Uhr, 3 €

Die unterirdischen Fluchtstollen stammen aus den unruhigen Zeiten der Further Geschichte. Wenn sich die Bürger sicher fühlten, lagerten sie im Felslabyrinth ihren Wein. Auch diese Besichtigung ist besonders für Familien geeignet!

Further Wildgarten

Daberger Str., Tel. 09973 29 33, www.wild-garten.de, ganzjährig von Sonnenauf- bis -untergang, 2 €

Das Freigelände unweit des Campingplatzes bietet Anschauungsunterricht zu verschiedenen Naturthemen; Höhepunkt ist die Unterwasserbeobachtungsstation, in der die Besucher Hechten, Barschen oder Bitterlingen zugucken können.

Unser Tipp

Meditieren im Zen-Garten

Ein kleines Stück Japan an den Chambauen lädt ein zur Entspannung und Meditation. Natürlich spielt auch hier das Motiv des Drachens eine Rolle. Nach dem Spaziergang können sich die Besucher im Restaurant Seerose mit einem leichten Snack oder Kaffee und Kuchen stärken. (Chambaue 1, Tel. 09973 92 70, www.japanischer-garten-furth.de; Restaurant Seerose am Japanischen Garten, Tel. 09973 80 21 03, Di 10–18, Mi–So 10–22 Uhr, Gerichte 7 €.)

Übernachten, Essen

Ruhig – **Hotel am Steinbruchsee:** Steinbruchweg 9–10, Tel. 09973 609, www.steinbruchsee.de, DZ ab 50 €. Das Hotel liegt 3 km außerhalb am See; zum Haus gehören Fischzucht und Wildgehege. Serviert wird gutbürgerliche Küche; außerdem auch freundliche Gästezimmer.

Infos & Termine

Touristeninformation: Schlossplatz 1, 93437 Furth im Wald, Tel. 09973 509 80, www.furth.de, Mitte Mai–Mitte Okt. Mo–Do 8–18, Fr 8–15, Sa/So 10–12, sonst Mo–Mi 8–12, 13–17, Do 8–12, 13–18, Fr 8–12 Uhr.

Further Drachenstich: 2. Augustwoche, Infos unter www.drachenstich.de. Mittelalterliches Spektakel mit einem furchterregenden Drachen auf dem Marktplatz.

Unser Tipp

Wellnessoase Birkenhof ► J 7
Grafenwiesen ist etwa 5 km von Bad Kötzting entfernt und der Birkenhof thront auf einer Anhöhe über dem Dorf. Aus einem Familienbetrieb ist hier ein engagiert und sehr persönlich geführtes Wellnesshotel entstanden, mit einer vielseitigen Saunalandschaft, einem Pool auf dem Dach, einem umfangreichen und sehr kompetent angeleiteten Freizeitprogramm und jenem Schuss persönlicher Fürsorge, der Häusern dieser Größe normalerweise fehlt. Bei Fackelwanderungen mit dem Seniorchef oder Nordic Walking mit der Juniorchefin merkt man, dass da die ganze Familie mit viel Engagement und Humor bei der Sache ist. Esoterische Gemüter können im Birkenhain Zwiesprache mit Elfen halten. P. S.: Auch das Essen ist köstlich! (Auf der Rast 7, 93479 Grafenwiesen, Tel. 09941 15 82, www.hotel-birkenhof.de, 80 Zi., DZ ab 160 €, Pauschal- und Last-Minute-Arrangements beachten.)

Sport-/Freizeitzentrum am Hohenbogen ► J 6/7

Tel. 09947 464, www.hohenbogen.de
Der 8 km lange Höhenzug Hohenbogen (Schwarzriegel 1079 m) ist mit Sesselbahn, Winter- und Sommerrodelbahn, Pisten aller Schwierigkeitsgrade, schönen Wanderwegen und gemütlichen Gasthöfen zu jeder Jahreszeit ein beliebtes Ausflugsziel. Eine Riesenattraktion ist die Skisprungschanze, auf der man an einem Drahtseil hängend einen 150-m-Flug nachschwebt.

Neukirchen beim Heiligen Blut ► J 6

Die Wallfahrt zur 12 km von Furth entfernten **Kirche Mariä Geburt** ist mit den Hussitenkriegen verbunden: 1450 sollen die Angreifer hier eine Marienstatue gespalten haben, aus deren Wunde Blut floss. Dies begründete die Wallfahrt und 1520 wurde die erste Kirche für das Gnadenbild erbaut. Im 17. Jh. errichtete man das jetzige, barocke Gotteshaus mit dem eigenwilligen Doppelaltar, der den Übergang zwischen Wallfahrts- und Klosterkirche markiert. Die gotische Madonna mit gespaltenem Haupt thront hier in einer Glaskuppel.

Bad Kötzting ► H/J 7

Kötzting ist zwar eine Gründung des Klosters Rott am Inn aus dem 11. Jh., es präsentiert sich seinen Gäste heute aber als moderner Kneipp-Kurort mit Kliniken, Komforthotels, einem Spielcasino und der Wellnessoase Aqacur. Die historischen Bauten fielen entweder den vielen Stadtbränden, besonders im 19. Jh., zum Opfer oder aber dem Ausbau zum Kurort.

Wallfahrtskirche Mariä Himmelfahrt

Das Kirchlein in Weißenregen schaut von seiner Anhöhe über den Kurort; im

16. Jh. begann die Wallfahrt zu einem Marienbild, 1750 wurde die heutige Kirche im Stil des Rokoko erbaut. Ihr Schmuckstück ist die Schiffskanzel, die wie ein Schiff geformt die Welt durchpflügt und von der aus die Apostel ihre Netze auswerfen, um der Kirche Gläubige zuzuführen – das Ganze mit viel Detailfreude und bäuerlichem Charme ausgeführt.

Übernachten

Kneipp-Kur – **Amberger Hof:** Torstr. 2, Tel. 09941 95 00, www.amberger-hof.de, 33 Zi., DZ ab 75 €. Das Mittelklassehotel im Ortszentrum von Bad Kötzting bietet Unterkunft in gepflegten, rustikal eingerichteten Zimmern und Kneipp-Aufgüsse im Massagezentrum. Zu den Kureinrichtungen von Bad Kötzting sind es nur wenige Schritte. Empfehlenswert ist auch das Restaurant mit gutbürgerlicher Küche.

Preiswert & familiär – **Pension Steidl:** Zellertal 11, Tel. 09441 942 50, www.pension-steidl.de, 16 Zi., DZ ab 44 €. In schöner Lage im Zellertal können Gäste hier in gemütlicher Umgebung und hellen, freundlichen Zimmern entspannen, Wanderungen oder Fahrradtouren unternehmen oder im nahen Kötzting kuren.

Essen & Trinken

Bayerisch edel – **Wirtshaus Osl:** Marktstr. 32, Tel. 09941 10 45, www.wirtshaus-osl.de, Hauptgerichte um 9–12 €. Anspruchsvolle bayerische Küche mit Angus-Rind aus hauseigener Zucht und Saibling aus dem Fischteich hinterm Haus.

Traditionsbewusst – **Gasthof zur Post:** Herrenstr. 10, Tel. 09941 66 28, tgl. 7–24 Uhr, Hauptgerichte um 8–10 €. Seit über 100 Jahren wird in der Post bayerische Gastlichkeit gepflegt. Ob

Auf dem Weg zum Kaitersberg ...

Schwammerlsuppe oder Schweinebraten – die Gerichte sind schmackhaft und ehrlich, ohne modisches Beiwerk zubereitet.

Urgemütlich – **Zur Klause:** Weißenregen 72, Tel. 09941 83 77, www.klause-weissenregen.de, im Winter Mi–So, sonst tgl. 11–22 Uhr, Hauptgerichte 6–10 €. Die Spezialität des Hauses ist Krustenbraten mit Krautsalat und Kartoffelknödel, aber es gibt auch kleine Brotzeitteller, Wurstsalat oder Würstl und jeden Mittwoch Heimatabend mit Musik.

Schick – **Clemens – 3 Zimmer. Küche. Bar!:** Marktstr. 28, Tel. 09941 90 84 56, www.3zimmerkuechebar.de, Tagesgerichte 4–6 €. Ein angenehmes Lokal für den Mittagstisch oder den kleinen Hunger zwischendurch; auf der täglich wechselnden Karte stehen Suppen, der Wrap des Tages und andere Leckereien.

Aktiv & Kreativ

Baden und Wellness – **Aqacur Wellnessoase:** Bgm.-Seidl-Platz 1, Tel. 09941 947 50, www.aqacur.de, Mo 13–22, Di–Do 11–22, Fr 11–24, Sa/So/Fei 10–22 Uhr, Tageskarte 6,50 €. Badeoase mit Wellenfreibad, Gesundheits- und Solebecken, Kinderbereich, Dampf-, Duft- und Biosaunen sowie breitem Angebot fernöstlicher und nordafrikanischer Wellnessbehandlungen.

Auf dem Regen – **Bootswandern:** Vom Blaibacher See bei Kötzting auf dem Regen 107 km bis nach Regensburg. Infos und Bootsverleih bei Kanu & Camping Aquahema, Oberes Dorf 7, 93476 Blaibach, www.aquahema.de.

Freeclimbing – **am Kaitersberg:** Routen aller Schwierigkeitsgrade, aber für Anfänger nur bedingt geeignet; die Gemeinde trifft sich auf www.climbing-ostbayern.de.

Infos & Termine

Kurverwaltung/Touristeninformation: Herrenstr. 10, 93444 Bad Kötzting, Tel. 09941 60 21 50, www.bad-koetzting.de, Mo–Do 8–12, 13–17, Fr 8–12, 13–16, Sa 10–12 Uhr.

Bahn/Bus: Zugverbindung über Schwandorf in Richtung Regensburg oder Nürnberg, www.bahn.de; RBO-Busse Richtung Furth i. Wald, Lam, Cham, Infos unter www.rbo.de.

Kötztinger Pfingstritt: am Pfingstmontag, Infos unter www.bad-koetzting.de. Von der Kirche St. Veit nach Steinbühl, wo eine Messe und die Pferdesegnung stattfindet. Der Pfingstritt ist eine der größten Pferdewallfahrten Europas: Bis zu 900 reich geschmückte Reiter und Rösser nehmen daran teil.

Höhenwanderung am Kaitersberg ► J 7

Der lang gestreckte Gebirgszug südöstlich von Bad Kötzting besteht aus mehreren Gipfeln: Höchster Punkt ist der 1132 m hohe Große Riedelstein. Von unten betrachtet wirkt der Kaitersberg völlig harmlos; tatsächlich ist aber sein Gipfelbereich felsig und zerfurcht und ein sehr anspruchsvolles Kletter- und Freeclimber-Revier. Von Bad Kötzting aus kann man, Trittsicherheit vorausgesetzt, über Kreuzfelsen (999 m), Mittagsstein (1034 m), Steinbühler Gesenke (1044 m), Rauchröhren (1042 m) und Großen Riedelstein (1132 m) in vier bis sechs Stunden zum Wanderparkplatz am Gasthaus Eck oberhalb von Arnbruck im Zellertal (s. S. 174) wandern. Der Steig ist teilweise ausgesetzt, belohnt die Wanderer aber mit einer fantastischen Fernsicht.

Das Beste auf einen Blick

Straubing und Naturpark Bayerischer Wald

Highlight!

Straubing: Die Gäuboden-Stadt bezaubert durch die Mischung aus bäuerlicher Behäbigkeit und jugendlichem Elan. Ein urgemütlicher Stadtplatz, überschwenglich dekorierte Kirchen und ein exzellentes Museum erwarten den Besucher. S. 160

Auf Entdeckungstour

An einem Tag über acht Tausender: Wanderfexe werden an dieser Gipfelwanderung mit ihren immer neuen Panoramen ihre Freude haben. Proviant und Getränke nicht vergessen! S. 170

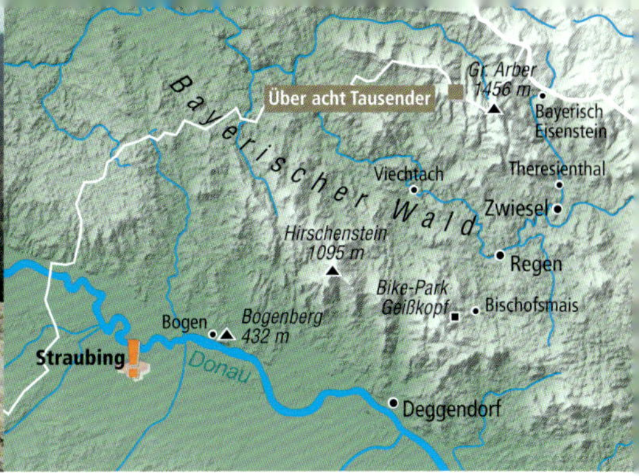

Kultur & Sehenswertes

Straubinger Gäubodenmuseum: Lehrstück in römischer Archäologie – nicht nur wegen des spektakulären Römerschatzes, sondern auch wegen der anschaulichen Darstellung des römischen Alltags. S. 162

Glashütte Theresienthal: Die Kristallglasmanufaktur in Zwiesel erlebte Höhen und Tiefen, zuletzt wurde sie 2001 totgesagt. Nun ist sie zurück auf dem Markt mit den sicherlich schönsten Gläsern des Bayerischen Waldes. S. 180

Aktiv & Kreativ

Fahrradtour von Straubing nach Bogen: Diese Tour geht immer an der Donau entlang zur Wallfahrtskirche auf dem Bogenberg. S. 167

Bike-Park Geißkopf: Downhill und Freeride bei Bischofsmais – ein großer Abenteuerspielplatz für Wilde Kerlinnen und Kerle. S. 183

Genießen & Atmosphäre

Asams: Das Restaurant im Hotel Asam, Straubing, verwöhnt mit internationaler wie urbayerischer Küche auf hohem Niveau. S. 166

Schlossschänke Theresienhof: Pfiffig-Bayerisches und Grillgerichte gibt es in historischen Gewölben in Zwiesel. S. 181

Abends & Nachts

Cairo: In Straubing ist es eine Institution des Nachtlebens, die junge Wirte nun in die nächste Generation führen. S. 166

Vom Gäuboden in den Vorwald

Den nördlichen Bayerischen Wald teilen sich Niederbayern und die Oberpfalz. Landschaftlich leitet diese Region von den Donauebenen über den Vorwald zu den Bergketten des Bayerischen Waldes über. Sie ist also sehr vielfältig und reizvoll, bietet dem Spazierradler ebenso viele Möglichkeiten wie dem MTB-Freak, reizt zu gemächlichen wie kühnen Wanderungen und birgt eine Reihe kultureller Schätze und Kostbarkeiten. Ausgangspunkt für die Erkundung könnte Straubing sein – man kann die Tour aber auch in Zwiesel, Lam oder Viechtach starten.

Infobox

Internet
Informationen zum Naturpark Bayerischer Wald auf www.naturpark-obw.de. Straubing und Weiden präsentieren sich u. a. auch auf der Plattform www.staedte-ostbayern.de.

Verkehr und Aktivitäten
Den öffentlichen Busverkehr bedienen Busse der RBO (Fahrpläne unter www.rbo.de, Bahnverbindungen www.bahn.de).
Im Oberen Bayerischen Wald gibt es viele Möglichkeiten für Wanderungen und Radtouren. Wanderstiefel bzw. Radhelme nicht vergessen!

Straubing! ► G 9/10

Das niederbayerische Straubing (45 000 Einw.) wartet in seiner Geschichte mit einer Eigenheit auf. Die Stadt war von 1353 bis 1425 Teil des Herzogtums Straubing-Holland, das aus einem niederbayerischen und einem holländischen Territorium bestand. Die sehr unterschiedlichen Kulturen der Niederbayern und Niederländer befruchteten sich gegenseitig, so dass man in Straubing mit Leidenschaft das ›Papageienschießen‹ pflegte und die Niederländer noch heute das Sprichwort kennen: »Gek als een Beierse graaf«, »verrückt wie ein bayerischer Graf«.

Berühmt ist natürlich die Straubinger Mordtat, die Hinrichtung der Badestochter und Geliebten des Junior-Herzogs Albrecht III., Agnes Bernauer, im Jahr 1435. Albrecht sollte daran gehindert werden, die unstandesgemäße Liaison fortzuführen, deren Nachkommen keinen Anspruch auf den Titel gehabt hätten. Mit der Bernauerin Blut an den Händen sorgte Albrechts Vater Ernst dafür, dass die niederbayerischen Wittelsbacher nicht ausstarben. Im Gedenken an dieses Gräuel veranstalten die Straubinger alle vier Jahre ein Historienspiel um die unglückliche Liebe.

Doch zurück in die Gegenwart. Als Hauptort des Gäubodens, der fruchtbaren Lössebene südlich der Donau, war Straubing schon immer eine ziemlich wohlhabende Stadt. Heute nennt man sich Boiressourcen-Standort und setzt auf nachwachsende Energie. Der **Ludwigsplatz,** ein verbreiterter historischer Straßenmarkt, ist im wahrsten Sinne des Wortes Straubings gute Stube. Bei gutem Wetter wird hier promeniert und geplaudert, Straßencafés und Biergärten sind gut besetzt, und ›Gartler‹, also Kleinbauern und -gärtner, bieten ihre Ware feil.

Stadtturm 1 und Rathaus

Turmführungen März–Okt. Do, So 14, Sa 10.30 Uhr, 3 €

Der markante, 68 m hohe **Stadtturm** teilt den Ludwigsplatz in zwei Hälften. Zwischen 14. und 16. Jh. erbaut, beherbergte er u. a. die Wohnung des Türmers, der über die Sicherheit Straubings zu wachen und Brände zu melden hatte. Ihm gegenüber spreizt sich das im 14. Jh. errichtete **Rathaus** unter einem dekorativen Treppengiebel, der allerdings der Neugotisierung des 19. Jh. zu danken ist.

Zwischen Dreifaltigkeitssäule 2 und St.-Jakobs-Brunnen 3

Nach Westen zu geht der Ludwigs- in den Theresienplatz mit der 1709 aufgestellten barocken **Dreifaltigkeitssäule** und dem **Brunnen des hl. Tiburtius** über. Deren Pendant am östlichen Ende des Ludwigsplatzes ist der **St.-Jakobs-Brunnen** für den zweiten Schutzheiligen von Straubing. Bevor man sich zur Erkundung der Nebengassen aufmacht, sollte man dem gesamten Ensemble Aufmerksamkeit schenken: Ludwigs- und Theresienplatz säumen Fassaden aus Barock, Rokoko und Klassizismus; unter Rocaillen und Giebeln sind aber auch noch Renaissance- und gotische Bauformen zu finden, so im Arkadenhof von Ludwigsplatz Nr. 10. In den 1928 errichteten Neubau Ludwigsplatz Nr. 30 (heute »Straubinger Tagblatt«) wurde eine 1645 erbaute Hauskapelle mit einem Altarblatt von Cosmas Damian Asam integriert. Auf dem Theresienplatz verbirgt sich unter Nr. 11 der ehemalige Getreidekasten mit gotischem Treppengiebel. Und die mittelalterliche Nr. 40 mit steilem Traufdach ist heute das beliebte Wirtshaus zum Geiss, in dem 2008 Kanzlerin Angela Merkel den französischen Präsidenten Nicolas Sarkozy bewirten ließ.

Synagoge 4 und junge Kunst

Synagoge: Besichtigung nur nach Vereinbarung mit der Israelitischen Gemeinde Straubing, Tel. 09421 13 87; Forum 14, Rosengasse 14, Tel. 0160 182 00 29, www.forum14.de

Vor Besichtigung des nördlichen Altstadtbereichs lohnt ein Abstecher nach Süden durch die Steiner- zur Rosengasse zur einzigen, 1907 erbauten **Synagoge** Niederbayerns. Straubing hatte im Mittelalter eine große jüdische Gemeinde, die um die Rosengasse herum ansässig war. 1442 wurden die Juden von Herzog Albrecht III. aus Straubing vertrieben; in der Rosengasse 22 erinnert ein eingemauerter jüdischer Grabstein von 1328 an die Pogrome. Erst im 19. Jh. kehrten jüdische Familien zurück. Heute hat Straubing nach München die zweitgrößte jüdische Gemeinde Bayerns. In der Rosengasse residiert auch das **Forum14** 5 mit Ausstellungen zeitgenössischer Kunst, Installationen und Performances.

St. Jakob und St. Tiburtius 6

Die **Stadtpfarrkirche** nördlich des Ludwigsplatzes am Pfarrplatz wurde Ende des 14. Jh. erbaut und zählt zu den größten gotischen Kirchen Bayerns. Dass die Bürgerschaft dieses Gotteshaus finanzierte, sagt einiges über den Wohlstand Straubings im Hochmittelalter aus. Das Innere beherrscht der Hochaltar mit neogotischem Aufsatz. Glasfenster, einige aus dem 15., andere vom Anfang des 20. Jh., sorgen für magische Lichteffekte. Unter den vielen Grabmälern sollte man jenes des Ratsherren Ulrich Kastenmayer suchen: Was der gute Mann trägt, ist holländische Mode.

Stadtmauer 7

Weiter nach Norden, jenseits der Straße Unterm Rain, ist noch ein Stück der im 15. Jh. erweiterten **Stadtmauer** erhalten. Vorbei an Dreifaltigkeitskirche (1780) und Spitaltor (1628) biegt man in die Fraunhoferstraße nach Süden. Benannt ist sie nach dem berühmtesten Sohn der Stadt, dem Physiker Joseph von Fraunhofer, der 1787 in Straubing als Sohn eines Glasermeisters geboren wurde (gest. 1826 in München). Hier befindet sich das museale Highlight von Straubing.

Gäubodenmuseum Straubing 8

Fraunhoferstr. 9, Tel. 09421 974 10, www.gaeubodenmuseum.de, Di–So 10–16 Uhr, 2,50 €

Straubinger Römerkrimi: Auf Geheiß des römischen Kaisers Vespasian wird das fruchtbare Siedlungsgebiet an der Donau im 1. Jh. mit dem Kastell Sorviodurum befestigt, ein weiteres in unmittelbarer Nähe errichtet. Die Garnisonen haben Markomannen und Alemannen abzuwehren, doch im 3. Jh. werden sie überrannt. Bevor die Besatzung ihr Kastell aufgibt, vergräbt sie wertvolle Beutestücke in einem Kupferkessel. 1950, 1700 Jahre später, taucht dieser Kupferkessel bei Bauarbeiten wieder auf – darin einer der bedeutendsten Schatzfunde aus römischer Zeit in Deutschland. Und da hängen und liegen sie, bronzene Masken für Pferd und Reiter, Beinschienen, Statuetten – insgesamt 116 Teile, deutlich von orientalischer Ästhetik beeinflusst, faszinierend schön. Die Ausstellung des Römerschatzes ist das Herzstück des **Gäubodenmuseums,** aber man sollte sich nicht allzu sehr blenden lassen! Auch die Abteilung über das römische Militärwesen ist spannend und interessant, ebenso wie die Räume, die Schmuck, Tracht und Lebensweise der Bajuwaren präsentieren, und die Abteilung zur Prähistorie. Im Foyer des Museums zeigt eine Kopie des mittelalterlichen Stadtmodells von Jakob Sandtner die Stadtanlage im 16. Jh. Auch Kinder fühlen sich in dieser anschaulich gestalteten Ausstellung wohl.

Karmelitenkirche Hl. Geist 9

Die Zollergasse führt auf die **Karmelitenkirche Hl. Geist** zu, die im 14./15. Jh. erbaut und 1700 durch Wolfgang Dientzenhofer barockisiert wurde. Die Kirche hat eine fast herbe, ins Vertikale drängende Wirkung, daran hat auch die Barockisierung durch Höherlegung des Fußbodens und Einzug eines Gewölbes nichts geändert. Einen theatralischen Effekt erzielt der 1741 von dem Passauer Joseph Matthias Götz gefer-

Der Ludwigsplatz mit Stadtturm und Rathaus ist die gute Stube Straubings

tigte Hochaltar. In dessen Rückfassade befindet sich die Tumba des Herzogs Albrecht II. (gest. 1397) aus Rotmarmor, ein fein gearbeitetes Meisterwerk der Gotik.

Klosterkirche der Ursulinen 10

In der Burggasse können Fans der Asam-Brüder ein weiteres Werk der beiden Genies bewundern. Die **Klosterkirche der Ursulinen** war die letzte gemeinsame Arbeit von Cosmas Damian und Egid Quirin Asam und wie viele meinen ein Höhepunkt ihres Schaffens (s. Panorama S. 66). Wunderschön die hellen Pastelltöne, der geschickt gesteuerte Lichteinfall, die ganze Jubelkraft der Himmlischen Heerscharen. Ein fröhlich-beschwingtes Werk auf kleinem Aufriss – die Kirche ist nur 20 m breit und 26 m tief.

Herzogschloss 11 und St. Peter 12

Die Burggasse nach Norden führt zum

Straubing

Sehenswert
1 Stadtturm
2 Dreifaltigkeitssäule
3 St.-Jakobs-Brunnen
4 Synagoge
5 Forum14
6 St. Jakob und St. Tiburtius
7 Stadtmauer
8 Gäubodenmuseum Straubing
9 Karmelitenkirche Hl.Geist
10 Klosterkirche der Ursulinen
11 Herzogschloss
12 St. Peter
13 Römerkastell Sorviodurum

Übernachten
1 Asam
2 Seethaler
3 Franziska
4 Gasthaus zur Sonne

Essen & Trinken
1 Franziska
2 Asams
3 Wirtshaus zum Geiss
4 Weinbeisl im Klarl

Einkaufen
1 Shop des Gäubodenmuseums

Aktiv & Kreativ
1 Radverleih

Abends & Nachts
1 Cairo

Schlossplatz mit dem ehemaligen **Herzogschloss,** im 14. Jh. von Albrecht I. von Straubing-Holland als Wohn- und Verwaltungssitz sowie als Wehrburg erbaut. Heute residieren in den teils noch gotisch erhaltenen Trakten Finanzamt und Stadtarchiv. Der Schlosshof gibt die authentische Bühne für die Agnes-Bernauer-Festspiele ab. Wo aber fand die Bernauerin ihre letzte Ruhe? Im Kreuzgang des Karmelitenklosters, sagt die Fama. Die Agnes-Bernauer-Kapelle mit dem Epitaph der Baderstochter befindet sich allerdings auf dem Friedhof der Kirche **St. Peter** ein Stück östlich der Altstadt. Dort, wo das römische Kastell gestanden hatte und später eine erste karolingische Kirche erbaut worden war, ließ das Augsburger Domkapitel im 12. Jh. eine romanische Basilika errichten. Wunderschön der romanische Christus im Gotteshaus! Danach heißt's, das Grab der Bernauerin auf dem Petersfriedhof zu suchen, der als einer der schönsten Friedhöfe Bayerns gilt.

Römerkastell Sorviodurum 13

Auf dem Gelände des Römerkastells ist ein archäologischer Freizeitpark im Aufbau – 2009 soll es richtig losgehen. Schautafeln informieren über den Limes, Abgüsse von Steindenkmälern beleuchten den römischen Alltag im Kastell. Von einem Aussichtsturm aus sind die Fundamente und Umrisse der Bauten gut zu erkennen. Informationen über Öffnungszeiten und weitere Angebote gibt das Gäubodenmuseum oder das Amt für Tourismus (s. S. 162 und 167).

Übernachten

Über das große Angebot an Ferienwohnungen und Privatpensionen informiert die Touristeninformation.

Kunst & Wohnen – **Asam** 1: Wittelsbacher Höhe 1, Tel. 09421 78 86 80, www.hotelasam.de, 37 Zi., DZ ab 125 €. Hinter dem durchgestylten Haus steht ein ›Art-Konzept‹ mit kühlen, modernen Räumen. Wer diesen Stil schätzt, wird sich im Asam rundherum wohlfühlen, das Lichtdesign genießen, WLAN nutzen und sich im Wellnessbereich verwöhnen lassen.

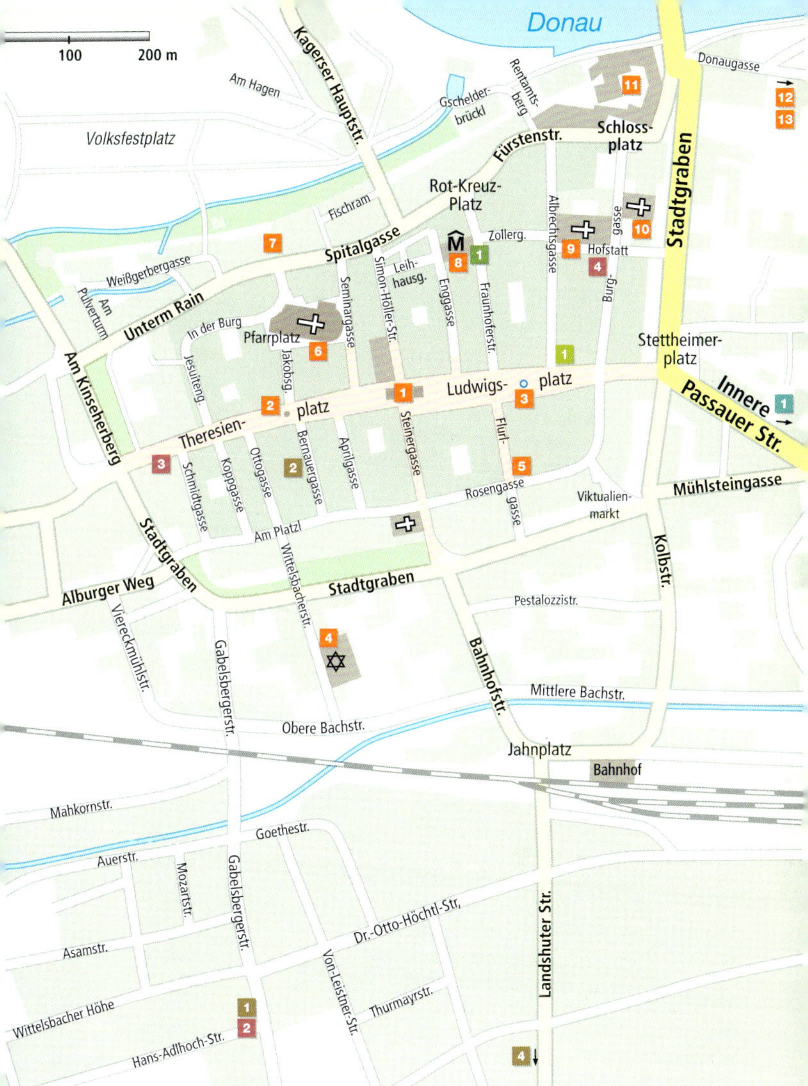

Zentral & familiär – **Seethaler** 2: Theresienplatz 25, Tel. 09421 939 50, www.hotel-seethaler.de, 19 Zi., DZ um 100 €. Der über 100 Jahre alte Familienbetrieb punktet mit seiner ruhigen, zentralen Lage in der Fußgängerzone (Anfahrt für Hotelgäste möglich) und freundlich eingerichteten Zimmern. Im Hotel gibt es auch einen Fahrradverleih.

Klein & persönlich – **Franziska** 3: Regensburger Str. 46, Tel. 09421 18 04 80, www.hotelfranziska.de, 20 Zi., DZ ab 80 €. Das sympathische Haus ist ge-

pflegt-modern eingerichtet und bietet aufmerksamen Rundumservice. Die Hälfte der Zimmer ist für Nichtraucher reserviert.
Preiswert – **Gasthaus zur Sonne** 4: Landshuter Str. 113, Tel. 09421 332 35, Fax 09421 309 69, 15 Zi., DZ ab 50 €. Das Gasthaus im Süden Straubings bietet Unterkunft in einfachen, freundlichen Gastzimmern. Für Fahrräder stehen sichere Abstellplätze zur Verfügung.

Essen & Trinken

Griechen, Italiener und chinesische Lieferserviceunternehmen sind dominant in der Gastro-Szene. Was ja nicht unbedingt schlecht ist. Sie können beim Griechen sicher preiswert und gut essen. Hier dennoch ein paar ungewöhnliche Adressen:
Edel-kreativ – **Franziska** 1: im Hotel Franziska (s. o.), Mi–Sa 17–23, So/Fei 11.30–14, 17–22 Uhr, Hauptgerichte 12–19 €. Globale Genießerküche auf hohem Niveau. Die wechselnde Karte listet eine große Bandbreite kreativer Gerichte mit frischen Zutaten der Saison. Im Frühjahr sollte man unbedingt die Bärlauchravioli probieren!
Fantasievoll – **Asams** 2: im Hotel Asam, s. o., tgl. 11.30–22 Uhr, Hauptgerichte 8–15 €. Die Küche im Asams hält mit dem Design mit und variiert Bayerisches auf intelligente Art: So wird der Wurstsalat beispielsweise nicht aus langweiliger Fleischwurst und geschmacksneutralem Käse, sondern aus deftigen Regensburgern und würzigem Bergkäse mit roten Zwiebeln komponiert. Außerdem gibt's internationale Gerichte, auch die stets gelungen.
Narrisch bayrisch – **Wirtshaus zum Geiss** 3: Theresienplatz 40, Tel. 09421 96 39 22, www.zum-geiss.de, tgl. 10–1 Uhr, Hauptgerichte um 8 €. Bayerische Traditionskost wie Weißwurstsuppe oder Bauerngröstl fremdeln auf der Speisekarte etwas mit Garnelen asiatisch – halten Sie sich an die heimischen Spezialitäten, die schmecken *sakrisch guat!*
Wein & Szene – **Weinbeisl im Klarl** 3: Zollergasse 5, Tel. 09421 180 49 58, Di–Sa ab 17 Uhr, Gerichte um 5 €. Eine gemütliche Vinothek mit kleiner Auswahl frischer Antipasti, üppig belegter Bruschette und knackiger Salate; dazu italienische Weine und gelegentlich Livemusik.

Einkaufen

Römisches – **Shop des Gäubodenmuseums** 1: s. 162. Repliken der berühmten orientalischen Gesichtsmaske aus dem Straubinger Römerschatz gibt es als Anhänger im Shop des Gäubodenmuseums zu kaufen.

Aktiv & Kreativ

Mit dem Fahrrad – **Radverleih** 1: Bund Naturschutz, Ludwigsplatz 14, Tel. 09421 25 12; beim Malterserhilfdienst gibt es auch behindertengerechte Fahrräder (Johannes-Kepler-Str. 1, Tel. 09421 550 60).

Abends & Nachts

Straubinger Kult – **Cairo** 1: Heerstr. 5, Tel. 0172 813 12 12, www.cairo-sr.de, Di–Do 19–1, Fr/Sa 19–4, Biergarten 17–1 Uhr. Als das Cairo nach fast 30-jähriger Geschichte plötzlich geschlossen werden sollte, ging ein Aufschrei durch die Szene. Aber ein neuer Pächter war schnell zur Stelle, und so geht's weiter mit Motto-Partys, Livekonzerten, Gast-DJs und vielen schönen jungen Menschen.

Infos & Termine

Amt für Tourismus: Theresienplatz 20, 94315 Straubing, Tel. 09421 94 43 07, www.straubing.de, Mo–Mi, Fr 9–17, Do 9–18, Sa 9–12 Uhr.

Bahn/Bus: Bahnhof Straubing, Bahn nach Regensburg, Vilshofen; RBO-Busse ab Bahnhof Straubing u. a. Richtung Bogen/Viechtach, Cham, Regensburg, Auskunft: Tel. 09421 75 59 85, www.landkreis-straubing-bogen.de.

Gäubodenvolksfest: 11 Tage Mitte Aug., www.gaeubodenvolksfest.de. Volksfest mit Bierzelten, Jahrmarkt und der Verbraucherausstellung ›Ostbayernschau‹.
Jazz an der Donau: 4 Tage um den 20. Juli, www.jazzanderdonau.de. Hochkarätig besetztes Jazz-Programm im Festivalzelt.
Agnes-Bernauer-Festspiele: Ende Juni–Ende Juli alle 4 Jahre, das nächste Mal 2011, www.agnes-bernauer-festspiele.de.

Fahrradtour nach Bogen

▶ G/H 9

Kulturforum Oberalteich: Klosterhof 1, Tel. 09422 50 57 00; Kreismuseum auf dem Bogenberg: Tel. 09422 57 86, Mitte April–Mitte Okt. Mi, Sa 14–16, So/Fei 10–12, 14–16 Uhr, 1,50 €
Wer ein Fahrrad dabeihat oder es sich in Straubing leiht (s. Aktiv & Kreativ, S. 166), kann den Ausflug nach Oberalteich und Bogen gemütlich auf zwei Rädern unternehmen.

Die 13 km lange Strecke nach Bogen ist ein Abschnitt des Donauradwegs, links und rechts begleitet von Feldern, der Donau und den Ausläufern des Bayerischen Waldes. In Straubing wechselt man über die Agnes-Bernauer-Brücke ans Nordufer der Donau und folgt dann den Donauradweg-Wegweisern, teils auf dem Donaudamm bis ins 5 km entfernte Reibersdorf. Am Schöpfwerk Alte Kinsach geht's dann in Richtung **Oberalteich** (5 km). Kloster und Kirche wurden im 12. Jh. gegründet, die Kirche im 17. Jh.,

Auf der Kerzenwallfahrt nach Bogen

noch während des Dreißigjährigen Krieges, wie ein weithin sichtbares Symbol des Katholizismus neu errichtet. Auffällig ist in diesem Gotteshaus das Fehlen des sonst allgegenwärtigen Stucks. Dafür erzählen Decken- und Wandgemälde ausführlich von der Gründung des Klosters und den benediktinischen Regeln. In den Klostergebäuden zeigt ein Kulturforum wechselnde Ausstellungen zur Geschichte des Klosters oder auch moderner Kunst. Zurück auf dem Drahtesel, sind's noch 2,5 km auf dem Donaudamm bis **Bogen.** Die 118 m Höhenunterschied hinauf zur Wallfahrtskirche auf dem Bogenberg bringen Untrainierte besser zu Fuß hinter sich. Der Bogenberg war bereits in vorgeschichtlicher Zeit besiedelt, später stand hier die Burg der Grafen von Bogen, in deren Schlosskapelle die Wallfahrt ihren Ausgang nahm. Dahin brachte Graf Aswin von Bogen 1104 ein steinernes Gnadenbild, das gegen den Strom auf der Donau angetrieben worden war. Im 13. Jh. war die Wallfahrt so angewachsen, dass die Bogener Grafen ihre Burg den Benediktinern von Oberalteich überließen. Das heutige Gotteshaus wurde im 15. Jh. erbaut und im 18. Jh. barockisiert. Erhalten sind mehrere gotische Skulpturen, darunter die Stehende Maria in der Hoffnung, heute Teil des Gnadenaltars. Berühmt ist die Holzkirchener Kerzenwallfahrt an Pfingsten zum Bogenberg (s. S. 29 und 31). Die Pilger tragen eine ›Kerze‹, einen mit Wachs umwickelten Fichtenstamm, zunächst 75 km von Holzkirchen bis Bogen und dann hinauf zur Kirche. Sie folgen damit einem Gelübde, das ihre Vorfahren angesichts einer Borkenkäferplage der Jungfrau Maria gaben. Das Kreismuseum auf dem Bogenberg dokumentiert die Geschichte der Wallfahrt.

Viechtach ►J 8

Bäuerlich behäbig empfängt der Stadtplatz von Viechtach seine Besucher mit breiten Giebelfassaden; historische Bauten sind wegen der vielen Brände kaum erhalten, doch immerhin ist der Ort seit dem 12. Jh. als Markt bekannt.

Ausstellung zum Quarzriff des Pfahls im Alten Rathaus

Stadtplatz 1, Tel. 09942 90 48 64, www.naturpark-bayer-wald.de, Mai–Okt. Mo–Fr 8–17, Sa 10–13, So 10–12, Nov.–April Mo–Do 8–17, Fr 8–12 Uhr, Eintritt frei

Der Pfahl verläuft in etwa parallel zum Waldgebirge im Vorwald und tritt an manchen Stellen wie auch bei Viechtach als grauweißer, bizarr erodierter Felsgrat zutage. Die Ausstellung dokumentiert seine geologischen und ökologischen Besonderheiten.

Kristallmuseum

Linprunstr. 4, Tel. 09942 54 97, www.kristallmuseum.de, Mo–Fr 9–18, Sa/So 10–16 Uhr, 3 €

Die Mineralien aus dem Pfahl sind in dieser Sammlung auch vertreten – aber sie verblassen vor ihren glitzernden und glänzenden Kristallverwandten, die die Museumsbetreiber aus aller Welt zusammengetragen haben.

Gewölbe der Geheimnisse

Spitalgasse 5, Tel. 09942 80 16 38, www.gewoelbe.com, April–Okt. Di–So 10–17, Fr 10–24, Winter Fr 10–24, Sa/So 10–17 Uhr, 3,50 €

Ein etwas ausgeflipptes oder ausgefallenes Museum hat der Künstler Reinhard Schmid im ältesten Haus der Stadt eröffnet. Das Gewölbe der Geheimnisse stellt 400 Museumsreplikate aus aller Welt aus, dazu ein Gewölbe, das dem Inneren einer Pyramide nachempfunden ist – Geschmacksache.

Übernachten

Panorama – **Burggasthof Sterr:** Neunussberg 35, von Viechtach ca. 10 km, erst Richtung Lam/Arnbruck, in Wiesing nach Neunussberg/Schönau abbiegen, Tel. 09942 80 50, www.burghotel-sterr.de, 30 Zi., DZ ab 160 € mit ›Dreiviertelpension‹. Der Burggasthof liegt einfach herrlich in Neunussberg über dem Regental. Zum Verwöhnangebot zählen nicht nur sehr schön eingerichtete Zimmer und eine relaxende Saunalandschaft, sondern auch die ›Dreiviertelpension‹, sprich: Frühstück, mittags Büfett und Suppe, abends ein 5-Gänge-Menü. Die so angeschlemmten Pfunde können die Gäste beim Wandern in der waldreichen Umgebung wieder loswerden.

Abenteuer – **Adventure Camp/Lodge Schnitzmühle:** Schnitzmühle 1, Tel. 09942 948 10, www.schnitzmuehle.de, Camping: Erw. 6 €, Stellplatz 4 €; Landhotel: 16 Zi., DZ um 70 €; Lodge: 16 Zi., um 100 €. Campingplatz mit Bongo-Bar am ›Regendelta‹, schick gestylte, mediterrane Lodge sowie ein Landhotel, außen bayerisch, innen trendig eingerichtet. Dazu kommen das Thai-Bay-Restaurant, die Burma-Brücke im Natur-Camp und ›SelfDesign‹ statt Wellness, wofür dann Quai-Dj Buddha-Rainer zuständig ist. Das Ding ist vollgepackt mit Lifestyle-Philosophie und die Anlage ist originell, witzig und macht vor allem jungen Leuten und Familien mit Kindern Spaß.

Essen & Trinken

Gediegen – **Hotel Schmaus:** Stadtplatz 5, Tel. 09942 941 60, www.hotel-schmaus.de, tgl. 11.30–14, 18–22 Uhr, Hauptgerichte ab 8 €. Im Hotelrestaurant bekommt man gute bayerische Küche wie Krustenbraten, Gans, Wild und auch kleinere Gerichte wie Brotzeitteller oder Wurstsalat.

Frisch & leicht – **S'KAA:** Stadtplatz 13, Tel. 09942 80 85 49, www.bistro-skaa.de, Mo–Fr 8–Schluss, Sa/So 9–Schluss, Hauptgerichte um 5 €. Bistro, Bar und Baguetteria – es gibt köstliche Salate, verschiedene Bruschette und täglich wechselnde Hauptgerichte. Abends mutiert das S'KAA zur Bar mit gelegentlichem Liveprogramm.

Aktiv & Kreativ

Von Viechtach bis Bayerisch Eisenstein – **Regentalradweg:** 58 km. Eine Routenbeschreibung gibt's bei der Touristeninformation (4,50 €).

Quad-Bike-Touren – **Free Tours Wagner:** Zur Wacht 28, Tel. 09942 94 82 32, www.free-tours-wagner.de.

Canadier und Kayaks – **Bit&Fun:** Stadtplatz 1, Tel. 09942 90 44 60, www.bayerisch-kanada.de, Verleih, Canadier um 36 €. Damit wird durch ›Bayerisch Kanada‹, also auf dem Wildwasserabschnitt des Regens zwischen Gumpenried und Viechtach, gepaddelt.

Infos

Touristeninformation Viechtach: Stadtplatz 1, 94234 Viechtach, Tel. 09942 16 61, www.viechtach-tourismus.com, Mai–Okt. Mo–Fr 8–17, Sa 10–13, Nov.–April Mo–Do 10–17, Fr 8–12 Uhr.

Bahn/Bus: Bahn nach Plattling, Grafenau, Bayerisch Eisenstein, Info unter www.nordbayernbahn.de. RBO-Busse Richtung Bodenmais, Regen, Straubing, Bayerisch Eisenstein, Info unter Tel. 09921 59 68, www.rbo.de.

Wanderbahn: Die Wanderbahn von Viechtach nach Gotteszell verläuft entlang des Regens und gilt als eine der

Auf Entdeckungstour

An einem Tag über acht Tausender

Acht Gipfel über der Tausender-Marke an einem Tag zu bezwingen, ist eine Herausforderung, aber für Geübte kein Problem. Der Lohn sind die schönsten Gipfelpanoramen.

Reisekarte: ► J/K 7/8

Zeit: 6–7 Std.

Strecke: Höhenunterschied von 850 auf 1456 m (Hoher Arber), Streckenlänge 18 km; **Eck** (850 m) – **Mühlriegel** (1080 m) – **Ödriegel** (1156 m) – **Schwarzeck** (1238 m) – **Reischflecksattel** (1118 m) – **Heugstatt** (1261 m) – **Enzian** (1285 m) – **Kleiner Arber** (1384 m) – **Großer Arber** (1456 m)

Planung: Touristeninformation Lam, s. S. 175. Anfahrt zum Ecker Sattel mit PKW oder Wanderbus; Rückkehr ab Brennes oder Bergbahnstation Großer Arbersee (Juli–Ende Okt.)

Start: Eck (850 m). Von dort den Markierungen des Goldsteigs bzw. des Europäischen Fernwanderwegs E 6 folgen, auf dessen Trasse der Goldsteig hier verläuft.

»Lieber acht Tausender als einen Achttausender«, so werben die Bayerwaldgemeinden im Lamer Winkel für diese Bergtour, die zwar anstrengend, aber völlig ungefährlich ist, wenngleich man sie durchaus als Kammwanderung bezeichnen kann. Seil und Haken kann man getrost zu Hause lassen, dafür aber ausreichend Proviant einpacken, denn die erste Einkehrmöglichkeit befindet sich so ziemlich im letzten Drittel des Wegs. Am Eck beginnt der Aufstieg zum Mühlriegel (1080 m); die 230 m Höhenunterschied sind bequem in einer Dreiviertelstunde erwandert; der Wald spendet angenehmen Schatten und vom mit Felsbrocken übersäten Gipfel genießen die Wanderer ihren ersten Panoramablick ins Zellertal. Flugs ins Gipfelbuch eintragen und weiter geht's!

Steile Grate

Keine 80 m Höhe trennen diesen Gipfel vom Ödriegel (1156 m), aber der Weg ist steil und man kommt gut ins Schwitzen. Die Landschaft ähnelt nun einem Hochmoor und die Schäden des Orkans Kyrill (Januar 2007) sind hier und da noch zu erkennen. Auf einem in etwa gleicher Höhe verlaufenden Grat führt der Weg zum Rastplatz Waldwiesenmarterl (1139 m) und danach wieder steil bergauf zum Felsgipfel des Schwarzeck (1238 m), wo der Große Osser das Panorama gen Norden beherrscht. Vom östlichen Eckpfeiler des Schwarzeck steigt man nun steil bergab zur Waldlichtung Reischflecksattel (1118 m), nur um erneut bergauf zu wandern – zur 1261 m hohen Heugstatt. Hier finden sich die Wanderer in einer fast schottischen Hochmoorlandschaft wieder. Im Sommer leuchten und duften die Blaubeeren verführerisch aus dem satten Grün. (Nur bitte Vorsicht walten lassen. Sie können mit dem Fuchsbandwurm infiziert sein.)

Auf den Arber zu

Nun geht's steil bergauf. Nächster Tausender ist der 1285 m hohe Enzian mit seinem kahlen Gipfel, wo erneut ein Gipfelbuch auf den Eintrag wartet. Das nächste Ziel, der Kleine Arber (1384 m), ist nun deutlich auszumachen. Wieder durchquert der Weg ein Hochmoor, teils auf Holzstegen; er führt durch Hochwald, Beerensträucher und Habergras. Am Gipfelkreuz genießen die Wanderer die Fernsicht, der große Bruder ist nun ganz nah. Noch ein Gipfelbucheintrag, dann steigt man hinunter auf 1300 m zur Jugendherberge Chamer Hütte. Dort hat man die Qual der Wahl: Über die ›Himmelsleiter‹ wandert man steil und direkt über Stufen zum Gipfel des Großen Arber (1456 m). Weniger anstrengend ist der Weg über die Bodenmaiser Mulde.

Der König des Bayerischen Waldes

Der Große Arber besteht aus vier Felsgruppen: Der Hauptgipfel mit Kreuz türmt sich über dem Schutzhaus; der Felskopf an der Arberkapelle heißt Großer Seeriegel. Im Südwesten steht der dem Komponisten tatsächlich ähnelnde Richard-Wagner-Kopf und westlich davon der Kleine Seeriegel. Der Rundblick reicht weit übers bayerisch-böhmische Grenzgebirge. Der Große Arber ist der einzige Berg des Bayerischen Waldes, der über die klimatische Waldgrenze reicht; das ist allerdings nicht der Grund für seine kahle Kuppe – die ist Abholzungen für die Weidewirtschaft zu danken. Im Winter verwandeln sich die von den ungehindert über den Arber tobenden Winden gebeugten Krüppelfichten in Arbermandl, Sagengestalten aus

Schnee und Eis. All diese Naturherrlichkeit leidet unter den Funkmasten und Radarantennen. Sie sind Relikte des Kalten Krieges, in dem der Große Arber die Lauschstation der westlichen Welt hinüber in den Ostblock war.

Einkehr und Abstieg

Fünf bis sechs Stunden Weg stecken in den Knochen, da kommt die Arberschutzhütte (1358 m) für eine Rast gerade recht, bevor der Abstieg zum Brennes beginnt. Das Ehepaar Ignaz und Somrudee Fischer führt die Schutzhütte seit 1981 – er ein waschechter Bayer, sie eine waschechte Thailänderin, was zusammen ein überaus herzliches Gastgeberpaar ergibt. Dass Frau Somrudee im tiefsten Innern ihrer Kochseele bayerisch empfindet, stellt sie gerne mit Pichelsteiner Eintopf und Saurem Lüngerl unter Beweis. Dass sie die Thai-Küche nicht vergessen hat, belegen ihre delikaten Currypasten, die man auf der Hütte kaufen kann. Und wer Lust hat, einen einzigartigen Sonnaufgang über dem Rachel zu sehen, der kann einfach hier oben übernachten (Arberschutzhütte, 94252 Bayerisch Eisenstein, Tel. 09925 90 40 10, www.arberschutzhaus.de, Dez.–Okt. tgl. ab 10 Uhr, Hauptgerichte um 6 €, DZ mit Dusche/WC 50 €).

Am Arberschutzhaus gibt's die Möglichkeit, in der Kabinenbahn gen Tal zu gleiten (Infos s. S. 176). Die Wanderer machen sich auf zum ›Schmugglerpfad‹ und steigen über den Arbernordhang und vorbei an der Lamer Bergwachthütte und dem Sonnenfelsen in etwa einer Stunde hinunter zum Brennes (hier Wanderbushaltestelle).

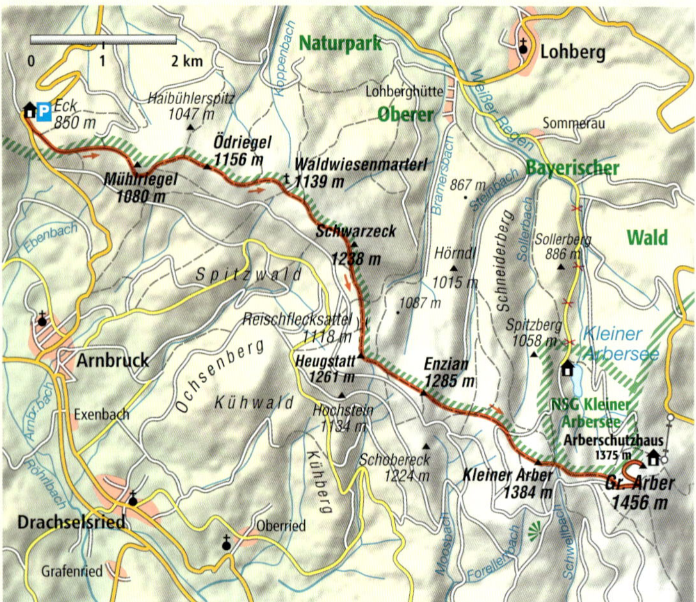

landschaftlich schönsten Strecken Bayerns. Sie ist das Relikt einer Ende des 19. Jh. gestarteten Privatbahnlinie, die mangels Rentabilität eingestellt werden musste. In den 1990er-Jahren übernahm ein Verein die Wanderbahn und sorgte dafür, dass die Züge zumindest in der Hochsaison an den Wochenenden wieder fahren. Den Fahrplan kann man auf www.wanderbahn.de einsehen; Rückfragen beantwortet Herr Maier unter Tel. 0170 242 50 13.

Gläserne Scheune ▸ J 8

Rauhbühl 3, Tel. 09942 81 47, www.glaeserne-scheune.de, April–Sept. tgl. 10–17, Okt.–März tgl. 10–16 Uhr, 4,50 €

Der berühmte Viechtacher Künstler Rudolf Schmid (geb. 1938 in Deggendorf) hat sich mit der **Gläsernen Scheune** in Rauhbühl am Hang nördlich des Schwarzen Regens ein Denkmal gesetzt. Eine alte Scheune baute er im Laufe der letzten knapp 30 Jahre zu einem Gesamtkunstwerk aus, dessen Glasbilder und Skulpturen um christliche und heidnische Themen des Bayerischen Waldes kreisen. Glaswände erzählen von Agnes Bernauer, vom Bayerwaldpropheten Mühlhiasl und vom Räuber Heigl, der eine Art bayerischer Robin Hood gewesen sein soll. Die Scheune ist ein schillerndes und faszinierendes Werk und so eigenwillig-querköpfig, wie's einem Niederbayern ansteht.

Naturschutzgebiet Großer Pfahl ▸ H/J 8

Westlich von Viechtach und nördlich der B 85 in Richtung Cham liegt das Naturschutzgebiet, wo man auf zwei Lehrpfaden die Besonderheiten des ›Drachenrückens‹, wie der Volksmund den Pfahl nennt, studieren und einen aufgelassenen Quarzsteinbruch besichtigen kann (s. auch Panorama S. 47).

St. Englmar ▸ H 8/9

Naturerlebnispark Waldwipfelweg: Tel. 09965 800 87, www.waldwipfelweg.de, April–Okt. 10–19, Nov.–März 11–16 Uhr, 6 €; Sommerrodelbahn: Grün 10, Tel. 09965 12 03 www.sommerrodeln.de, Mitte April–Ende Okt. 10–18, Mitte Juli–Ende Aug. 9–19 Uhr, Rodeln 2,30 €

In Sankt Englmar, 13 km südlich von Viechtach, wird an Pfingstmontag das Englmari-Suchen zelebriert: Diese Pfingstwallfahrt mit Viehsegnung geht auf eine Legende zurück, nach der hier um 1100 der selige Engelmar von einem Gefährten erschlagen und unter Reisig versteckt wurde. Als der Leichnam endlich entdeckt war, verbreiteten sich Geschichten über Wunderheilungen an seinem Grab. Und so ziehen auch heute noch jedes Jahr die Englmarer mit ihrem Pfarrer auf den Kapellenberg, wo der Geistliche einen steinernen St. Engelmar findet und der Gemeinde zeigt. Danach werden Menschen und Vieh gesegnet. Die Gemeinde lockt aber auch mit sportlichen Attraktionen: Der kürzlich eröffnete **Waldwipfelweg** in Maibrunn bei Sankt Englmar führt in bis zu 30 m Höhe an den Baumwipfeln entlang rund 350 m durch den Wald. Und die **Sommerrodelbahn** am Egidi-Buckel ist superschnell und mit allerlei Finessen ausgestattet; jüngste Attraktion ist der Bayerwald-Coaster. Außerdem sorgen Bungeetrampolin und Bumperboote, eine Art Autoskooter auf dem Wasser, für Riesenspaß.

Durchs Zellertal

► J 7/8

Der schnellere Weg ins benachbarte Zellertal verläuft auf der Regionalstraße 2326 nach Arnbruck. Landschaftlich viel reizvoller ist allerdings die Strecke über Rauhbühl und Schönau nach Grafenried, die bei Drachselsried das Zellertal erreicht. Auf dieser Route liegen noch hübsche Bauerndörfer mit großen Höfen und hier und da sieht man auch eines der typischen Waldlerhäuser. Das Zellertal mit den Gemeinden **Drachselsried** und **Arnbruck** ist eine reizvolle Wanderregion mit zahllosen gut markierten Wegen. Mit dem Riedelstein (1132 m) im Norden und dem Großen Arber (1456 m) im Osten lockt es auch konditionsstarke Bergwanderer und der Kaitersberg (s. S. 157) im nordwestlichen Teil des Tals ist mit seinem Höhenwanderweg und den Freeclimberrouten eine Herausforderung für Schwindelfreie. Infos zum Zellertal auf http://cms.zellertal-online.de.

Übernachten

Gepflegte Tradition – **Sport- und Ferienhotel Riedlberg:** Riedlberg 1, 94256 Drachselsried, Tel. 09924 70 35, www.riedlberg.de, 39 Zi., DZ ab 100 €. Wellness und Animation in einem alteingesessenen Familienbetrieb mit großem Indoorpool, Saunabereich, beheiztem Außenpool und Freizeitangebot.

Lamer Winkel ► J/K 7/8

Auch das grenznahe Tal um den Luftkurort **Lam** zwischen Großem Arber und Großem Osser (1293 m) zählt zu den beliebten Feriengebieten des Bayerischen Waldes. Acht Gipfel über tausend Meter befinden sich im Umkreis von Lam, und mit entsprechender Kondition können Wanderer diese acht an einem Tag erobern (Routenbeschreibung s. Entdeckungstour S. 170). Herrliche Wanderungen lassen sich auch um den und am **Großen** und **Kleinen Arber** (1384 m) unternehmen, so zum **Kleinen Arbersee** mit seinen ›schwimmenden Inseln‹: Die ehemaligen, bis zu 3 m dicken Verlandungszonen lösten sich vom Ufer, als der See im 19. Jh. für die Trift aufgestaut wurde.

Märchen- und Gespensterschloss ► K 7

Lambach, Tel. 09943 35 41, www.maerchenschloss-lambach.de, April–Okt. tgl. 10–17 Uhr, 3 €

In der ehemaligen Jugendstilvilla eines Glasbarons sind Szenen aus bekannten Märchen nachgestellt. Gelegentlich gibt's ›Märchenstunden‹ und Vorstellungen einer Puppenbühne.

Hochseilpark Lam ► K 7

Himmelreich, Tel 09941 770 10 52, www.die-erlebnis-akademie.de, nur nach Voranmeldung, 4-stündige Tour 50 €

Größere Kinder und Jugendliche finden die Anlage im Vorort Himmelreich sicher spannend. Nach Vorbereitung und Sicherheitseinweisung geht's gut gesichert über allerlei Hindernisse.

Bayerwald-Tierpark ► K 7

In der Nachbargemeinde Lohberg, Tel. 09943 81 45, www.lohberg.de, tgl. 9–17 Uhr, 4 €

Bekommt man mit etwas Glück zu Gesicht: Fischotter im Bayerwald-Tierpark

Nicht nur Kinder haben ihre Freude an dem Tierpark, in dem die im bayerisch-böhmischen Grenzgebirge heimischen Tierarten vertreten sind.

Wanderung auf den Großen Osser ▶ K 7

Bei dieser 13 km langen Rundwanderung sind rund 750 m Höhenunterschied zu bewältigen. Mit vier bis fünf Stunden ist zu rechnen; unterwegs gibt es Einkehrmöglichkeiten. Ausgangspunkt ist die Touristeninformation in Lam (550 m). Man folgt der Lambacher Straße und geht stetig bergauf bis zur Mariahilfkapelle (814 m), in der hübsche Glasfenster an die Zeit erinnern, als Lam noch ein Glasmacherort war. Hier lädt der Berggasthof Zur Rast zu einer Pause, bevor man durch den Hopfenwald nach Lambach mit dem Märchen- und Gespensterschloss (s. S. 174) weiterwandert. Von dort wird der Weg etwas steiler; er erreicht die Künische Kapelle, die den Grenzverlauf zu Tschechien markiert, und schließlich die Osserhütte (1293 m). Ein Felsgrat führt das letzte Stück hinüber zum Gipfel. Der Panoramablick über Bayerischen Wald und Böhmerwald ist einfach atemberaubend. Auf dem Abstieg stattet man dem Kleinen Osser (1266 m) einen Besuch ab und folgt dann den Wegweisern zur Osserwiese (1170 m) mit herrlichem Blick über den Lamer Winkel. Über den Wanderparkplatz Sattel (933 m) und Mariahilf geht's zurück nach Lam.

Übernachten

Es gibt eine Vielzahl von Hotels, Pensionen und Ferienwohnungen; Infomaterial bei der Touristeninformation.

Infos

Touristeninformation: Marktplatz 1, 93462 Lam, Tel. 09943 777, www.lam.de. Detaillierte Wanderkarten und Tourenvorschläge sowie Infomaterial zu Unterkünften.

Zelenznà Ruda
Billiges Benzin, preiswerte Shoppingmöglichkeiten – Bayerisch Eisensteins tschechische Zwillingsstadt lockt Besucher mit angeblichen Schnäppchen! Doch die Benzinpreise in den grenznahen Tankstellen liegen nur wenige Cent unter den deutschen, beim Umrechnen wird gerne etwas geschummelt und das vielgepriesene Shoppingangebot besteht aus einem Heer von Asia-Läden, die in erster Linie Billigstramsch verkaufen.

Bayerisch Eisenstein

► K 8

Im 16. Jh. erstmals urkundlich erwähnt, ist Bayerisch Eisenstein (1100 Einw.) dank seiner Lage am Fuß des Großen Arbers ein beliebter Sommer- wie Winterferienort. Von jeher war das Städtchen aber auch Zankapfel zwischen Bayern und Böhmen. Mit dem Bau der Eisenbahn von Plattling nach Pilsen 1877 schien es für Bayerisch Eisenstein aufwärts zu gehen; der große wilhelminische Bahnhof wurde exakt auf der Staatengrenze errichtet – was mit dem Fall des Eisernen Vorhangs zur Folge hatte, dass die tschechoslowakische Hälfte plötzlich nicht mehr zugänglich, der Bahnverkehr damit unterbrochen war. Erst 1991 wurde der Bahnbetrieb wieder aufgenommen und seit Tschechiens Beitritt zur EU und zum Schengenabkommen ist der Grenzübertritt problemlos möglich.

Bayerischer Localbahn Verein
Bahnhofsstr. 44, Tel. 09925 13 32, www.localbahnverein.de, Mai/Juni und Sept./Okt. Do–So, Juli/Aug. tgl. 11–15, Febr./März nur Sa/So 11–15 Uhr, 3 €
Die Lokschuppen dienen als Ausstellungsgelände für historische Lokomotiven und Waggons.

Großer und Kleiner Arber ► K 8

Arberbergbahn, Tel. 09925 941 40, www.arber.de, im Sommer 9–16.30 Uhr, Berg- und Talfahrt 9.50 €, im Winter Tageskarte 24 €
Auf den Großen Arber führt eine 6-er Gondelbahn vom Großen Arbersee aus. Um das Gipfelplateau kann man einen netten Spaziergang unternehmen. Empfehlenswert ist die Wanderung hinüber zum Kleinen Arber und von dort z. B. über die Risslochfälle nach Bodenmais. Im Winter befördert ein Schlepplift Skifahrer bis zum Gipfelplateau; Nord- und Sonnenhang sind durch Sessellifte erschlossen.

Übernachten

Haus mit Tradition – **Sporthotel Brennes:** Brennes 1, Tel. 09925 256, www.sporthotel-brennes.de, DZ ab 80 €. Illustre Persönlichkeiten haben diesem ruhig am Fuß des Großen Arbers gelegenen Haus die Ehre erwiesen. Als Ausgangspunkt für Wanderungen ideal!

Infos

Touristeninformation: Schulbergstr. 1, 94252 Bayerisch Eisenstein, Tel. 09925 94 03 16, www.bayerisch-eisenstein.com, Mo–Fr 8.30–12, 13–16.30, Sa/So/Fei 10–12 Uhr. Infos und Unterlagen zu Unterkunft und Aktivitäten.
Infostelle des Nationalparks Bayerischer Wald: Bahnhof Bayerisch Eisenstein, Bahnhofsstr. 54, Tel. 09925 90 24 30, Fax 90 24 31, Di–So 9.30–16.30 Uhr.

Die Infostelle zeigt eine interessante Ausstellung zu den beiden Nationalparks Bayerischer und Böhmerwald und zu ökologischen Themen.

Bodenmais ▶K 8

Auch dieser Ferienort punktet mit seiner Nähe zum Großen und Kleinen Arber – von Bodenmais ist der Aufstieg über die Risslochfälle zum ›Junior‹ besonders malerisch! Für Schlagzeilen sorgte Bodenmais 2008 allerdings nicht mit seinem Freizeitwert, sondern mit der Wahl seines neuen Bürgermeisters, der erstens als 23 Jahre junges SPD-Mitglied, zweitens als Protestant und drittens als bekennender Schwuler angetreten war und eine 18-jährige CSU-Dominanz beendete. Vielleicht kommt nun frischer Wind in die etwas gesichtslos wirkende Gemeinde, die in den 1960ern ihre Tourismus- und Bauboomblüte erlebte.

Bergwerk am Silberberg

Silberberg 28, Tel. 09924 304, April–Juni, Sept./Okt. 10–16, Juli/Aug. 10–16.45 Uhr, sonst nach Vereinbarung, Dauer der Führung 45 Min., 5,90 €

Ein Besuch ist besonders Familien zu empfehlen; Kinder haben viel Spaß an Stollen und Maschinen.

Langlaufzentrum Bretterschachten

Bretterschachten, 7 km auf der Arberseestraße nach Nordosten, www.bretterschachten.de

Im Winter ist die Region Bodenmais sehr schneesicher und vom Langlaufzentrum, in dem auch Profis trainieren, kann man bestens präparierte Loipen unter die Skier nehmen.

Übernachten, Essen

Genussoase – **Neue Post:** Kötztinger Str. 25, Tel. 09924 95 80, www.hotel-neue-post.de, Hauptgerichte 9–14 €, DZ ab 100 €. Die Neue Post gilt als Bodenmais' Feinschmeckeradresse. Allerdings schließt die Küche abends schon kurz nach 20 Uhr, man sollte also zeitig Essen gehen. Die Zimmer sind wie das Restaurant bayerisch-gemütlich eingerichtet.

Beliebtes Skigebiet – am Großen Arber

Lieblingsort

Panoramablick von der Ruine Weißenstein ▶ K 9
Die Burganlage zieht sich schmal und relativ steil zum höchsten Punkt des Pfahls bergauf zum Burgfried. Hier oben ist der Panoramablick einfach atemberaubend. Er reicht nach Süden weit über die Donau und in den Gäuboden, nach Norden türmen sich die dunklen Bergketten des Bayerischen Waldes. Meist sind wir hier oben alleine und sehen den Mauerseglern zu, die im wilden Flug ums alte Gemäuer jagen.

Sie haben zahlreiche Preise gewonnen und sorgen Jahr für Jahr mit neuen spannenden Touren dafür, dass die Erforschung des Nationalparks und seiner Umgebung ein lehrreiches Abenteuer für Kinder, Jugendliche und Erwachsene ist. Umwelt- und Sozialpädagogen, Biologen, Landschaftsökologen, Künstler, Fotografen und Förster bilden das Team von WaldZeit e. V. Die engagierten Naturschützer zeigen ihren Gruppen das ökologische Zusammenspiel in der Waldwildnis.

Kinder, Kinder

Mehrere Touren richten sich an Eltern und Kinder, speziell an Väter und ihre Sprösslinge. Bei der Dreitageswanderung von Hütte zu Hütte im Herzen des Nationalparks lernen die Kinder, Wildspuren zu erkennen. Sie schnitzen sich ihre eigenen Wanderstöcke oder lösen zusammen mit Papa knifflige Naturaufgaben. Am Abend wird's am Lagerfeuer dann richtig gemütlich und auch ein bisschen unheimlich, wenn Geschichten von Wilderern die Runde machen. Bei der viertägigen Märchentour durch die Waldwildnis steht das Geschichtenerzählen im Vordergrund. Aus dem Rauschen eines Baches oder dem Ruf eines Vogels webt WaldZeit-Erzähler Volker Padalong faszinierende Märchen. Spielerisch und fantasievoll lernen dabei auch jüngere Kinder, die Natur zu begreifen.

Wildniscamp

Ausgangspunkt für die meisten Touren von WaldZeit ist das Wildniscamp am Großen Falkenstein – in den Themenhütten finden jeweils sechs Leute Platz; Duschen, Küche etc. gibt's im Gemeinschaftshaus. Wer mag im Wiesenbett wohnen? Die Hütte ist geformt wie ein kieloben liegendes Boot, geschlafen wird auf Heu. Oder ist eher der Lichtstern das Richtige? Die sternförmige Hütte besitzt bunte Glasfenster und ein gläsernes Kuppeldach. Begehrt ist natürlich das Baumhaus, dessen Bewohner in 11 m Höhe in Hängematten schlafen. Alle sechs Themenhütten sind mit sechs bzw. sieben Schlafgelegenheiten ausgestattet; einige sind beheizbar. Und wer nicht selbst kochen möchte, kann sich vom Küchenteam des Wildniscamps mit ausgewogener regionaler Küche verwöhnen lassen. Übernachtungen im Wildniscamp können von Gruppen auch individuell organisiert und gebucht werden. Infos und Belegungspläne unter www.waldzeit.de, telefonisch ist das Camp unter Tel. 09925 90 31 21 erreichbar. Schulklassen zahlen z. B. 5 €/Pers./Nacht für Unterkunft und Betreuung.

Wildniswandern

In sechs Tagen von Hütte zu Hütte wandernd führt WaldZeit die Teilnehmer der Tour ›Wildnis verbindet Länder‹ durch die Nationalparks Bayerischer Wald und Šumava. Im Bayerischen Wald begegnet man in den Regionen, die sich selbst überlassen wurden, den wieder sprießenden Urwäldern und erlebt, dass die Zerstörungen durch Borkenkäferfraß und Windwurf neues Leben keimen lassen. Im tschechischen Šumava durchquert die Gruppe eine Landschaft, deren prägendes Merkmal Hochmoore sind.

Kunst und Natur

Das ungewöhnlichste Programm von WaldZeit ist der Workshop LandArt unter Leitung zweier Künstler: Die Teilnehmer schaffen Kunst aus den Materialien, die von der Natur bereitgestellt werden. Die kreative Auseinandersetzung fördert das Verständnis der Naturprozesse – und sie macht Spaß!

sind die günstigsten für die Pflanzenwelt: Sie sind trockener als die Täler und nicht so lange Frost und Schnee ausgesetzt wie die Gipfelregionen. Der ursprüngliche Bewuchs der Bergmischwälder aus Buchen und Tannen wurde mit den wirtschaftlicheren Fichten aufgeforstet. Dazwischen wachsen auch Bergahorn, Esche und Eibe. Die kalten, Wind ausgesetzten Gipfelregionen über 1150 m gehören wieder den Fichten, die als einzige den klimatischen Bedingungen trotzen. Sie sind es auch, die durch Borkenkäferbefall am heftigsten in Mitleidenschaft gezogen werden.

Schachten und Filze

Schachten nennen die Waldler almenähnliche Wiesen, auf denen vorrangig Jungvieh weidete. Bis in die 1950er-Jahre wurde die Tradition, das Vieh im Sommer ins Waldgebirge zu treiben, gepflegt. Die dabei teils durch Rodung, teils durch Viehfraß entstandenen Schachten sind heute lichte Inseln in der Waldwildnis und werden als Zeugen der früheren Nutzung erhalten. Im Gipfelbereich des Bayerisch-Böhmischen Waldes, der fast wie ein Hochplateau abgeflacht ist, haben sich Hochmoorlandschaften gebildet, die man Filze nennt. Sie sind Heimat seltener Pflanzenarten wie des Sonnentaus. Von Buchenau aus erschließt der Rundwanderweg ›Schachten und Filze‹ (2,5 km, s. S. 196) diese beiden neben dem Wald charakteristischen Landschaftsformen.

Tier- und Pflanzenwelt

Früher lebten Wildpferde, Wisente und Elche in den Wäldern, Bär und Wolf waren im Bayerischen Wald zu Hause. Heute sind all diese Wildtiere ausgerottet und nur noch in den Tierfreigehegen der beiden Nationalparkzentren Haus zur Wildnis und Hans-Eisenmann-Haus zu sehen. Wanderer können in den Wäldern Rehen und Wildschweinen begegnen, einen Fischotter beobachten oder dem Schwarzstorch beim Nestbau zusehen. Den scheuen Luchs wird wohl kaum jemand treffen, aber dass er nun aus dem tschechischen Šumava in den Bayerischen Wald eingewandert ist, gilt als Indiz dafür, wie gut die Natur sich erholt. Blütenpflanzenreichtum sollte man im Bayerischen Wald nicht erwarten; die Böden sind nährstoffarm und waren deshalb auch nie wirklich für Ackerbau geeignet. In der Pflanzenwelt zählen die zähen Spezialisten: Moose, Farne und Pilze, die auf den sich zersetzenden Stämmen des Totholzes einen idealen Lebensraum vorfinden.

Trauer um den Hochwald

Offen gesagt: Wer in den Hochlagen des Nationalparks, beispielsweise am Lusen, wandert, dem tut das Herz weh angesichts der Zerstörung, die Borkenkäferbefall und Orkanböen hinterlassen haben. Die Nationalparkverwaltung gibt sich alle Mühe, in Broschüren, mit Infoausstellungen und Filmen in den Besucherzentren aufzuklären und den Besuchern des Nationalparks ihre Politik zu erläutern – schön ist der Anblick bei allen zu erwartenden zukünftigen Entwicklungen nicht. »Wer sich so ärgert, dass er ›nimmer hinschaun kann‹, wird vor lauter toten Bäumen den jungen Wald nicht sehen«, verteidigen sich die Naturschützer. Nicht der romantisch verklärte Hochwald mit gerade gewachsenen Fichten, Tannen und Buchen, in deren Laub und Nadeln das Sonnenlicht spielt wie in den Glasfenstern einer gotischen Kathedrale, erwartet Wanderer in einigen Kernregionen des Bayerischen Waldes, sondern tote Bäume, aber kein toter Wald. Am besten macht man sich also mit offenen Augen und ohne Enttäuschung auf die Entdeckungsreise durch diese vitale Kinderstube des Urwaldes!

Infozentren des Nationalparks

Idealer Einstieg für den Besuch des Nationalparks ist eines der beiden Informationszentren, das Hans-Eisenmann-Haus bei Neuschönau im südlichen Teil oder das Haus zur Wildnis bei Ludwigsthal im nördlichen Teil. Beide stimmen mit wechselnden Ausstellungen auf das Geschehen und den Naturschutz im Nationalpark ein und beide besitzen ein Tierfreigelände.

Ludwigsthal ►L 8

Haus zur Wildnis

94227 Ludwigsthal, Tel. 09922 50 02, www.nationalpark-bayerischer-wald.de, 26. Dez.–März tgl. 9.30–17, April–1. Nov.-Woche tgl. 9.30–18 Uhr

Das Besucherzentrum besticht durch seine der Umwelt angepasste Architektur. Im lichtdurchfluteten Inneren scheinen die Grenzen zwischen Architektur und Natur aufgehoben. Neben einem Infostand und wechselnden Ausstellungen gibt's ein 3-D-Kino, einen Erlebnisraum zum Tasten, Fühlen, Riechen sowie einen Laden. Im Restaurant kommen köstlich zubereitete Bioprodukte aus der Umgebung auf den Tisch (Hauptgericht um 8 €).

Tierfreigehege

Immer zugänglich

Der 2,5 km lange Rundweg führt vorbei an Luchs- und Wolfsgehege zu Wildpferden und Urrindern. In der ›Steinzeithöhle‹ erinnert eine Kopie der Felsmalereien aus dem südfranzösischen Chauvet daran, welche Bedeutung eben diese Tiere für unsere Vorfahren hatten. Überdachte Stege und ein Aussichtsturm erleichtern auf der Rundtour die Beobachtung des Wildes.

Wölfe sind nur noch in den Tierfreigehegen des Nationalparks zu sehen

Neuschönau ► M 9

Hans-Eisenmann-Haus

Böhmstr. 35, 94556 Neuschönau, Tel. 08558 961 50, www.nationalpark-bayerischer-wald.de, Mitte Mai–1. Nov. 9–17, 25. Dez.–14. Mai 9–16 Uhr, Nov./Dez. geschl.

Das 1982 gegründete Infozentrum bietet umfangreiches Hintergrundmaterial zum Nationalpark sowie Flyer und Wanderkarten zu den Rundwegen im Naturschutzgebiet. Eine Dauerausstellung informiert über das Ökosystem Wald und zeigt an einem Bodendiorama, wie das Recycling im Wald funktioniert. Ton-/Bildschauen und Videos sowie eine umfangreiche Bibliothek ergänzen das Angebot.

Tierfreigelände

Immer zugänglich

Im 200 ha große Areal zeigen großzügig bemessene Gehege und Volieren die im Bayerischen Wald heimische Tierwelt. Für den rund 7 km langen Rundweg sollte man sich ausreichend Zeit nehmen, wenn man Wild beobachten möchte, denn die Tiere sind scheu und nutzen die Deckung, die ihnen Wald und Büsche bieten. Zu den spektakulären Bewohnern zählen Wölfe, Braunbären und Luchse. Wisente waren früher die natürlichen Grasmäher im Wald, Wildschweine leisten bis heute wichtige Rodungsarbeit. Auch gefiederten Waldbewohnern wie Uhu, Kauz und Kolkrabe kommt eine Rolle in der Ökologie des Waldes zu.

Unser Tipp

NaturVision

Angefangen hatte es als Minifestival des Naturfilms; heute ist die von Ralph Thoms konzipierte Veranstaltungsreihe ein Pflichttermin für alle, die sich für Naturfotografie und Dokumentarfilm interessieren, ebenso wie für alle Kreativen dieser Branche. Jedes Jahr im Juli verwandelt sich das Hans-Eisenmann-Haus in ein Film- und Event-Centre. Spannende Dokumentationen führen von diesem Herzpunkt des Bayerischen Waldes einmal rund um den Globus; Informationen zum Festival NaturVision gibt's unter www.naturvision.de.

Pflanzen- und Gesteinsfreigelände

Immer zugänglich

Gleich am Eisenmann-Haus beginnt ein Freigelände mit den charakteristischen Landschaftsformen und ihren Pflanzen und Gesteinen. Sowohl Hochmoore wie Schachten, Bergmischwälder und wieder aufkeimende Urwälder lassen sich hier in Natura erforschen. Selbst die Felsblockhalde auf dem Lusen findet sich in diesem Freigelände, natürlich in Miniaturversion.

Freilichtmuseum Finsterau

Museumsstr. 51, 94151 Finsterau, Tel. 08557 960 60, www.freilichtmuseum.de, 25. Dez.–April 11–16, Mai–Sept. 9–18, Okt. 9–16 Uhr, 4 €

Das Museumsdorf liegt 16 km von Neuschönau entfernt im Nordosten an der Grenze des Nationalparks. Zehn historische Bauernhöfe aus allen Regionen des Bayerischen Waldes dokumentieren, wie Bauern vor 100 bis 300 Jahren lebten. In der aus dem 18. Jh. stammenden Dorfschmiede schwingt ab und an ein Schmied den Hammer, im Kapplhof dürfen Besucher beim Brotbacken mitmachen und im Stall vom Tanzer-Hof warten die Kühe darauf, auf die Weide gelassen zu werden. In

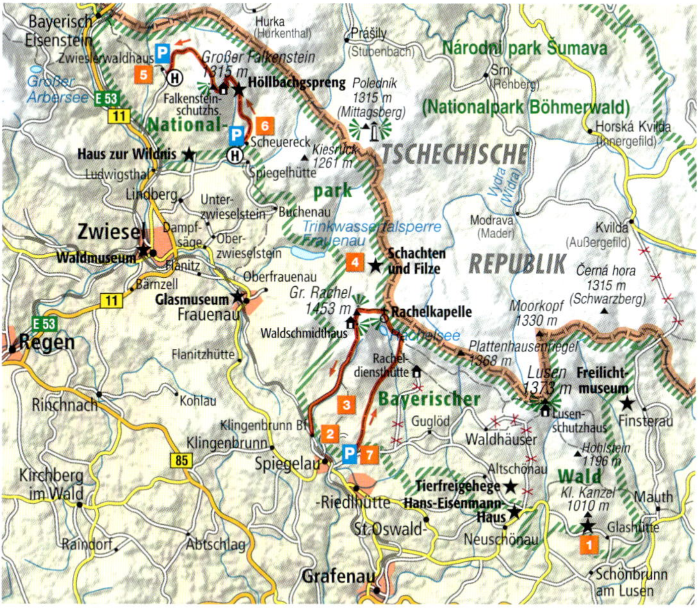

Erlebniswanderungen und Wanderung auf den Großen Rachel

den Kräuter- und Blumengärten wachsen alte Kulturpflanzen und in vielen Stuben und Küchen darf man Einrichtung, Geschirr oder Wäsche anfassen.

Erlebnis-wanderungen ▶ L/M 8/9

Auf den Erlebniswanderwegen lernen Besucher landschaftliche Besonderheiten des Nationalparks kennen. Schrifttafeln erläutern Flora, Fauna und Geologie.

Felswandergebiet 1

Im Südosten des Nationalparks bei Schönbrunn am Lusen, Igel-Bushaltestelle und Parkplatz Jugendwaldheim (817 m)

Der Rundweg ›Haselhahn‹ führt in etwa 1,5 Std. und mit einem Höhenunterschied von 170 m durch eine von Felsblöcken und -türmen geprägte Waldregion mit der markanten Kleinen Kanzel (1010 m) als höchstem Punkt. Inseln mit urwaldartigem Bewuchs lassen erahnen, wie es im Bayerischen Wald früher einmal ausgesehen haben mag.

Aufichtenwaldsteg 2

Im Süden des Nationalparks bei Spiegelau, Parkplatz Waldspielgelände, Igel-Bushaltestelle Aufichtenwaldsteg

Eine kurze Rundtour durch eine typische Talmulde mit Fichtenwald. Die Wurzeln sind flach und bieten wenig Halt. Deshalb sieht man hier auch viele umgestürzte Fichten.

Lieblingsort

Alte Rezepte, gar nicht museal – Tafernwirtschaft Ehrn ► M 9
Höhepunkt des sinnlichen Geschichtsunterrichts im Freilichtmuseum Finsterau ist dieses historische Gasthaus mit Stube und Kachelofen. Wirt Thomas Kröber kocht nach alten bayerischen Rezepten, z. B. eine Knoblauchsuppe oder herrlich krosse Gänsebrust mit Pflaumensauce. Für seine duftig lockeren Germknödel (Hefeknödel) mit Vanillesauce könnten wir stehlen! Was uns noch gefällt: Die urgemütliche Atmosphäre in der Gaststube, in der oft auch die ›Ranger‹ aus dem Bayerischen Wald und dem böhmischen Šumava gemeinsam Mittagsrast halten. Und der Blick auf die alten Bauernhöfe vor dem dunklen Waldgebirge im Biergarten. (Tafernwirtschaft Ehrn, Tel. 08557 377, Öffnungszeiten wie Museum, Hauptgerichte um 9 €.)

Tafernwirtsch
– Ehrn –

Seelensteig 3

Im Süden des Nationalparks bei Spiegelau, Parkplatz Waldspielgelände, Igel-Bushaltestelle Seelensteig
Auf rund 1,5 km führt ein Holzsteg durch die Bergmischwälder am Fuß des Rachels, die ein Sturm 1993 zerstört hat. Hier kann man erleben, wie der Wald sich regeneriert. Aus dem Windwurf-Chaos entstand in 15 Jahren ein Märchenwald.

Schachten und Filze 4

In der nördlichen Nationalparkhälfte direkt an der tschechischen Grenze
Dieser Wanderweg ist entweder auf einer Tageswanderung ab Oberfrauenau oder von Buchenau aus erreichbar (jeweils 3 Std. bis zum Ausgangspunkt Hohenschachten). Schneller gelangt man mit dem Fahrrad zum Ausgangspunkt Fahrradparkplatz am Hohenschachten (1110 m). Der Rundweg selbst dauert etwa 45 Min. und überquert die Almwiese Hochschachten, um danach auf einen Bohlenweg über das Latschenfilz einzuschwenken. Über Kohlschachten und durch Bergmischwald kehrt man zum Ausgangspunkt zurück.

Urwald-Erlebnisweg/ Watzlik Hain 5

Im Nordwesten, Parkplatz und Falkenstein-Bus Zwieslerwaldhaus
Dieser Teil des Bayerischen Waldes um den Großen Falkenstein war bereits im 19. Jh. eine Art Naturschutzgebiet; hier konnte sich die Natur teils über 150 Jahre hinweg ungestört vom Menschen regenerieren. Durch die Urwälder führen mehrere kurze Themenwanderwege, so zum Urwaldgebiet Mittelsteighütte oder über den Watzlik-Hain mit mehrhundertjährigen Baumriesen zum Schwellhäusl.

Unser Tipp

Durchs Höllbachgespreng auf den Falkenstein ► L 8

Die rund 10 km lange Bergtour (4–5 Std.) erfordert Kondition und Trittsicherheit, belohnt aber mit faszinierenden Einblicken in die Natur des Bayerischen Waldes. Start ist die **Falkenstein-Bushaltestelle Scheuereck** 6, von wo es der Markierung ›Silberblatt‹ folgend stetig bergauf und nach einiger Zeit am Höllbach entlang geht. An der Höllbachschwelle, einem kleinen, für die Holztrift angelegten See, führt die Markierung ›Heidelbeere‹ steil bergauf in die Felsen des Höllbachgesprengs, dem ›Ursprung‹ des Höllbaches, mit seinen malerischen Wasserfällen. Hier überquert der Weg den Höllbach auf Trittsteinen und führt dann in steilen Serpentinen (Trittsicherheit!) durch urwaldartiges Gebiet mit Felsbrocken, Baumriesen, Totholz und riesengroßen Baumpilzen. Nach 100 m Intermezzo auf einer Forststraße nehmen wir erneut den Heidelbeerenwanderweg auf, der hier nun durch Bergfichtenwald bergan steigt, sich dann etwas senkt und das Falkenstein-Schutzhaus mit dem Gipfel des Großen Falkensteins (1315 m) erreicht. Der Abstieg (Markierung ›Eibe‹) führt dann über den Kleinen Falkenstein (1190 m) hinunter zu den Steinbachfällen und durchs Urwaldgebiet Mittelsteighütte nach Zwieslerwaldhaus (Falkenstein-Bus).

Natur Natur sein lassen ...

Wanderung auf den Großen Rachel 7

Anstrengende Tageswanderung

► L 9

Länge 21 km, Gehzeit 8 Std.

Ausgangspunkt ist der Parkplatz Waldspielgelände Spiegelau, wo die Tour auf den höchsten Berg des Nationalparks der Markierung ›Ahornblatt‹ folgend zum Naturschutzgebiet Föhrau Filz hinaufführt. Moose, Wollgras und einige Latschen und Birken besiedeln dieses nährstoffarme Moor, das der Wanderweg aus Naturschutzgründen umrundet. Von einem Aussichtsturm aus lässt sich das Hochmoor überblicken. Nach Passieren des Filzes steigt der Weg am Hüttenriegel vorbei durch Bergwald zur Feistenberg-Schutzhütte, wo uns die Markierung Auerhahn weiter bergan zum Aussichtspunkt Bankl bringt. Kurz darauf mündet von rechts der von der Rachel-Diensthütte heraufführende Weg und wir überqueren den Seebach. Hier informieren Hinweistafeln über die Entstehung des Rachelsees in der letzten Eiszeit. Auf dem eiszeitlichen Moränenwall laufend ist schon bald der 1071 m hoch gelegene und von wahren Urwaldriesen gesäumte See erreicht. Nächstes Ziel des Auerhahn-Wegs ist die schlichte Rachelkapelle (1212 m), von der aus nun Steintreppen die letzten 230 Höhenmeter zum Gipfel des Großen Rachel (1453 m) hinaufführen

(5 Std.). Hier, über der Baumgrenze, reicht der Blick an klaren Tagen nach Osten weit über die Walddecke des Böhmerwaldes, nach Norden über Falkenstein und Osser bis zum Arber und nach Südwesten bis in die Donauebene. Eine deftige Brotzeit erwartet Wanderer im Waldschmidthaus (s. Infobox), zu dem man aber zunächst 15 Minuten den Auerhahnmarkierungen folgend absteigen muss. Dann orientieren wir uns an den Bärlappmarkierungen bergab, passieren ein Totenbrett und gelangen auf dem Klingenbrunner Rachelsteig steil bergab ins Flanitztal. Der Flanitz folgend erreicht man schließlich Klingenbrunn-Bahnhof und weiter entlang der Bahnlinie gehend (Markierung ›Fichte/Tanne/Buche‹) den Ausgangspunkt Spiegelau (3 Std.).

Wandern im Winter

In den Wintermonaten werden einige der Wanderwege in niedrigen Lagen geräumt bzw. gewalzt. Auch nicht geräumte Wege können je nach Ausrüstung und Kondition begangen werden; oft sind Schneeschuhe eine große Hilfe. Mauth und Zwieslerwaldhaus sind Ausgangspunkte gespurter Loipen; etwa 80 km werden vor allem in den Randbereichen des Nationalparks für Langläufer präpariert. Jeder, der im Winter unterwegs ist, sollte unbedingt auf den Wegen bleiben und es so weit wie möglich vermeiden, die von Frost und Ernährungsengpässen ohnehin geschwächte Tierwelt aufzuscheuchen. Deshalb sollte man auch die 10 km gespurten Wege in den beiden Tierfreigeländen möglichst rücksichtsvoll und ruhig begehen. Der Lohn: Das Wild hat im Winter natürlich wenig Deckung und lässt sich in dieser Zeit besser beobachten.

Tief durchatmen in 1453 m Höhe – am Gipfelkreuz des Großen Rachels

Geführte Schneeschuhtouren
Wer erste Schritte auf Schneeschuhen unternehmen möchte, sollte sich einer geführten Tour anschließen. Die Nationalparkverwaltung organisiert mehrmals pro Woche Exkursionen in die Winteridylle des Bayerischen Waldes (Auskunft bei den Besucherzentren).

Radtouren

Im Nationalpark führen rund 200 km Radwege vor allem durch die Randbereiche bzw. zu den Ausgangspunkten der Wanderungen. An diesen Stellen findet man Fahrradparkplätze mit sicherer Abstellmöglichkeit für zahlreiche Fahrräder. Als einziger höherer Gipfel des Bayerischen Waldes ist der **Große Falkenstein** Ziel einer Fahrradrundtour (anzufahren z. B. von Buchenau, ca. 65 km und insgesamt 1700 Höhenmeter, Beschreibung auf www.tourfinder.net). Als Geheimtipp unter konditionsstarken Tourenradlern bzw. Mountainbikern gilt der grenzüberschreitende **Nationalparkradweg** von Haidmühle im Südosten bis Bayerisch Eisenstein im Norden, der auf 31 km durch Tschechien führt. Die anspruchsvolle Tour ist 108 km lang, überwindet je nach Fahrtrichtung zwischen 1400 und 1600 Höhenmeter und verläuft zu zwei Dritteln auf unbefestigten Wegen.

Eine detaillierte Beschreibung gibt es unter www.bayernbike.de/touren/bayerischer_wald/nationalpark.shtml. Eine Karte der Radwege kann man von der Website des Nationalparks downloaden.

Das Beste auf einen Blick

Zwischen Donau und Bayerischem Wald

Highlights!

Dreiburgenland und Ilztal: Hoch über dem tief eingeschnittenen Tal der dunklen Ilz wachen mittelalterliche Burgen über historische Städtchen – ein romantisches Idyll mit herrlicher Natur. S. 221

Damenstiftskirche St. Margaretha in Osterhofen-Altenmarkt: Manch einer mag den Namen Asam nicht schon wieder hören und ist genervt vom barocken Überschwang – doch in dieser Kirche wird jeder Besucher der künstlerischen Magie der beiden Brüder erneut erliegen. Versprochen! S. 225

Auf Entdeckungstour

Im Archäologischen Erlebnispark Gabreta Kelte sein: Hier erleben Groß und Klein was es hieß, im 4. Jh. v. Chr. in Niederbayern zu überleben. S. 214

Im Glasmuseum in Frauenau – Geschichten rund ums Glas: Der Besuch im Glasmuseum Frauenau ist ein Rundgang durch die Kulturgeschichte des Glases. S. 218

Kultur & Sehenswertes

Barockbibliothek Kloster Metten: Muskulöse Atlanten halten die freskenbunte Decke davon ab, auf die wertvollen Bücher zu stürzen. S. 212

Schnupftabakmuseum im Grafenauer Stadtmuseum: Alltägliches und Skurriles rund um den Schmalzler. S. 217

Aktiv & Kreativ

Fahrradtour zur Isarmündung: Per Fähre und Rad geht es durch den ›bayerischen Amazonas‹. S. 207

Donau-Ilz-Radweg: Herrlich entspannen lässt es sich auf einer Fahrradtour durch den Vorwald. S. 208

Genießen & Atmosphäre

Schwingshackl's Ess-Kunst: Nicht vom Namen abschrecken lassen! Hier, in Bernried, wird Essen tatsächlich als Kunst zelebriert. Dafür gab's einen Michelin-Stern. S. 213

Mühlhamer Keller: Steckerlfisch am Donauufer von Osterhofen – idyllisch. S. 226

Abends & Nachts

Vulcano: Donnerstag bis Samstag tobt in dieser Disco in Aicha vorm Wald der Bayerwald-Bär auf drei Ebenen und in zwölf Bars. S. 206

Historische Landstriche und idyllische Natur

Landschaften erzählen Geschichte: Der fette Gäuboden und das Donautal sind Wohlstandsbringer seit alters her – Kelten, Römer und Bajuwaren siedelten sich an, Salzhändler verschifften ihre Ware, Holzfäller trifteten Bauholz, Herzöge und Bischöfe gründeten Städte an den wenigen Übergängen über den großen Fluss und Abteien, mit denen die Kolonisierung der dichten Wälder im Osten begann. Der Vorwald wurde mit Burgen befestigt gegen die Barbaren im Osten, Glashütten ließen sich nieder, die Grenzen der Zivilisation wurden immer weiter geschoben, bis auch das Waldgebirge von Handelsstraßen durchkreuzt, später dann auch als Forst kultiviert war. Noch heute ist diese Besiedlungsgeschichte präsent: hier das Donautal mit stolzen Städten wie Deggendorf und Vilshofen und einer Kette von Klöstern, dann der Vorwald mit dem malerischen Dreiburgenland, schließlich an der Nationalparkgrenze die Glasmacherorte. Wild ist natürlich kaum noch etwas: die dunkle Ilz mit ihrem malerischen Tal vielleicht und die Isarauen an der Mündung in die Donau – aber wie lange noch? Der große politische Streit gilt dem Donauausbau für den Schiffsverkehr auf diesem letzten natürlichen Teil des deutschen Donaulaufs zwischen Straubing und Vilshofen. Die Maßnahme würde die Schifffahrt und die Wirtschaft befördern, die Natur aber dramatisch schädigen. Vor allem das Naturschutzgebiet Isarmündung wäre davon betroffen.

Die Besucher erwarten viele herrlich angelegte Fahrradwege, urgemütliche Städtchen, zeitgenössische Glaskunst, ein weiterer Strauß Asamschen Kunstschaffens in Klöstern und Kirchen und die Erkenntnis, dass ein Sprichwort über die Niederbayern ziemlich genau zutrifft: Die Bayern, so wird gesagt, seien aus Tradition katholisch, die Niederbayern aus Trotz. Trotz wogegen? Doch sicher gegen den Versuch der Asam-Brüder, ihnen den einfachen Volksglauben mit einer Sintflut von Rocaillen, Putten und Pilastern gründlich auszutreiben. Nix für ungut!

Infobox

Internet
Touristische Informationen gibt www.ostbayern-tourismus.de, hier kann man Prospekte, Unterkunftsverzeichnisse und teils kostenlose Radtouren- und Wanderkarten anfordern. Der Bayerische Wald stellt sich auch auf www.bayerischer-wald.de vor.

Aktivitäten
Fahrradwege führen u. a. entlang der Donau; Fernwanderwege auf historischen Säumerstraßen von der Donauebene in den Vorwald, so der Gläserne Steig (Infos und Etappen zum Herunterladen gibt es unter www.bayerischer-wald-verein.de/wandern/glaes steig/etappen.htm). Kanuten finden am Regen und an der Ilz reizvolle Herausforderungen.

Verkehr
Bahnverbindungen ab Deggendorf nach Regen, Zwiesel, Bayerisch Eisenstein und nach Bodenmais bzw. Grafenau (www.bayern-fahrplan.de).

Deggendorf ►J 10

Aus luftiger Perspektive betrachtet, hat Deggendorfs Altstadt die Umrisse einer Birne; der breite Straßenmarkt mit dem Alten Rathaus in der Mitte durchschneidet sie von Nord nach Süd. 1002 wurde die Siedlung an einem natürlichen Donauübergang und gegenüber der Isarmündung erstmals erwähnt; Mitte des 13. Jh. ließ Herzog Otto II. die heutige Stadt anlegen und mit Mauern sichern. Diese fielen im 19. Jh. Deggendorfs Wachstum und Modernisierung zum Opfer, ebenso wie die meisten historischen Häuser am Markt. Dennoch lohnt sich ein Besuch der dynamischen Kleinstadt (31 000 Einw.), denn sie besitzt mehrere sehenswerte Kirchen, ein eigenes ›Kulturviertel‹ und das Erholungs- und Umweltschutzgebiet der Isarauen am gegenüberliegenden Donauufer.

Rund ums Rathaus

Oberer Stadtplatz und Luitpoldplatz bilden gemeinsam den breiten und 400 m langen Straßenmarkt im Herzen der Altstadt. Mittendrin steht das **Rathaus** mit dem gedrungenen, bereits im 14. Jh. errichteten Stadtturm. Treppengiebel und Fratzenköpfe an den Fenstern schmücken es, die an seiner Südfassade angebrachte Sonnenuhr verrät 1535 als Baujahr. Die beiden an Ketten befestigten Steinkugeln hängte man im Mittelalter Frauen um, die sich unsittlich benommen hatten. Sie sollen auch der Ursprung der berühmten Deggendorfer Knödelsage sein. Die beginnt mit der Belagerung der Stadt durch böhmische Truppen 1266. Während die Männer kämpften, bereiteten die Frauen, darunter auch die Gattin des Bürgermeisters, das Essen. Plötzlich sah die resolute Dame einen Böhmen über die Stadtmauer klettern. Entschlossen warf sie ihm das, was sie gerade zur Hand hatte, nämlich frischen Knödelteig, ins Gesicht. Die Böhmen zogen angesichts des offensichtlichen Überflusses an Nahrung im belagerten Städtchen ab. Knödel gibt's im Ratskeller auch, aber in erster Linie setzt der Küchenchef im Rathaus auf mediterrane Gerichte. Begehrt sind die Plätze am Freisitz vor dem historischen Bau (s. S. 206).

Hl. Grabkirche

Den Luitpoldplatz nach Süden beherrscht die gotische Kirche mit ihrem erst im 18. Jh. von Johann Michael Fischer vollendeten Barockturm. Erbaut wurde sie nach einer im Gotteshaus gefundenen Inschrift ab 1338, und zwar an Stelle der im gleichen Jahr zerstörten Synagoge. Damals waren die meisten jüdischen Bewohner des Ghettos ermordet worden – angeblich, weil sie zehn geweihte Hostien gestohlen und geschändet hatten. Zu den wie durch ein Wunder wiederaufgetauchten und in der Kirche verwahrten Hostien setzte sofort eine Wallfahrt ein, und weil Papst Bonifaz IX. 1401 einen fünftägigen Ablass gewährte, bekam das Gotteshaus den Beinamen die ›Gnad‹. Erst bei Renovierungen im 19. und 20. Jh. wurden alle auf den ›Judenfrevel‹ bezugnehmenden Inschriften und Bilder aus der Kirche entfernt. Dem Besucher präsentiert sich das Gotteshaus nun purifiziert mit strengen Gewölbebögen und einem aus verschiedenen gotischen Altären zusammengesetzten Flügelaltar.

Mariä Himmelfahrt

Die Stadtpfarrkirche steht ein Stück weiter nach Süden an der Unteren Vorstadt, Deggendorfs ältestes Siedlungsgebiet; sogar prächristliche Funde wurden gemacht und ein erstes Gotteshaus entstand wohl vor dem 10. Jh. Fresken und Stuck der heutigen Kirche aus der Mitte des 17. Jh. wurden nach Zerstörungen im Österreichischen Erbfolgekrieg 1748 erneuert. Im Innenraum begegnet der Besucher nach der schlichten Gotik der Gnad einem fast bäuerlichen Barock, den zwei Deggendorfer, der Freskant Joseph Wilhelm Seidl und der Stuckateur Christoph März, verantworteten. Für eine eigenwillige Raumwirkung sorgen die erstaunlich hoch eingesetzten Rundfenster, die den Hauptaltar wie Scheinwerfer beleuchten. Der wirkt in der eher zurückhaltend geschmückten Kirche wie ein Solitär. Tatsächlich fertigte ihn der Hofbildhauer Matthias Seybold nicht fürs ländliche Deggendorf, sondern für den Dom von Eichstätt. Die Deggendorfer kauften ihn Ende des 19. Jh. an.

Ins Kulturviertel

Den Östlichen Stadtgraben zurück nach Nordosten gehend erreicht man Deggendorfs ›Kulturviertel‹, ein ambitionierte Ensemble aus Stadtmuseum, Handwerksmuseum, dem Veranstaltungsort Kapuzinerstadl und der Stadtbibliothek in einem gelungenen Architekturmix aus Alt und Neu.

Stadt- und Handwerksmuseum

Stadtmuseum: Östlicher Stadtgraben 28, Tel. 0991 296 05 55, www.stadtmuseum-deggendorf.de, Di–Sa 10–16, So 10–17 Uhr, 1,50 €; Handwerksmuseum: Maria-Ward-Platz 1, gleiche Website, Öffnungszeiten und Eintritt

Die denkmalgeschützte Knabenschule im Jugendstil von 1901 ist ein gelungener Rahmen für die sehenswerten Ausstellungen: Themenkomplexe wie ›Siedler, Nonnen, Bürger‹ oder ›Deggendorfer Gnad‹ beleuchten die Stadtgeschichte; sakrale Kunstwerke, Wallfahrtsandenken, aber auch archäologische Funde aus dem Landkreis entwerfen ein spannendes historisches Bild. Zeitgenössische Kunst in der Stadtgalerie im Erdgeschoss bildet dazu einen interessanten Kontrast. Ebenfalls besuchenswert: das Handwerksmuseum schräg gegenüber.

Übernachten

Preiswertere Übernachtungsmöglichkeiten in Privatzimmern kann die Touristeninformation empfehlen. Auch in den beiden Gasthöfen in den Isarauen (s. Radtour S. 207) gibt's einfache Gästezimmer. Weitere Unterkunftsmöglichkeiten s. Umgebung von Deggendorf S. 213.

Zentral & mediterran – **Donauhof:** Hafenstr. 1, Tel. 0991 389 90, www.hotel-donauhof.de, 60 Zi., DZ ab 75 €. Die angenehmen Zimmer des Hotels am Donauhafen sind im mediterranen Stil eingerichtet, erdige, warme Farben schaffen eine heimelige Atmosphäre. Im Restaurant gibt es gehobene regionale Küche. Üppiges Frühstücksbüfett.

Ruhig & romantisch – **Burgwirt:** Deggendorfer Str. 7, Tel. 0991 300 45, www.hotel-burgwirt.de, 35 Zi., DZ ab 70 €. Mit komfortablen, farblich abgestimmten Themenzimmern, einem kleinen Wellnessbereich, einem Duftgarten auf dem Dach und einem Rosengarten im Hof präsentiert sich das südlich der Donau am Natternberg gelegene Haus als Wohlfühloase.

Essen & Trinken

Die besten Restaurants findet man in der Umgebung und an den Ausflugszielen rund um Deggendorf (s. S. 207). Im Ort selbst ist der Goldene Engel ein Muss.

Am Deggendorfer Markt, dem Zentrum der Stadt

Bodenständig & zentral – **Goldener Engel:** Oberer Stadtplatz 6, Tel. 0991 47 67, www.goldenerengel-deggendorf.de, tgl. 9–24 Uhr, Hauptgerichte 8–14 €. Auch dies ein Gasthaus mit Tradition, dazu schön am Hauptplatz gelegen und bei gutem Wetter mit Freisitz. Wer gerne Neues probiert: Gebackene Milzwurst oder panierte Kalbshaxenscheiben findet man nicht so schnell auf den Standardspeisekarten. Jeden zweiten und vierten Mittwoch im Monat bayerischer Musikabend.

Essen & Bar – **Ratskeller:** Oberer Stadtplatz 1, Tel. 0991 67 37, www.ratskeller-online.de, tgl. 9–1 Uhr, Hauptgerichte um 8 €. Bei schönem Wetter ist der Freisitz vor dem Rathaus begehrt, abends mutiert das Lokal zur beliebten Bar. Die Küche hält sich an italienische Rezepte.

Einkaufen

Frisch und gesund I – **Markt:** Auf dem Luitpoldplatz gibt es vormittags den täglichen Wochenmarkt; jeden Sa Vormittag ist Bauernmarkt am Oberen Stadtplatz.

Frisch und gesund II – **Hofmarkt Buchet:** Buchet 2, 94505 Bernried, 9 km nördlich von Deggendorf, Tel. 09905 248, www.wildberghof-buchet.de. Im Scheunenladen des Berghofs bieten über 100 Landwirte ihre Produkte vom Gemüse bis zur Wurst, vom Brot bis zu eingelegten Gurken an. Kinder freuen sich über den kleinen oder großen Rundwanderweg durchs Hirschgehege, über die Wisente und den Spielplatz.

Handgemacht – **Blaudruckerei Josef Fromholzer:** Marktstr. 1, 94239 Ruhmannsfelden, ca. 16 km von Deggendorf Richtung Viechtach/Cham, Tel. 09929 10 98, www.fromholzer.de. Von Hand bedruckte Stoffe mit den charakteristischen blauen Mustern aus dem Bayerischen Wald, verarbeitet zu Tischdecken, Servietten, Kissenhüllen – eine Schatztruhe traditioneller Handwerkskunst.

Abends & Nachts

Saturday Night Fever – **Headline:** Michael-Fischer-Platz 3, Tel. 0991 67 37, www.ratskeller-online.de/disco, Sa 23–4 Uhr. Einmal die Woche tobt Deggendorf im Headline bei House, Black-Beats und Classic. Dann bleibt auf den schicken Sofaecken und an der spiegelnden Bar kein Quadratzentimeter unbesetzt.

Mega-Disco – **Vulcano:** Arbing 26a, 94529 Aicha vorm Wald, Tel. 08544 910 90, www.disco-vulcano.de, Do–Sa ab 22 Uhr. Zugegeben, nicht der nächste Weg; etwas mehr als 20 km sind's in Niederbayerns größte und zurzeit angesagteste Disco. Auf 3500 m^2 und drei Ebenen kann man an 12 Bars abhängen, Billard spielen, sein Geld in Spielautomaten verbrennen oder zu den besten DJ-Sounds östlich der Donau abtanzen. Nur mit eigenem Auto erreichbar.

Infos

Touristeninformation: Oberer Stadtplatz, 94469 Deggendorf, Tel. 0991 296 05 35, www.deggendorf.de, Mo–Fr 9–12, 13–17, Sa 10–12 Uhr.

Bahn/Bus/Schiff: Zugverbindung Richtung Plattling und Bayerisch Eisenstein, Auskunft unter www.bahn.de; Busse Richtung Bischofsmais, Eging, Osterhofen etc., Auskunft unter www.vld-online.de (Abfahrt Hauptbahnhof); Donauschifffahrt Richtung Passau, Fahrplan unter www.donau

schifffahrt.de, Fahrradmitnahme ist möglich.

Nach Niederalteich und zur Isarmündung ►J/K 10

Diese Tour sollte man unbedingt mit dem **Rad** unternehmen. Mit dem Auto geht es zwar auch, dazu muss man allerdings in einem großen Bogen über Hengersberg, Osterhofen und Moos zum Infohaus an der Isarmündung fahren.

Der Ausflug startet entweder auf dem **Donauradweg** von Deggendorf nach Niederalteich (10,5 km), was allerdings wegen der autobahnnahen Führung der Radstrecke nicht besonders angenehm ist, oder aber um 9.45 Uhr mit dem Donauschiff (Uhrzeit ist Änderungen unterworfen, bitte verifizieren), das man eine halbe Stunde später in Niederalteich verlässt (Fahrradmitnahme 3 €). Hier steht auch gleich der erste Besichtigungspunkt auf dem Programm: Das **Kloster Niederalteich** ist eines der ältesten in Bayern und wurde 731 von Herzog Odilo als Vorposten zur Rodung des ›Nortwalds‹ gegründet. Im 13. Jh. wurde eine frühgotische Kirche erbaut, deren Spuren heute noch im Äußeren von **St. Mauritius** sichtbar sind. 1731 stand die Jahrtausendfeier vor der Tür und man barockisierte das Gotteshaus. Am Werk waren der Baumeister Johann Michael Fischer aus München, damals noch ein Newcomer, die Stuckateure Giovanni Battista und Sebastiano d'Allio und der Freskant Andreas Heindl aus Wels beteiligt. Dem Ergebnis fehlt jede barocke Schwere; geschickt eingesetzte Hell-Dunkel-Kontraste und ein Heer von Engelchen und Putten von geradezu schwebender Leichtigkeit verleihen der Kirche eine freudige, lichte Stimmung.

Über den großen Strom

Nun radelt man zurück an die Donau, wo die Fähre ›Altaha‹ Passagiere und Räder über den Fluss setzt (ca. Mitte April–Mitte Okt. Mo–Fr 10–18, Sa/So 9–18 Uhr, nicht bei schlechtem Wetter oder Hochwasser, 1 €).

In Thundorf nimmt man den Radweg **Via Danubia** auf, der in einem nord- und westwärts gewandten Bogen die Isarauen durchquerend zum Infohaus Isarmündung führt. Wer hier schon Müdigkeit in den Wadeln oder eine durstige Kehle verspürt, kann sich in der Waldschänke Grieshaus eine Pause gönnen (Grieshaus 1, Tel. 09938 359, Mi–Mo 11–22 Uhr, Wiener Schnitzel mit Pommes um 7 €). Rund 11 km sind's von der Fähre zum Ort Isarmünd, wo ein Stichweg nach Westen zur Isarmündung führt (5 km hin und zurück). Dann geht's weiter durch die stille und facettenreiche Landschaft der Isarauen, in der so viele seltene Pflanzen und Tiere beheimatet sind.

Donauausbau

Zwischen Straubing und Vilshofen liegt einer der letzten naturbelassenen Abschnitte der Donau, allerdings nicht mehr lange, wenn es nach dem Willen der Bayerischen Staatsregierung geht. Mit der Staustufe Aicha soll auch dieser Teil des Flusses für den schweren Lastverkehr kompatibel gemacht werden – ein Plan, gegen den Naturschützer im Verein mit Benediktinern, Landwirten und Tourismusmanagern Sturm laufen. Nicht nur, dass damit die natürliche Donau zerstört würde – die Staustufe hätte auch Konsequenzen für das Naturschutzgebiet der Isarmündung und dessen Auwälder. Über den aktuellen Stand informieren die Gegner im Internet: www.donau-ausbau.de.

Unser Tipp

Radeln auf dem Donau-Ilz-Radweg ▶ K–M 10/11
In Niederalteich startet die schönste Radtour im Vorwald (s. Karte): Auf 46 km geht es entlang einer stillgelegten Bahntrasse durch unberührte Natur und vorbei an den Orten Iggensbach, Schöllnach, Eging am See, Fürstenstein, Tittling nach Hutthurm. Die Radtour passiert das Dreiburgenland, führt am Museumsdorf Bayerischer Wald und an Pullman City vorbei und endet im Ilztal. Mit 300 Höhenmetern auf der Gesamtstrecke ist sie auch für Hobbyradler und Familien mit Kindern problemlos zu bewältigen. Die Strecke ist bis Tittling asphaltiert und bis dort auch von Inlineskatern gut zu benutzen. Das letzte Stück hat festen Sandbelag. Einziger Wermutstropfen ist der Weg zurück zum Ausgangspunkt: Entweder man kehrt auf dem Donau-Ilz-Radweg zurück oder man wählt den Ilztal-Höhenradweg nach Passau. Der aber enthält mehrere anspruchsvolle Passagen, ist also nichts für Untrainierte. In Passau kann man den Donauradweg aufnehmen oder aber aufs Schiff steigen. Infos: www.donau-ilz-radweg.de, www.bayernbike.de, www.donauschifffahrt.de.

Wer aufmerksam beobachtet, wird Blaukehlchen und Eisvögel entdecken, die Spuren des Bibers erkennen oder den raren Wilden Eisenhut zwischen dem Grün von Büschen und Lianen hervorspitzen sehen. Die Isarmündung ist Lebensraum von Barben und einigen Barscharten, die vom Aussterben bedroht sind. Auffällig ist die blauschimmernde große Königslibelle.

Heckrinder und Tellersülze

Nach weiteren 6 km ist am **Infohaus Isarmündung** Naturkundeunterricht angesagt (April–Okt. Mi–So 10–17 Uhr): Besucher folgen der Isar von der Quelle bis zur Mündung, begegnen in den Aquarien der typischen Unterwasserfauna und -flora und können Entdeckungsspaziergänge durch die Auenlandschaft unternehmen und dabei beispielsweise die Auerochsen bzw. Heckrinder beobachten. Die seit etwa 300 Jahren ausgerotteten Urrinder wurden in der ersten Hälfte des 20. Jh. rückgezüchtet, mit nicht hundertprozentigem, aber doch erstaunlichem Erfolg. Zur Einkehr empfiehlt sich die Gaststätte Grafenmühle mit Leberkäse, Tellersülze oder Kässpatzen (Maxmühle 1, Tel. 09938 531, Do–Di 11–22 Uhr, Hauptgerichte um 5 €).

Für die Rückfahrt nach Deggendorf bieten sich drei Möglichkeiten an: auf gleichem Weg zurück zur Fähre und dann per Schiff/Radweg weiter; vom Infohaus nach Süden bis Moos und dann ostwärts bis Thundorf zur Fähre (beide Strecken etwa gleich lang) oder aber auf dem Isarradweg nach Westen bis Plattling (12 km), wo man die Isar überquert und entlang des nördlichen Isarradwegs nach Deggendorf zurückradelt (15 km).

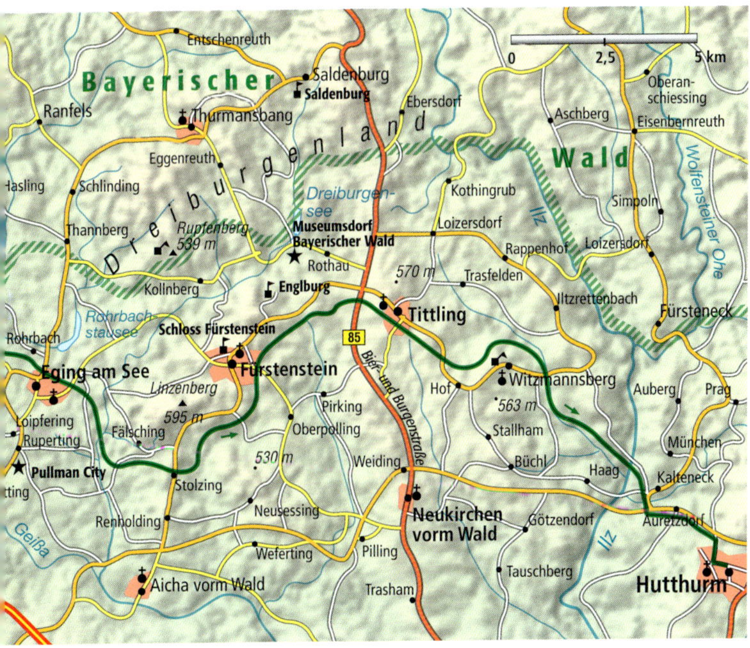

Lieblingsort

Feng Shui auf Niederbayerisch – Zen-Garten in Lalling ► K 10
Es war wohl eine heimwehkranke Japanerin, die Lalling zu diesem Kurpark nach Feng-Shui-Prinzipien inspirierte. Das Ergebnis finden wir überraschend und gelungen, es lädt ein zur Meditation, zum Betrachten und Hinfühlen auf dem Störzonenlehrpfad, im Zen-Garten, am Yinsteg und am Yangstein. Lalling bayerisch können Sie im westlichen Teil des Kurparks kennenlernen, dort gibt's die charakteristischen Streuobstwiesen, die besonders schön sind, wenn die Bäume im Frühjahr in Blüte stehen.

Kloster Metten ► J 10

Barockbibliothek, Tel. 0991 910 81 13, www.kloster-metten.de, Führungen tgl. 10 und 15 Uhr, 3 €
Nein, arm ist die Region nicht an Klöstern – und die Konkurrenz ist deshalb groß. Auch Kloster Metten, 8 km nordwestlich von Deggendorf, verdient einen Besuch. Es ist wie Niederalteich von Benediktinern geführt, die im Konvent ein Gymnasium und ein Internat unterhalten, und wie das Nachbarkloster hat auch Metten ein ehrwürdiges Alter; die erste Erwähnung stammt von 766. Weitere Parallelen: Natürlich war auch Metten mit der Kolonisierung des Bayerischen Waldes befasst und es wurde bei Überfällen und Bränden mehrmals zerstört. Seine Blüte hatte Metten im 15. Jh., es litt in der Folge unter Dreißigjährigem und Erbfolgekrieg, der Wiederaufbau überlagerte die frühgotische, St. Michael geweihte Basilika aus dem 12. Jh. mit barockem Interieur: Cosmas Damian Asam freskierte den Chor, während der auch in Niederalteich tätige Heindl die übrigen Fresken anfertigte. St. Michael hat eine gewisse Wucht, die vielleicht dem etwas steif wirkenden Deckenfresko zuzuschreiben ist. Ganz anders hingegen die Bibliothek, in der die von Franz Josef Ignaz Holzinger geformten Atlanten die reich freskierte Decke in den Himmel zu stemmen scheinen – Prunk und Wissenschaft vereinen sich hier eindrucksvoll. Wenn nach so viel Kunst der kleine Hunger kommt, hier zwei Tipps.

Essen & Trinken

Historisch & fein – **Schlosstaverne Offenberg:** Graf-Bray-Str. 14, 94560 Offenberg, Tel. 09906 94 29 00, www.schlosstaverne-engl.de, Do–Sa 18–24, So 11–24 Uhr, Hauptgerichte 8–14 €. Das Gasthaus unweit von Metten zählt zu den ältesten Niederbayerns; seit 1476 wird altbayerisch gekocht, heute natürlich mit einem Hauch mediterraner Leichtigkeit. Auf der Tageskarte stehen saisonale Spezialitäten, im Mai beispielsweise St. Petersfisch mit Spargel.

Einfach & sympathisch – **Café am Kloster:** Marktplatz 1, 94526 Metten, Tel. 0991 998 93 80, Hauptgerichte um 5 €. Hier gibt's z.B. Sülze mit Blaukraut oder selbst gebackenen Kuchen und bei Bedarf auch Fremdenzimmer.

Gotteszell ► J 9

www.gotteszell.de
Rund 20 km in Richtung Ruhmannsfelden schmückt eine imposante »Mariä Himmelfahrt« von Egid Quirin Asam die **Pfarrkirche St. Anna.** Das im Kern romanische, später gotisch umgebaute und schließlich barockisierte Gotteshaus wurde im 19. Jh. ›purifiziert‹, sprich: der barocke Stuck von Cosmas Damian Asam wurde abgeschlagen. Das Fresko seines Bruders aber blieb erhalten.

Schloss Egg ► J 9

Bei Bernried, Tel. 09905 80 01, April/Okt. So/Fei 10–16, Mai/Sept. tgl. 10–16, Juni–Aug. tgl. 10–17 Uhr, Innenbereich nur mit Führung, 4 €
Zum mittelalterlichen Schloss mit seinem 45 m hohen Burgfried geht's von Metten 3,5 km in Serpentinen bergauf nach Norden. Türmchen und Erker der im 13./14. Jh. errichteten Burg sind allerdings nicht der alten, sondern der Neugotik zu danken. Josef Ludwig Graf von Armansperg, Staatsminister unter Ludwig I., ließ die Burg 1838 ro-

mantisch umbauen. Alles, was typisch gotisch aussieht, sollte man sich einfach wegdenken, um darunter die mittelalterliche Feste wiederzufinden. Auch das Innere ist im neugotischen Geschmack gestaltet. Schloss Egg ist heute Burghotel und ein gelobtes Restaurant.

Übernachten, Essen

Gourmet-Eleganz – **Schwingshackl's Ess-Kunst:** Rebling 3, 94505 Bernried, Tel. 09905 555, www.reblingerhof.de, Mi–So 18–22, So auch 12–14 Uhr, Hauptgerichte um 30 €, Menüs 60–90 €, DZ ab 90 €. Im Gourmetrestaurant des Hotels Reblingerhof schwingt ein Sternekoch den Löffel, und das mit viel Dynamik und Kreativität. Regional verwurzelt, aber international verfeinert wird hier bayerische Küche auf höchstem Niveau mit herrlichem Blick übers Donautal serviert. Auch die Hotelzimmer mit hellen Holzmöbeln sind empfehlenswert.

Herrschaftlich konservativ – **Schloss Egg:** Egg 4, 94505 Bernried, Tel. 09905 289, www.schloss-egg.de, 7 App., App. um 90 €. Wohnen im Schloss: Die Zimmer sind komfortabel und gemütlich eingerichtet, die Schlossgespenster gibt's gratis dazu!

Tafelfreuden & Gewölbe – **Restaurant Burgstall:** Egg 4, 94505 Bernried, Tel. 09905 289, www.schloss-egg.de, tgl. 11.30–21.30 Uhr, Hauptgerichte 14–18 €. Das Restaurant im ehemaligen Pferdestall von Schloss Egg ist ein romantischer Platz für ein feierliches Diner unter böhmischen Gewölben; im Garten unterhalb des Schlosses sitzt man im Sommer angenehm im Freien. Die Speisekarte listet internationale Spezialitäten, aber auch bayerische Brotzeiten sowie Kaffee und Kuchen. Im Schlosshotel kann man auch übernachten.

Von der Donau zum Nationalpark

Hengersberg ▸ K 10

Vom Donautal zum Bayerischen Wald – den Weg durch den Vorwald, wie das hügelige Land heißt, das zum Waldgebirge überleitet, zogen vor mehr als tausend Jahren Mönche, um den ›Nortwald‹ urbar zu machen und die Heiden im Osten zu missionieren. Das hübsche niederbayerische Städtchen Hengersberg war in jüngerer Zeit Ausgangspunkt einer anderen Missionsreise: Von hier zog ein Türke los, um die Niederbayern, aber nicht nur die, von seinem Talent und Sprachwitz zu überzeugen: Ugur Bagislayci alias Django Asül. Er ist wohl einer der bissigsten bayerischen Kabarettisten unserer Tage und startete seine Karriere als Kundenberater bei einer Hengersberger Bank. Ob er gelegentlich auch im Restaurant Gotthard einkehrte?

Essen & Trinken

Biergarten & Traditionsküche – **Gotthard:** Marktplatz 6, 94491 Hengersberg, Tel. 09901 90 09 66, tgl. 10–1 Uhr, Hauptgericht um 8–11 €. Hollerkücherl oder Kartoffelkäs sind nur zwei der vielen ausgefallenen und köstlichen Spezialitäten dieses hübschen Hauses mit seinem Biergarten unter Linden.

Lalling ▸ K 10

Die Kleinstadt ist Mittelpunkt und Kurort im idyllischen Lallinger Winkel. Nordwestlich des von Bergzügen eingerahmten Ortes lässt sich, mit dem Auto die Nebensträßchen erkundend, ein völlig überraschendes Idyll entde-

Auf Entdeckungstour

Im Archäologischen Erlebnispark Gabreta Kelte sein

Wie haben sie wohl gelebt, die Kelten? Unsere Vorfahren haben entlang der Donau und im Vorwald Ackerbau und Viehzucht betrieben; hier und da findet man Siedlungsreste, aber die reichen nicht aus, um sich ein Bild zu machen. Da leistet Gabreta Abhilfe – Zaubertrank inklusive.

Reisekarte: ▶ M 10

Für wen: besonders spannend für Kinder und Familien

Zeit: ein halber, besser noch ein ganzer Tag

Planung: Archäologischer Erlebnispark im bfz, Lichtenau 1a, 94160 Ringelai, Tel. 08555 40 73 10, www.gabreta.de, Nov.–März Di–So 10–16.30, sonst Mo–Fr 9.30–18, Sa/So/Fei 10–18 Uhr, 4,50 €.

Start: Der Erlebnispark liegt 10 km östlich von Grafenau.

Archäologie erlebbar und erfahrbar zu machen, ist das Anliegen des Erlebnisparks. Dabei bemühen sich die Organisatoren explizit um Authentizität; esoterische Keltenverklärung bleibt außen vor. Was aber nicht heißt, dass die Mitmachangebote nur nach wissenschaftlichen Erkenntnissen konzipiert werden. Spaß soll das Ganze schon machen, weshalb Zaubertrank brauen, mit oder ohne Alkohol, einen festen und beliebten Programmpunkt darstellt. Am besten plant man den Gabreta-Besuch nach dem Programmangebot: Täglich gibt's mindestens zwei Mitmachaktionen und zu besonderen Terminen finden Veranstaltungen wie Handwerkermarkt, Folknight oder Bardentreffen statt. Das Programm kann man im Internet einsehen oder bei links genannter Adresse anfordern.

Multi-Kelti

Ab dem 8. Jh. v. Chr. besiedelten eisenzeitliche Völker Mitteleuropa, Teile Frankreichs und Spaniens, Großbritanniens und Irlands und das heutige Böhmen. Archäologen fassen diese Gruppen nach gemeinsamen Kulturmerkmalen, die bei Ausgrabungen zutage kamen, zu einem großen, relativ einheitlichen Kulturkreis zusammen, dem der ›Kelten‹. Sprachwissenschaftler wiederum ordnen sie nach linguistischen Kriterien einer indogermanischen Sprachgruppe zu, deren Verbreitung sich allerdings nicht ganz mit jener der archäologischen Kelten deckt. Fazit der etwas verwirrenden Forschungsergebnisse und Einordnungen ist, dass die als Kelten bezeichneten Menschen im Grunde aus vielen verschiedenen Volksgruppen bestanden, die in politisch lockeren Verbänden lebten. Grundlage ihres Gesellschaftssystems war die Großsippe unter Führung eines weltlichen Oberhaupts und eines religiösen Würdenträgers, des Druiden.

Wer war Asterix?

Auch Asterix und Obelix sowie ihre Mitstreiter in dem kleinen gallischen Dorf waren Kelten – die Gallier werden explizit dem Keltenvolk zugerechnet. Häuptling, Druide, spezialisierte Berufe wie Schmied, Bauer, Fischer, Barde etc. waren, wie im Comic gezeichnet, charakteristisch für eine Keltengemeinschaft.

Bauen, verputzen, weben

Gabreta besteht aus sechs Häusern in traditioneller keltischer Bauweise. Die meisten sind aus Lehmflechtwerk, das heißt, die Wände werden aus Haselruten geflochten und dann mit Lehm verputzt. Darauf kommt ein hoher, mit Schilf gedeckter Dachstuhl. Am sogenannten Übungshaus können Besucher diese Bautechniken ausprobieren, sogar der Lehm für den Verputz wird dabei von den Besuchern selbst getreten. Ganz modern wirkt das Blockhaus mit Schindeldach – diese Bauweise ist bis heute in vielen waldreichen Regionen verbreitet. Charakteristisch für keltische Siedlungen ist das ›Grubenhaus‹, das in eine ausgeschachtete Grube hineingebaut wurde. Die Seitenwände sind mit Lehm verputzt; das Dach schließt bündig mit dem Boden. Die Archäologen nehmen an, dass diese Häuser der Vorratslagerung und als Werkstätten dienten. Im Grubenhaus von Gabreta können Besucher das Weben lernen. Rund ums Dorf liegen die Ackerterrassen, die Viehweide, die Lehmgrube und ein Grabhügel.

Keltisch speisen

Zum Erlebnispark gehört auch ein Restaurant. In der Keltenstube gibt's Brotzeiten mit ›keltischem Touch‹. Zu besonderen Gelegenheiten bereiten die Wirte Wollschweinbraten und Met zu. Im Biergarten schmeckt frisches *Cervesia* – denn nach Angaben römischer Autoren haben Kelten das Bierbrauen erfunden (Tel. 08555 40 61 33, Mo–Mi 11–18, Do–Sa 11–24, So 10–24 Uhr, Hauptgerichte um 8 €).

Action in Gabreta

Fast jeden Tag können Besucher bei einer Führung durch das Dorf viel Interessantes über das keltische Leben erfahren. Und ebenfalls nahezu täglich gibt's Demonstrationen und Mitmachaktionen, so etwa das Brotbacken im ebenfalls aus Flechtwerk und Lehm aufgebauten Ofen, Filzen oder Waffenschmieden. Bei Kindern ist natürlich das Zaubertrankbrauen eine der liebsten Aktionen, weil der Sud köstlich schmeckt und stark macht wie Obelix. Besondere Aktionstage sind Sonderthemen gewidmet: Am Tag der Barden treffen sich Sänger und Geschichtenerzähler, zum Handwerkermarkt kommen fahrende Leut' von weit her mit ihren Erzeugnissen und im April wird Beltaine, der Beginn der warmen Jahreszeit, mit großen Feuern und Reinigungsritualen für Mensch und Vieh inszeniert. Zur ›Tour de Gabreta‹ verwandelt sich das Dorf in eine Wettkampfarena: Dann werfen die niederbayerischen Kelten mit Baumstämmen und Hinkelsteinen um die Wette. Ganz ohne Mythos geht es auch in Gabreta nicht. An einem Freitag jeden Monat zwischen Mai und September zelebriert Gabreta den Sonnenuntergang mit Wahrsager und Geschichtenerzähler am Feuer, mit Chorgesang und Zaubertrank.

Und jetzt bitte wie ein echter Kelte den Brotteig kneten

cken: Winzige Dörfer, die Ranzing, Gerholling oder Datting heißen, kleben an den Hängen; und hier ist noch eine Reihe der traditionellen Waldlerhäuser aus fast geschwärztem Holz und mit großen Blumenbalkonen unter Denkmalschutz erhalten.

Grafenau ▶ L 9/10

Der Ort ist mit 8800 Einwohnern ein stattliches Dorf, Sitz der Nationalparkverwaltung und Ausgangspunkt für Abstecher zu den Glasorten am Rande des Nationalparks wie auch ins Naturschutzgebiet selbst (s. Nationalpark Bayerischer Wald S. 186). Interessant ist ein Besuch des Keltenparks Gabreta (s. Entdeckungstour S. 214). Viele historische Bauten sind Feuersbrünsten zum Opfer gefallen, aber das eher nüchterne Ortsbild macht Grafenau mit einem ungewöhnlichen Museum wett.

Schnupftabakmuseum im Stadtmuseum

Spitalstr. 1, 94481 Grafenau, Tel. 0175 213 84 09, Mitte Dez.–Okt. Di–So 14–17 Uhr, 2 €

Eine Erklärung vorweg: Das Schmalzeln, also das Schnupfen von Schnupftabak, ist ein urbayerischer Volkssport, der noch an so manchem Stammtisch gepflegt wird. Schmalzler – den entsprechenden Tabak – kennen aber auch andere Nationen, so dass ein Museum wie das in Grafenau aus dem Vollen schöpfen und z. B. afrikanische Büffelhornbehälter und chinesische Lackdöschen neben dem Klassiker, dem waldlerischen Schmaiglasl, platzieren kann. 600 Tabaksorten und 1500 verschiedene Behälter lassen keine Frage unbeantwortet. Wer das größte Schnupftabakglas der Welt, das immerhin 32 kg wiegt, mit sich herumgetragen hat, ist nicht überliefert.

Übernachten, Essen

Unter den vielen Hotels und Pensionen, die es in dieser Region gibt, sind die folgenden zwei besonders empfehlenswert:

Kulinarisch – **Säumerhof:** Steinberg 32, 94481 Grafenau, Tel. 08552 40 89 90, www.saeumerhof.de, 10 Zi., DZ ab 70 €, Restaurant Di–Sa ab 18 Uhr, So auch mittags, Hauptgerichte 14–20 €. Das Hotelrestaurant hat freundlich eingerichtete Gästezimmer und eine Juniorsuite. Highlight ist das Restaurant mit anspruchsvollen Kreationen regionaler Küche wie Spanferkel in Kümmeljus. Man sollte besser vorab reservieren.

Ruhig & familiär – **Landgasthof Euler:** Kaiserstr. 10, 94556 Neuschönau, Tel. 08558 10 07, www.landgasthof-euler.de, 15 Zi., DZ ab 55 €, Hauptgerichte 8–14 €. Der Landgasthof ist im Dorf, aber doch ruhig und in grüner Umgebung gelegen, weshalb er sich hervorragend als Ausgangspunkt für Ausflüge, Wanderungen oder Radtouren in den Nationalpark oder entlang der Glasstraße eignet. Besonders erwähnenswert ist das Restaurant mit bayerischer Regionalküche aus frischen Zutaten. Zur Entspannung lädt die schöne Sonnenterrasse.

Abstecher zu den Glasmanufakturen ▶ L 9

Von Grafenau nach Nordwesten führt die ›Glasstraße‹ zu den Glasmacherorten St. Oswald-Riedlhütte, Spiegelau und Frauenau, dessen Glasmuseum unbedingt einen Besuch verdient (s. Entdeckungstour S. 218).

Die Glasstraße punktet mit mehreren Glasfabriken und den entsprechenden Möglichkeiten, im Werksverkauf preiswerter als daheim im Laden

Auf Entdeckungstour

Im Glasmuseum in Frauenau – Geschichten rund ums Glas

1975 wurde das Glasmuseum in Frauenau eröffnet, und das nicht zufällig an diesem eher abgelegenen Ort am Rande des Nationalparks Bayerischer Wald: Frauenau war und ist seit Jahrhunderten Standort bedeutender Glashütten im Bayerischen Wald. Seit Juni 2005 präsentiert sich das Museum nach einer intensiven Neu- und Umgestaltung als moderne Glassammlung auf internationalem Niveau.

Reisekarte: ▶ L 9

Zeit: 2 Std.

Planung: Am Museumspark 1, 94258 Frauenau, Tel. 09926 94 10 20, www.frauenau.de, Mo–Fr 9–17, Sa/So/Fei 10–16 Uhr, Mitte Nov.–20. Dez. geschl., Eintritt 5 €; nachher ins Café Wintergarten (Landgasthof Wenig, Hauptstr. 24) zu Kaffee, Kuchen und Snacks

Die Zeitreise beginnt rechts von der Kasse im Foyer mit mesopotamischen und ägyptischen Impressionen: Doch was hat Glas mit dem Ishtar-Tor und einem Pharao zu tun? Nun, es wurde wahrscheinlich im 2. Jt. v. Chr. als Abfallprodukt bei der Keramikherstellung in Mesopotamien erfunden und kam mit Kriegsgefangenen von Thutmosis III. nach Ägypten. Ein auf 1450 v. Chr. datierter Glaskelch dieses Pharaos gilt als ältestes Glasgefäß, das zeitlich sicher zugeordnet werden konnte. Die Pharaonen liebten das neue Material und so erlebte Glas im alten Ägypten seine erste Blütezeit. Den Weg des Glases von einer seltenen Kostbarkeit zur ›Massenproduktion‹ im alten Rom zeigen die Exponate in den Vitrinen rechts.

Ohne Wald kein Glas

Der grüne Glaswald führt nach links ins Mittelalter. Denn ohne die dicht bewaldeten Mittelgebirge mit ihren Quarzsandvorkommen hätten Kirchen auf Glasfenster, Häuser auf Butzenscheiben und die Menschen auf die damals ziemlich dickwandigen Trinkgläser verzichten müssen. In der Renaissance bekamen die Glashütten Konkurrenz aus Venedig, wo das Geheimnis des dünnwandigen Glases auf der Insel Murano gehütet wurde. Wunderschöne Exponate aus dieser Epoche stehen in den Vitrinen, die zum gelb leuchtenden Barock überleiten. In Böhmen wird erstmals ein farbloses, hartes Glas entwickelt. Der Glasschnitt wird erfunden, man schmückt Räume mit gläsernen Lüstern und Riesenspiegeln. ›Bürgertum und Industrie‹ ist die nächste Abteilung gewidmet. Nach Napoleons Feldzügen eröffnet die Bahn neue Handelswege – das Schienenband im Boden führt durch Biedermeier, Historismus und Jugendstil.

Industrielle Massenproduktion

Ein originelles Symbol für die Massenware aus Glas des 20. Jh. ist das Eingangsportal zum Filmraum: Es besteht aus 8000 Gläsern der Marke Neckar, dem meistproduzierten Glas der Nachkriegszeit. Unbedingt sehenswert ist der im Filmraum gezeigte Dokumentarstreifen »Glass« von Bert Hanstraa (1916–97). In dem 1958 gedrehten Film unterlegte Hanstraa die Bewegungen der Glasbläser mit Jazz und schuf so ein Ballett, das 1959 mit einem Oscar prämiert wurde.

Dass aber nicht nur fürs Kaufhaus produziert, sondern auch an der Qualität des Glases gearbeitet wurde, belegen die Vitrinen neben der ›Massenware‹. Viele der gezeigten exquisiten Stücke sind dem Geschick und Knowhow böhmischer Glasarbeiter zu verdanken, die nach dem Zweiten Weltkrieg die Hütten im Bayerischen Wald verstärkten.

Glashüttenatmosphäre

Das Herz des Glasmuseums bildet ein gläserner Glasofen, Kunstwerk und Anschauungsmaterial zugleich. Um den gläsernen Ofen erleben Besucher

die Arbeitswelt Glas: eine Hüttenmeisterkammer z. B., Modeln aus Holz und Eisen, Gemengeschütten, ein Kühlband, Gravurwerkzeuge. Wer zuvor eine der Glashütten, Eisch, von Poschinger oder Glasscherben Köck (s. S. 221), in der Region besichtigt hat, wird die Arbeitsgeräte wiedererkennen. Aber auch so lässt dieser ›Innere Kreis‹ des Museums die Atmosphäre einer Glashütte intensiv spüren.

Glaskunst und Studioglas

Im äußeren Kreis des Glasmuseums sind mit Exponaten der Sammlung Kermer und vom Museum angekauften Stücken alle bedeutenden zeitgenössischen Glaskünstler vertreten, natürlich auch Erwin Eisch, dessen vier gläsernen Köpfe prominenter Glaspersönlichkeiten – einer ist ein Selbstporträt – die Fensterfront schmücken. Gleich daneben zeigt auch die Installation »Der Narziss« Eischs virtuoses Können. Andere Glaskünstler finden sich im Obergeschoss des Museums, wieder entlang des ›äußeren Kreises‹. Im inneren Kreis geht's zurück zum Traditionellen: Mit Hinterglasbildern aus allen Teilen der Welt, vor allem aber mit der Schaefer-Sammlung von Bixln, also von Gläsern für die Aufbewahrung von Schnupftabak. Viele Bixln wurden von den Glasbläsern nach Arbeitsschluss und in den Pausen aus Glasabfällen geschunden (s. Panorama S. 64) und sind heute begehrte Sammlerstücke.

Glas macht süchtig

Zum Glück gibt's den **Museumsshop,** in dem man schöne Gläser, Postkarten, Kalender und was sonst noch dazugehört, kaufen kann. Geöffnet ist er wie das Museum.

Begehrte Sammlerstücke – die Bixln, Aufbewahrungsbehälter für Schnupftabak

Gläser einzukaufen. Zu den großen Unternehmen zählt Nachtmann in Spiegelau und Riedlhütte (www.spiegelau.com). Eine Mundblashütte unterhält Nachtmann mit der Kristallglasfabrik Spiegelau; sonst wird hauptsächlich maschinell gefertigt. Fast alle Unternehmen bieten Werksführungen an. Hier die interessantesten:

Von Poschinger Glasmanufaktur

Moosauhütte 14, Frauenau, Tel. 09926 940 10, www.poschinger.de, Juni–Okt. Mo–Fr 10–14 Uhr stdl., Sa 10, 11, 12, Dez.–Mai Mo–Fr 11, 12, 13 Uhr, 1 €

Mit über 400-jähriger Tradition einer der ältesten Betriebe, setzt ebenfalls auf mundgeblasenes Glas und bietet Führungen durch die Manufaktur an.

Eisch Glaskultur

Am Steg 7, Frauenau, Tel. 09926 18 90, www.eisch.de, Hüttenführungen Mo–Do 9.15–11.30, 13–14.30, Fr/Sa 9.15–11.30 Uhr, 1 €

Die Glashütte Eisch ist mit einem der bedeutendsten Künstler Ostbayerns, Erwin Eisch (s. Panorama S. 64), verbunden, der, von der amerikanischen Studioglasbewegung inspiriert, das Glashandwerk zur Kunst erkor. Auch die Eisch-Gläser werden mundgeblasen; das Glas stammt aus der eigenen Schmelze.

Glasscherben Köck

Riedlhütte, Forsthausstr. 2, Tel. 08553 23 34, www.glasscherben-koeck.de

Hier wird die Tradition des geschundenen Glases (s. Panorama S. 64) fortgeführt. Früher ›schunden‹ die Glasarbeiter in ihren Pausen Gläser für den eigenen Bedarf aus dem Glasabfall der Produktion. Was Florian und Erhard Köck so aus Scherben zaubern, ist einfach toll.

Dreiburgenland und Ilztal! ► L/M 10/11

Ohe und Ilz mäandern südlich und östlich von Grafenau durch eine überaus malerische Mittelgebirgslandschaft mit teils tief eingeschnittenen Flusstälern und gleich mehreren mittelalterlichen Burgen, die über die kleinen Orte wachen. 10 km sind's von Grafenau nach Saldenburg.

Saldenburg ► L 10

Ritter-Tuschl-Str. 20, 94163 Saldenburg, Tel. 08504 16 55, www.saldenburg.jugendherberge.de, 130 Betten, 20 Zi., Übernachtung ab 15 €

Die ab 1368 erbaute Wehrburg dient heute als Jugendherberge. Die Umfassungsmauern stehen nicht mehr, der fünf Geschosse hohe Wohnturm ist hingegen in imposanter Größe auf dem Felsrücken erhalten. Die Burg steht nicht zur Besichtigung, aber man kann darin übernachten.

Museumsdorf Bayerischer Wald ► L 10

Herrenstr. 11, 94104 Tittling, Tel. 08504 84 82, www.museumsdorf.com, April–Okt. tgl. 9–17 Uhr, 4 €

Weitere 6 km nach Süden, erteilt bei Tittling das Museumsdorf Heimatkundeunterricht: Über 150 Gebäude aus der Zeit von 1580 bis 1850, originalgetreu ausgestattet und mit ausführlichen Beschreibungen versehen, erwecken die ›gute, alte Zeit‹ im Bayerischen Wald zum Leben. Wie praktisch man dachte, belegt beispielsweise das Schul- und Marktschreiberhaus aus dem 17. Jh.: In der oberen Etage war

Wo die Ilz wild rauscht …

die Schule untergebracht; unten das Gefängnis, wo Delinquenten bei Wasser und Brot ausharren mussten.

Englburg ►L 11

Englburg 49, 94104 Tittling, Tel. 08504 95 76 20, www.englburg.de, 40 Zi., einfache Zi. 20 €, mit Dusche/ WC 30 €, Schlosszimmer ab 100 €

In Richtung Fürstenstein sind's rund 2 km zur nächsten Burg, die heute als Hotel genutzt wird. Sie wacht seit dem 13. Jh. von ihrem Höhenrücken über den Vorwald und war wie die Saldenburg Vorposten für die Rodung des Bayerischen Waldes. Die verschiedenen Adelsgeschlechter, in deren Besitz die Burg im Lauf der Jahrhunderte kam, bauten um und zu. Im 19. Jh. brannte das Anwesen ab, wurde wiedererrichtet und schließlich als Internat der Englischen Fräulein genutzt. Heute können Gäste im Schlosshotel in Zimmern unterschiedlicher Kategorien

übernachten oder im Biergarten eine Brotzeit einnehmen.

Fürstenstein ►L 11

Nicht zugänglich
Nur einen Katzensprung weiter steht die dritte Burg: Ebenfalls aus dem 12. Jh. stammend und den Grafen von Hals zugeschrieben, die als Marschalle der Fürstbischöfe von Passau im Vorwald große Macht ausübten, teilte sie das Schicksal der Englburg. Interessant ist die zweigeteilte Anlage mit Ober- und Unterburg. Im 19. Jh. durch Brand zerstört, wurde sie wiederaufgebaut und bis 2001 als Internat genutzt. Heute gehört sie einem amerikanischen Investor.

Pullman City ►L 11

Ruberting 30, 94535 Eging am See, Tel. 08544 974 90, Mitte März–2. Nov. tgl. 10–1 Uhr, 12 €; Übernachtungs-Reservierung unter Tel. 08544 97 49 50, DZ (Hotel) 60 €, Blockhaus 4 Pers. 45 €, Tipi 6 Pers. 35 €
Westernfans kennen in diesem Teil des Bayerischen Waldes nur eines: ab nach Eging am See (6 km westlich von Fürsteneck) und rein in die Westernstadt Pullman City! Auf dem 200 000 m^2 großen Areal gibt's neben der Westernstadt einen Campingplatz, eine Bisonweide, eine Goldgräberstadt samt angrenzendem Fort, ein Tipi-Lager und vieles mehr. In Pullman City können Besucher im Saloon zu Livemusik tanzen, dem Hufschmied zusehen, Bogenschießen und Hufeisenwerfen, sich Kleidung schneidern lassen oder ihr Steak am Lagerfeuer grillen. Live-Acts sorgen tagsüber und abends für Unterhaltung; verschiedene Restaurants und Cantinas liefern authentische Nahrung und wer stilgerecht übernachten möchte, hat die Wahl zwischen dem Stadthotel Palace, dem Fort Pullman und dem Authentik-Bereich, wo die Gäste Isomatten und Schlafsack in Tipis, Blockhütten oder Zelten ausrollen.

Ilztal ►M 10/11

Östlich der Burgenroute fließt die Ilz durch lichte Wälder – ein wahres Landschaftsidyll. Ursprünglich diente die Ilz der Holztrift, auf ihr wurden die im Bayerischen Wald geschlagenen Stämme bis zur Donau getriftet. Heute ist sie eines der letzten Wildwasser Ostbayerns und eine Naturenklave, in der seltene Pflanzen wie Tiere überleben. Straußfarn, Banater Segge oder Großblättriger Fingerhut säumen die Ufer; Schwarzstörche flechten ihre Nester und Biber arbeiten unermüdlich an Dämmen und Bau. Die Ilzer Flussperlmuschel war einst ein begehrter Schmuckstein und hat in Nischen überlebt.

Übernachten, Essen

Traditionelle Einkehr – **Schrottenbaummühle:** 94142 Fürsteneck, Tel. 08504 17 39, www.schrottenbaummuehle.de, Hauptgerichte 8–12 €, einfache Pensionszimmer um 40 €, Campingplatz. In der Mühle aus dem 15. Jh. unterhalb von Fürsteneck serviert man frische Forellen und Topfenstrudel.

Politischer Aschermittwoch

Die bayerische Tradition, politischen Gegnern am Aschermittwoch alles nur erdenklich Deftige an den Kopf zu werfen und dabei Unmengen von Bier zu trinken, wurde angeblich in Vilshofen erfunden. Schon im 16. Jh. regten sich die Bauern am Aschermittwoch über die königliche Politik auf. Berühmt wurde die Veranstaltung aber erst durch das CSU-Urgestein Franz-Josef Strauß, für dessen Reden der Vilshofener Wolfstetter Keller schon bald zu klein wurde, weshalb die CSU in die Passauer Nibelungenhalle übersiedelte. Den Wolfstettener Keller übernahm anschließend die SPD, die in Bayern ja ohnehin kein linkes Bein auf den Boden kriegt.

Aktiv & Kreativ

Wanderung – **WaldZeit:** Wer das Ilztal intensiv erkunden möchten, schließe sich der fünftägigen Wanderung von WaldZeit an (www.waldzeit.de, s. Entdeckungstour S. 188).

Infos

Touristeninformation Schönberg: Marktplatz 16, 94513 Schönberg, Tel. 08554 96 04 41. Informiert über die vielfältigen **Wander-** und **Radfahrmöglichkeiten;** ebenfalls ausführliche Infos auf der Homepage www.ilztal.de.

Von Vilshofen nach Plattling ▸ K 11–J 10

Gäuboden nennt man die weitgehend flache, mit fruchtbaren Lössböden gesegnete Ebene westlich der Donau, die schon in römischer Zeit Kornkammer Niederbayerns war und die in ihrer Uniformität mit riesigen, von Maschinen bestellten Äckern einer gewissen landschaftlichen Trostlosigkeit nicht entbehrt. Allerdings gibt's auf der Strecke von Vilshofen nach Plattling auch Reizvolles: die beiden Städtchen, das Barockkloster Osterhofen und die Isarauen beispielsweise, die bereits von Deggendorf aus beschrieben wurden.

Vilshofen ▸ K 11

Das Städtchen (16 000 Einw.) ist mit seinen drei Flüssen die kleinere Ausgabe von Passau: Vils und Wolfach vereinen sich mit der Donau, und wo viel Wasser ist, verändern sich Luft und Licht. Der schmale Stadtplatz zwischen dem 1647 errichteten Stadtturm und der

Pfarrkirche St. Johannes der Täufer (14. Jh., barockisiert) wirkt aber nicht nur deshalb irgendwie südlich – es liegt auch an den hohen Vorschussmauern der giebelständigen Häuser, deren Inn-Salzach-Stil südlichere Kultureinflüsse erahnen lässt. 1794 vernichtete ein verheerender Brand Vilshofen; wiederaufgebaut wurde es mit eben diesen Vorschussmauern, die das Überspringen der Flammen von Giebel zu Giebel verhindern sollten und die in den Städten entlang des Inns und der Salzach weit verbreitet sind. Südlich wirkt aber auch die Gastronomielandschaft von Vilshofen, in der sich eine gewisse Griechenland- und Italiensehnsucht manifestiert. Wenn etwas Zeit ist, dann lohnt ein Blick in die **Pfarrkirche,** die für eine Kleinstadt über erstaunlich qualitätsvolle Barockausstattung verfügt. Im barocken **Stadtturm** stellt die **Stadtgalerie** spannende Ausstellungen zeitgenössischer Künstler auf die Beine (Obere Vorstadt 15, Tel. 0179 679 23 97, Di–So 14–17 Uhr, www.kgv-vilshofen.de).

Künzing ►K 11

Hier ist historischer, seit über 8000 Jahren besiedelter Boden. Aus dem 5. Jt. stammt die Kreisgrabenanlage von Unternberg, ein geheimnisvoller Kultort in der Nähe von Künzing. Auch die Kelten haben ihre Spuren in der fruchtbaren Region hinterlassen, und römische Hilfstruppen bauten im 1. Jh. ein Kastell. Das Museum Quintana macht die Geschichte lebendig.

Museum Quintana

Osterhofener Str. 2, 94550 Künzing, Tel. 08549 97 31 12, www.museum-quintana.de, Mai–Sept. Di–So 10–17, Okt.–April bis 16 Uhr, 3 €

Ein Modell der Kreisgrabenanlage, die Rekonstruktion eines keltischen Töpferofens, Waffen und Gerätschaften aus dem Römerkastell sowie bajuwarischer Schmuck schlagen einen spannenden Bogen von der Jungsteinzeit ins Frühmittelalter.

Altenmarkt und Basilika St. Margaretha! ►K 11

Der Ortsteil von **Osterhofen,** Altenmarkt, war Schauplatz eines der vielen Triumphe der Brüder Asam, die mit der Basilika St. Margaretha im Dreamteam mit Johann Michael Fischer ein Meisterwerk, manche sagen ihr vollkommenstes überhaupt, realisierten. Gegründet wurden Kirche und Chorherrenstift 1004; 100 Jahre später zogen Prämonstratenser ein. Stift und Kirche erlitten im Dreißigjährigen Krieg und im Erbfolgekrieg so große Schäden, dass der 1725 berufene Baumeister Johann Michael Fischer (1692–1766) aus München für Abriss und Neubau plädierte. Dies hatte den Vorteil, dass Architekt wie Stuckateur (Egid Quirin Asam) und Freskant (Cosmas Damian Asam) keine Kompromisse wegen historischer Bauformen eingehen mussten, sondern die Idee des Barock in einer Symphonie aus Hülle und Ausstattung hundertprozentig umsetzen konnten. Wer die Basilika an einem sonnigen Vormittag durchs Westportal betritt, spürt die einzigartige Wirkung der Kunst dieser drei Barock-Genies: Wie vom Rhythmus einer unhörbaren, geheimnisvollen Musik beschwingt, entfalten Fresken und Stuck einen Sog, der den Betrachter ins golden schimmernde Okulusfenster mit dem Lamm Gottes über dem Hochaltar zieht. Cosmas Damian Asam konnte es bei all dieser gottgefälligen Perfektion doch nicht lassen, sich selbst zu verewigen, allerdings nur im Fresko des Vorraums als ›armer Sünder‹. Im März 2008 ›köpfte‹ Sturm Emma den Turm der Asam-Basilika von Osterhofen-Altenmarkt. Stuck und Fresken im Inneren haben's ohne Schaden überstanden.

Essen & Trinken

Rast am Fluss – **Mühlhamer Keller:** Mühlham 18, 94486 Osterhofen, Tel. 09932 16 92, www.muehlhamer-keller.com, April–Okt. tgl. 10–23, im Winter Mi–So 11–23 Uhr, Hauptgerichte 6–13 €. Erstens: Selten sitzt man so schön in einem Biergarten an der Donau wie hier. Zweitens: Die bayerischen Spezialitäten sind schmackhaft und preiswert, Schweinebraten um 7 €. Und drittens: Nichts wie hin, wenn's Steckerlfisch gibt. Köstlich!

Plattling ▶ J 10

»Plattling ist das Nichts«, beschreibt der in Niederbayern aufgewachsene Poet und Filmemacher Herbert Achternbusch das Städtchen, dessen Funktion auf den ersten Blick nur darin zu bestehen scheint, dass man hier vom einem Ufer der Isar über eine Brücke ans andere und von der Bahnlinie von Landshut nach Bayerisch Eisenstein auf die von Regensburg nach Passau wechseln kann. Dabei kommt dem Ort im Nibelungenlied eine wichtige Rolle als Übernachtungsstation der Königin Kriemhild zu, die auf ihrem Weg zum Hunnenkönig Etzel hier von ihrem Onkel, dem Passauer Bischof Pilgrim, empfangen wird. Allerdings nicht ganz genau hier, denn das damalige Plattling lag noch am rechten Isarufer und wurde ständig überschwemmt, weshalb es auf Geheiß Herzog Albrechts I. 1379 in sicherere Lage umziehen musste. An die im 9. Jh. erbaute erste

Siedlung erinnert noch die Friedhofskirche **St. Jakob,** ein im Kern romanischer Bau aus dem 12./13. Jh., dessen später hinzugefügter Barockschmuck

Schwelgende Barocksymphonie der Brüder Asam in St. Margaretha

im 19. Jh. entfernt wurde. Ein schöner Flügelaltar (um 1500) schmückt das mit Sternrippen überwölbte Gotteshaus; aus dem Ursprungsbau ist ein romanisches Taufbecken erhalten. Beide sorgen für einen freien Kopf nach den überwältigenden Gefühlsmanipulationen des Barock.

Das Beste auf einen Blick

Passau und Umgebung

Highlight!

Passau: Südliches Flair in der Dreiflüssestadt – dafür sorgen die Architektur italienischer Barockkünstler und das quirlige Studentenleben. Und um den bayerischen Wortwitz kümmert sich das Scharfrichterhaus. S. 231

Auf Entdeckungstour

Wandern auf den Spuren Adalbert Stifters: Wo in grauer Vorzeit Könige um Landesgrenzen schacherten, können Wanderer heute der wortgewaltigen Bewunderung Adalbert Stifters folgen. S. 246

Granitzentrum Hauzenberg – rund um den Granit: Geologie, Handwerk, Kunst und geniale Architektur rund um den Granitabbau. S. 254

Kultur & Sehenswertes

Dom St. Stephan: Barock von italienischer Leichtigkeit und eine hörenswerte Kirchenorgel – in Passau. S. 234

Museum Moderne Kunst/Stiftung Wörlen: Spannend präsentierte Kunst des 20. Jh. in einem historischen Haus am Donaukai in Passau. S. 238

Aktiv & Kreativ

Auf den Haidel: Per Auto, MTB oder zu Fuß zum Aussichtsturm im Wald. S. 249

Genießen & Atmosphäre

Scharfrichterhaus: Feine österreichische Küche, bissig-bayerisches Kabarett, Jazz und Wein – das Scharfrichterhaus ist in Passau eine Institution. S. 237

Gidibauer: Urgemütliche Wirtsstubn am Ortsrand von Hauzenberg, ein idyllischer Innenhof, dazu das Muhen der Kühe und eine erfrischend bodenständige, dabei überaus feine Küche. S. 250

Abends & Nachts

Innsteg: Hier sitzt man in Passau, um zu sehen und gesehen zu werden, oder auch, um Leute zu treffen, mit Blick über den Inn. S. 241

Dreiflüssestadt und Dreiländereck

In Passau und Umgebung sind die Hügel des Vorwaldes steiler und höher, das Flusstal der Donau tiefer und schmaler, die Entfernungen zu den Nachbarn Österreich und Tschechien kürzer. Passau mit seiner malerischen Lage an drei Flüssen, seinen prachtvollen Barockbauten und der lebhaften Studentenszene ist ein idealer Standort, um diese vielseitige Region zwischen Donau und Dreisessel mit ihren herrlichen Wandermöglichkeiten, den schmucken Landgasthöfen und sehenswerten Museen zu erkunden.

Infobox

Info

Touristinformation Passau: Rathausplatz 3, 94032 Passau, Tel. 0851 95 59 80, www.passau.de, Ostern–Okt. Mo–Fr 8.30–18, Sa/So/Fei 9–16, sonst Mo–Do 8.30–17, Fr 8.30–16 Uhr mit jeweils 30 Min. Mittagspause. Infos, Broschüren etc. zu Passau.

Passau Tourismus: Bahnhofstr. 36, 94032 Passau, Tel. 0851 95 59 80, www.passau.de, Ostern–Sept. Mo–Fr 8.30–18, Sa/So/Fei 9–16, Okt. Mo–Do 8.30–17, Fr 8.30–16 Uhr.

Touristeninformation Passauer Land: Domplatz 11, 94032 Passau, Tel. 0851 39 76 00, www.passauer-land.de, Mo–Do 8–12, 13–16, Fr 8–12 Uhr. Infos, Broschüren etc. zur Region Passauer Land.

Stadtbesichtigung

Stadtfuchs-Touren: Die thematischen Stadtführungen sind ebenso lehrreich wie unterhaltsam, die historisch kostümierten Führer bringen ihr schauspielerisches Talent und ihr fundiertes Wissen zur Geltung, z. B. als Nachtwächter im nächtlichen Passau. Führungen ab 5 Pers., Infos bei der Touristinformation oder unter Tel. 0851 458 92, stadtfuchs@aol.com.

Schiffsverkehr: Ausflugsfahrten auf den Donauschiffen, z. B. Dreiflüsse-Stadtrundfahrt, März–Nov. tgl. 10–17 Uhr, Abfahrten stdl. bzw. halbstdl., Anlegestellen 7 und 8, 7,50 €, www.wurm-koeck.de.

Verkehr

Stadtverkehr: Pendelbus zur Veste Oberhaus und City Bus zwischen Altstadt und Parkhaus Bahnhofstraße bzw. Güterbahnhof (15-Minuten-Takt über Hauptbahnhof, Ludwigsplatz, Am Schanzl, Domplatz, Residenzplatz, Rathausplatz, Römerplatz, Rathaus, Hauptbahnhof zurück zum Parkhaus Güterbahnhof).

In die Umgebung: RBO-Busse vom Bahnhof u. a. in Richtung Plattling Grafenau, Hauzenberg, Tel. 0851 75 63 70, www.rbo.de.

Bahn: Vom Bahnhof Zugverbindungen u. a. Richtung Regensburg, Mühldorf, Linz, München. Auskunft unter www.bayern-fahrplan.de.

Parken: Parken in der Altstadt ist nahezu unmöglich. An ihrem Rand stehen mehrere Parkhäuser zur Verfügung. Übersicht über die Parkmöglichkeiten unter www.passau.de.

Passau ! ▶ M 12

Acht Jahrhunderte unter Erzbischöfen hinterließen in Passau (50 000 Einw.) deutliche Spuren: Anders als in der zweiten großen Kulturmetropole Ostbayerns, Regensburg, ist Passaus öffentlicher Raum geprägt vom behäbigem Barock der bischöflichen Repräsentationsbauten. Diese würdevolle Kulisse muss sich hier allerdings gegen ziemlich viel Temperament und Quirligkeit behaupten. Denn Passau ist Universitätsstadt und folglich von einem gewissen unbekümmert-jugendlichen Flair durchdrungen. Diese lebhafte Stimmung und die einzigartig schöne Lage am Zusammenfluss von Donau, Inn und Ilz machen aus Passau ein wahres Kleinod.

Bischöfe und Scharfrichter

Die günstige geografische Lage beförderte bereits zu Zeiten des keltischen Boiodurum, der Römerkastelle Boiotro (1. Jh.) und Batavis (3. Jh.) und während der Missionierung und ersten Kirchengründung durch St. Severin im 5. Jh. Passaus Entwicklung. Die beiden Flüsse Donau und Inn waren nicht nur Handels- und Verkehrswege, sondern boten der Siedlung auch Schutz. 739 erklärte der hl. Bonifatius Passau zum Bischofssitz. Die Diözese reichte weit nach Osten. Ungarn unterstand ihm ebenso wie Österreich und der heutige Stephansdom zu Wien war bis ins 16. Jh. als Pfarrkirche Passaus St. Stephan unterstellt. 999 erhielten die Bischöfe von Passau durch Kaiser Otto III. auch die weltliche Macht, 1217 wurden sie Reichsfürsten. Bis zur Säkularisierung 1803 regierten dann Fürstbischöfe die Stadt. Passaus Wohlstand beruhte auf dem Handel: Es hatte Stapelrecht, alle auf Inn und Donau angelandeten Waren mussten auf dem Markt zum Verkauf angeboten werden; die weitere Verschiffung nach Osten durfte nur auf Passauer Kähnen erfolgen. 1143 wurde eine erste Brücke über den Inn errichtet; 1278 war der Übergang über die Donau fertig.

Das 19. Jh. brachte das Ende der Erfolgsstory; mit der Säkularisierung und der Verlegung der niederbayerischen Bezirksregierung nach Landshut wurde Passau plötzlich Provinz. Die blieb es, tiefschwarz, durchs gesamte 20. Jh. bis zur Gründung der Passauer Universität 1978. Mit den Studenten aus allen Teilen Deutschlands brach sich eine gewisse Aufmüpfigkeit Bahn und mit Gründung des Scharfrichterhauses bekam diese Aufmüpfigkeit eine Bühne, die seither zahlreiche Kabarettstars hervorgebracht hat. Auch politisch hat sich in Passau einiges gewandelt. 1990 siegte erstmals ein SPD-Mann bei den Oberbürgermeisterwahlen, im Jahr 2008 konnte die SPD diesen Erfolg wiederholen. Heute steht Passaus Wirtschaft auf mehreren Beinen: Gleich fünf Brauereien sind im Stadtgebiet ansässig; ZF ist einer der weltweit größten Hersteller von Antriebstechnik und der Verlag der Passauer Neuen Presse hat in der Region nahezu ein Monopol. Von großer Bedeutung ist auch der Tourismus; viele Gäste besuchen auf einer Donaukreuzfahrt die Dreiflüssestadt.

Stadtturm 1

Nibelungenplatz 1–2, Öffnungszeiten des Cafés Mo–Do 9–19, Fr/Sa 9–24, So 13–18 Uhr

Der Stadtbummel beginnt mit einem Blick aus der Vogelperspektive, und zwar von einem der umstrittensten Gebäude Passaus, dem 36 m hohen **Stadtturm** in der Neuen Mitte. Mit dem Fahrstuhl geht's zum **Café Diwan** 4 (s.

Essen & Trinken S. 241) in der obersten Etage, das zum 360°-Panorama gemütliche Fauteuils und Latte Macchiato beiträgt. Die Fenster nach Osten sind gefragt: Wie ein Keil schiebt sich Passau zwischen Donau und Inn; die grünen Kuppeln des Stephansdoms und die gedrungenen Kappen von Heiligkreuz überragen die schmalen Altstadtgassen, hoch über dem Nordufer der Donau drängt die wehrhafte Veste Oberhaus ins Bild und über dem Südufer des Inns grüßt Mariahilf die Wallfahrer. Zu Füßen des Stadtturms werden wohl 2009 alle Spuren der von den Nazis erbauten Nibelungenhalle unter einer ›Piazzetta‹, dem Neu-Passauer Wort für Viktualienmarkt, einem Shoppingcenter und dem Klostergarten genannten Park verschwunden sein. Mit dem Abriss der Nibelungenhalle 2004 und dem Baubeginn für die **Neue Mitte** wollte Passau sich endlich modern und europäisch positionieren: Neue Mitte steht nicht nur für die Stadtmitte, sondern die Mitte Europas nach dem Fall des Eisernen Vorhangs.

Unser Tipp

Orgelkonzert

Die Orgel des Passauer Doms gilt mit 17974 Pfeifen und 233 Registern als größte katholische Kirchenorgel der Welt. Das muss nicht unbedingt für Qualität sprechen, tut es aber in diesem Fall. Das mittägliche Orgelkonzert könnte einer der Höhepunkte eines Passau-Besuchs werden (Mai–Okt. und Weihnachtswoche Mo–Sa 12 Uhr, 4 €, internationale Orgelkonzerte Mai–Okt. Do 19.30 Uhr, 5 €, Programm unter www.bistum-passau.de).

Das Projekt war von Anfang an umstritten; ein erstes Bürgerbegehren dagegen scheiterte allerdings. Erfolg hatten die Passauer erst im zweiten Anlauf 2007 bei ihrem Votum gegen den Bau eines Kultur- und Konzerthauses, des Europäischen Hauses für die ambitionierten Europäischen Wochen (s. S. 241). Ein bizarres Ergebnis, denn eben dieses Haus hätte der rein dem Kommerz verschriebenen Neuen Mitte wenigstens etwas Kultur und Leben eingehaucht. Ob die Neue Mitte nun ein gelungenes architektonisches Ensemble ist? Viele Passauer sagen nein, der Besucher möge sich selbst ein Urteil bilden. Der nächste Besichtigungspunkt führt jedenfalls ganz schnell aus dem Jetzt in die Vergangenheit.

Heilig-Geist-Spital 2

Heilig-Geist-Gasse 6

Das Anfang des 14. Jh. aus einer Privatstiftung errichtete und nach Bränden mehrmals umgebaute **Heilig-Geist-Spital** in der gleichnamigen Gasse dient heute als Altersheim; gleich nebenan schenkt der **Stiftskeller Passau** 1 (s. Essen & Trinken, S. 240) seit dem 16. Jh. hauseigenen Wein aus, der an den Weinbergen der Wachau heranreift. Von alters her besaßen die Passauer Weingüter im Nachbarland, einige tun dies noch heute, und wer keinen Weinberg sein Eigen nennt, importiert. In keiner anderen Region außerhalb Österreichs findet sich eine so gute Auswahl feiner Tropfen auf den Speisekarten der Gaststätten und Restaurants wie hier. Auf jeden Fall lohnt ein Blick in die historischen Gewölbe. Die gotische **Heilig-Geist-Kapelle** nebenan ist ebenfalls der Privatstiftung zu verdanken, wurde aber neugotisch überformt.

Einst gotisch, heute barock – der Passauer Dom St. Stephan

Passau

Sehenswert
1 Stadtturm
2 Heilig-Geist-Spital
3 Domplatz
4 Residenzplatz
5 Höllgassenviertel
6 Rathausplatz
7 Scharfrichterhaus
8 Veste Oberhaus
9 Kloster Niedernburg
10 Museum Moderne Kunst/Stiftung Wörlen
11 Dreiflüsseeck
12 Stadttheater
13 Römermuseum Kastell Boiotro
14 Wallfahrtskirche Mariahilf

Übernachten
1 König
2 Altstadt-Hotel
3 Rotel Inn
4 Jugendherberge Passau

Essen & Trinken
1 Stiftskeller Passau
2 Louis XIV
3 Scharfrichterhaus
4 Café Diwan
5 Zum Grünen Baum
6 Innsteg
7 Atelier-Café Ort 2

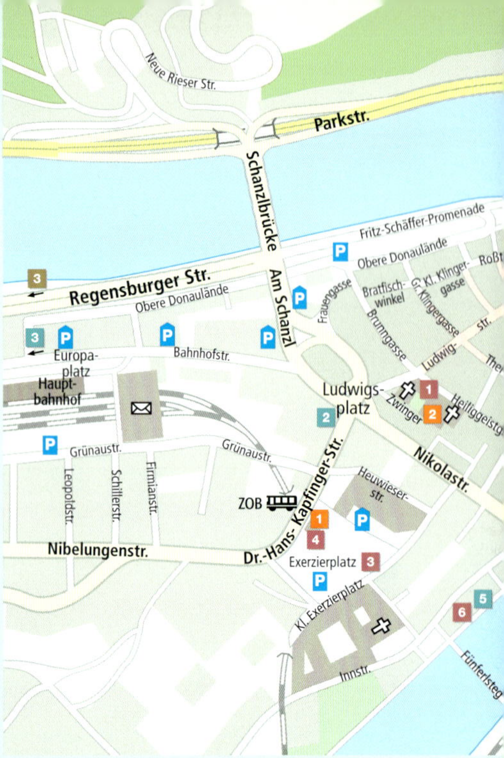

Einkaufen
1 Café Simon
2 Höllgasse

Aktiv & Kreativ
1 Donau-Golf-Club

Abends & Nachts
1 Café Unterhaus
2 New Tolstoi
3 Camera
4 Scharfrichterhaus
5 Innsteg

Domplatz 3

Der höchste Punkt des Altstadthügels ist gerahmt von den repräsentativen Barockbauten der Domherrenhöfe und nach Osten zu beherrscht von der breit ausladenden Fassade des **Doms St. Stephan.** Besonders hübsch ist er, wenn Marktleute am Dienstag und Freitag ihre Stände aufstellen und Obst, Gemüse und Blumen verkaufen, und in der Vorweihnachtszeit mit dem glitzernden Christkindlmarkt. Eine erste Kirche soll hier bereits im 7. Jh. gestanden haben; im 13. Jh. wurde der gotische Dom errichtet und im 15./16. Jh. erweitert. 1662 brannte das Gotteshaus fast vollständig ab; der barocke Wiederaufbau wurde dem Italiener Carlo Lurago anvertraut, für den Stuck gewann man Giovanni Battista Carlone. Weil Geld knapp war, musste Lurago improvisieren und den gotischen Ostchor in seinen barocken Neubau integrieren – ein Glücksfall! Jüngst

restauriert, zeigt dieser Teil der Chorfassade die alte gotische Pracht und das Talent des Architekten, Alt und Neu harmonisch zu verbinden. Die Weite des Baus erschließt sich dem Betrachter im Inneren – Licht, Luft, Raum atmet das Gotteshaus, trotz der über tausend Stuckfiguren und -elemente, die der Italiener mit seinen Mitarbeitern in acht Jahren geschaffen hat. Interpretationshilfe leistet der am Eingang des Gotteshauses erhältliche Kirchenführer.

Residenzplatz 4

Domschatz- und Diözesanmuseum: im Neuen Bischöflichen Palais, Tel. 0851 39 33 74, www.bistum-passau.de, Mai–Okt. Mo–Sa 10–17 Uhr, 2 €

Die Donau als mollige Schönheit mit Ährenkrone, die Ilz mit Perlen im Haar und der Inn als feister Tiroler – so stellen drei Putten am Wittelsbacher Brunnen auf dem **Residenzplatz** die drei Flüsse dar. An dem östlich an den Dom anschließenden Platz hielten die Fürstbischöfe ab Mitte des 18. Jh. in der **Neuen Bischöflichen Residenz** Hof. Durchs Westportal kann man einen Blick auf die wunderbar zierliche Rokokotreppe werfen, die vom Vestibül in die erste Etage führt und Johann Baptist Modler stuckiert hat. Im Palais zeigt das **Diözesanmuseum** sakrale Kunst: Im Prunk der liturgischen Gewänder, gotischen Tafelbilder, kostbarer Monstranzen und des Domschatzes spiegelt sich der Reichtum des Fürstbistums wider.

Am Residenzplatz 12 kann man zwei Fliegen mit einer Klappe schlagen: Die Hofapotheke **Zum Schwarzen Adler** ist seit mehr als 250 Jahren in dem wunderschön überwölbten und mit Stuckaturen geschmückten Barockraum untergebracht – die Einrichtung stammt aus dem Jahr 1850. Zum Zweiten gibt's nur hier die berühmte ›Glifft-Schmiere‹ zu kaufen, auf Niederbayerisch also eine Salbe gegen Schrunden, gegen extrem trockene, raue Haut. Ein Wundermittel!

Höllgassenviertel 5

Zwischen Domplatz und Donau möchten Gassen und Gässchen des **Höllgassenviertels** entdeckt werden. Die Häuser stammen teils noch aus dem Mittelalter und wurden zumeist im Barock erweitert. Die Stadt litt im 16. und 17. Jh. unter mehreren verheerenden Bränden; der Wiederaufbau erfolgte auf fürstbischöfliche Anordnung im Inn-Salzach-Stil, das heißt, die Häuser bekamen flache Dächer und hohe Brandmauern, die ›Vorschussmauern‹, mit denen das Übergreifen eines Brandes aufs Nachbarhaus verhindert werden sollte. Beim Bummel durch die Höllgasse lässt sich dieser Baustil studieren: Viele der auffällig breiten und hohen Häuser sind in der Mitte durch einen schmalen, nach hinten führenden Gang geteilt, von dem eine steile Treppe in die oberen Etagen führt (z. B. Höllgasse 12); einige Häuser wurden sogar über Außentreppen betreten (Höllgasse 19, Pfaffengasse 1 und 2), um Platz für Räume zu gewinnen. Das Höllgassenviertel ist überaus dicht bebaut; Gärten oder Innenhöfe gab es hier kaum. Heute ist es die Kultur-, Kneipen- und Shoppingmeile in der Passauer Altstadt und das Angebot ist verführerisch: Elisabeth Spatz-Distlers fantasievolle Hutkreationen (Kunstschnitt, Höllgasse 12), Susanne und Jörg Hintz' Glasschmuck (Höllgasse 15) oder das urig-alternative Wirtshaus **Zum Grünen Baum** 5, das Kochkunst und Trinkkultur in Bio-Qualität verspricht (Höllgasse 7, s. Essen & Trinken S. 241). Kunst und Genuss, dazu schöne Bücher und ein Internetcafé erwarten den Gast im **Café Unterhaus** 1 (Höllgasse 12, s. Abends & Nachts S. 242) mit Terrasse zur Donau.

Rathausplatz 6

Glasmuseum Passau: Am Rathausplatz, Tel. 0851 350 71, www.glasmuseum.de, tgl. 13–17 Uhr, 5 €

Unwirklich hell erscheint der sich zur Donau hin öffnende **Rathausplatz** nach dem Schummerlicht in den schmalen Gassen. Die politische Vertretung mussten sich die Passauer Bürger in mehreren Aufständen erkämpfen, vor denen die Fürstbischöfe in die Veste Oberhaus am gegenüberliegenden Donauufer flüchteten. Das Rathaus stammt aus dem 14./15. Jh., der Turm wurde aber im 19. Jh. neu aufgebaut, und die Wandfresken entstanden Anfang des 20. Jh. Über einem Fenster zeigt das Fresko Passau, wie es 1493 in einer »Weltchronik« abgebildet war, mit den Türmen des Klosters Niedernburg und der Veste Oberhaus – aber ohne die barocken Kappen des Doms. Auch die Ausstattung des Ratssaales mit Gemälden zur Nibelungensage erfolgte Ende des 19. Jh. – Bischof Pilgrim von Passau (10. Jh.) soll ja einer der Protagonisten dieses Epos gewesen sein. Die Stuckarbeiten an den Decken sind Werke Carlones (tgl. 10–16 Uhr zugänglich, außer bei Veranstaltungen).

Schräg gegenüber sind im **Glasmuseum Passau,** untergebracht im Hotel Wilder Mann, über 30 000 historische und moderne Gläser aus böhmischer Produktion zu bewundern. Außerdem gibt es diverse Sonderschauen zum Thema Glas.

Scharfrichterhaus 7

Milchgasse 2, Tel. 0851 359 00, aktuelles Kabarett- und Musikprogramm unter www.scharfrichter-haus.de oder direkt im Haus

Schräg hinter dem Rathaus steht an der Einmündung der Milchgasse das frühere Stadtgerichtsgefängnis, später zugleich Wohnsitz des Henkers und heute als Scharfrichterhaus weit über Passaus Grenzen als Kabaretttalentschmiede berühmt. Der lauschige, von spätgotischen Arkaden gesäumte Innenhof ist an Sommerabenden einer der romantischsten Plätze der Stadt, das Restaurant unter Gewölben ambitioniert und mit feinem österreichischen Goût gesegnet, die Kneipe mit der Scharfrichterbühne urgemütlich. Natürlich muss man hier einen Kabarettabend erleben, womöglich gar mit einem der Großen, deren Karriere auf dieser Bühne begann: Siggi Zimmerschied, Bruno Jonas, Hape Kerkeling oder Urban Priol. Kurzum, das Scharfrichterhaus ist ein Biotop des kritischen, aber durchaus auch genießerischen Lebens in Passau (s. auch S. 240 und 243).

Veste Oberhaus 8

OberhausMuseum: Veste Oberhaus 125, Tel. 0851 493 35 12, www.oberhausmuseum.de, Mitte März–Mitte Nov. Mo–Fr 9–17, Sa/So 10–18 Uhr, 5 €, erreichbar mit dem Auto bis Parkplatz Oberhaus oder mit dem Pendelbus, Mitte März–2. Nov., alle 30 Min. ab Rathausplatz, Mo–Fr 10–17, Sa/So/Fei 10–18, ab Oberhaus Mo–Fr 10.15–17.15, Sa/So/Fei 10.15–18.15 Uhr

Ein Stück östlich vom Rathaus führt die Prinzregent-Luitpold-Brücke über die Donau und an den Fuß des Felsens, auf dem die Veste Oberhaus als Zwing- und Schutzburg thront. Zu Fuß kann man die Veste über den Ludwigssteig erreichen, der mit 200 in den Fels gesprengten Stufen in dichtem Grün und teils auf dem alten Schutzweg zwischen Ober- und Niederhaus steil hinaufführt.

1219, zwei Jahre nach Verleihung der Fürstbischofswürde, begann der Bau der Passauer Burg auf einem 100 m hohen keilförmigen Felsen am Zusammenfluss von Donau und Ilz. Interessanterweise erfolgten die ersten Ausbaumaßnahmen im 14. und 15. Jh. mit dem klaren Ziel, die Burg gegen Angriffe Passauer Bürger zu sichern (Mauer und Wehrturm; gesicherter Gang zur Veste Niederhaus am Fuß des Felsens). Erst im 16./17. Jh. fürchteten die Fürstbischöfe einen Feind von außen, die Türken. Nun wurde die Landseite befestigt und als man im 18. Jh. erkannte, dass vom Nachbarn Bayerns Bedrohung ausging, wurde die Veste erneut verstärkt. Dieses in vielen Jahrhunderten entstandene Bollwerk gegen äußere und innere Feinde ist für sich allein schon eine Attraktion, besonderen Reiz aber gewinnt es durch das darin untergebrachte Museum. Besonders die Ausstellung ›Irdisches Leben – Alltag auf einer Ritterburg‹ wird Kindern Spaß machen: Sie können da sogar sinnlich erfahren, in welcher Kälte und welchem Gestank die alten Rittersleut' lebten. ›Himmlisches Streben‹ widmet sich den religiösen Aspekten des Lebens, ›Geheimnis der Bruderschaft‹ erklärt Zunft und Handwerk. Die Dauerausstellungen ergänzen wechselnde Themenschauen, auch sie sind der Historie Passaus gewidmet.

Kloster Niedernburg 9

Über die Brücke zurück führt die Tour durch Passau nun stadteinwärts zum Kloster Niedernburg. Dessen Kirche **Heiligkreuz** war wohl das erste Gotteshaus in Passau; Grabungen brachten spätantike, karolingische und ottonische Fundamente zutage. 1040 wurde die dritte, nun als dreischiffige Basilika errichtete Kirche geweiht und mit einer Kreuzreliquie beschenkt. Umbauten fanden im 15. und 16. Jh. statt, dann wurde auch Heiligkreuz Opfer mehrerer Stadtbrände im 17. Jh. und danach barockisiert. Im 19. Jh. machte man all diese Veränderungen im Zuge der Reromanisierung rückgängig, so dass Heiligkreuz heute in klarer Schlichtheit eine wundervolle Stimmung besitzt. Anziehungspunkt für Pilger, vor allem aus Ungarn, ist das Grab der heiliggesprochenen Königin Gisela (gest. um 1060). Die deutsche Herzogstochter hatte den ungarischen König geheiratet und das Christentum im Heidenland verbreitet. Nach dem Tod des Gatten trat sie 1042 in das Kloster Niedernburg ein.

Museum Moderne Kunst/Stiftung Wörlen 10

Bräugasse 17/Donaukai, Tel. 0851 383 87 90, www.mmk-passau.de, Di–So 10–18 Uhr, 5 €

Wenige Schritte entfernt, zwischen Bräugasse und Donaukai, kehren wir im **Museum Moderne Kunst** in die Gegenwart zurück. Auch hier finden sich übrigens Historie und Moderne vorbildlich vereint. Was dem Dombaumeister glückte, der Spagat zwischen Gotik und Barock, gelang hier über einen noch größeren Zeitraum hinweg: Das Haus aus dem 16. Jh. wurde bei Umbau und Renovierung im 20. Jh. vorbildlich bewahrt und geschickt mit modernen Architekturelementen verbunden. Man fragt sich, ob das in der Neuen Mitte nicht auch möglich gewesen wäre. Wer Genaueres zur Geschichte des Hauses wissen möchte, findet auf der Homepage eine interessante virtuelle Führung durch die historische Bausubstanz.

Gründer des Museums ist der Architekt Hanns Egon Wörlen (geb. 1915), Sohn des Malers und Grafikers Georg Philipp Wörlen (1886–1954), der zum Freundeskreis um Alfred Kubin gehörte und in den 1920er-Jahren ein bedeutender Vertreter des Expressionismus war. Sein Werk ist Kern der Sammlung; daneben sind Arbeiten der meisten Mitglieder der Donauwaldgruppe (s. Panorama S. 70) ausgestellt. Nach dem Besuch des Museums klingt das Gesehene im idyllisch am Donauufer gelegenen Museumscafé nach.

Dreiflüsseeck 11

Nun sind's nur noch wenige Schritte zum **Dreiflüsseeck.** Bei schönem Wetter sieht man besonders gut, dass die Flüsse tatsächlich unterschiedliche Farben haben: graublau die Donau, grünschimmernd der Inn und wegen ihres Moorwassers fast schwarz die Ilz. An der östlichen Landspitze überlagert der Inn die Donau und von Norden zieht sich das dunkle Band der Ilz weit hinein in das Gemenge der beiden Großen. Die Spitze umrundend und an der Innpromenade westwärts gehend kommt der **Schaiblingsturm** in Sicht, im 14. Jh. wohl zum Schutz des Salzschiffhafens erbaut, denn Salz kam ja aus den Alpen den Inn herauf. Ein angenehmer Platz zum Verweilen ist das **Atelier-Café Ort 2** 7 (s. Essen & Trinken S. 241), wo man umgeben ist von wechselnden Kunstausstellungen und auf der Innterrasse leckere Snacks und Kuchen bekommt.

Auf der Innpromenade zum Theater

Je nach Laune lässt sich der Tag an der mit viel Grün hübsch gestalteten Promenade vertrödeln, man kann anderen Läufern folgend eine Inn-Joggingrunde einlegen oder aber Redoute und dem 1783 erbauten **Stadttheater** 12 Beachtung schenken. Die Innprome-

Der Schaiblingsturm an der Innpromenade wachte einst über die salzbeladenen Schiffe

nade führt direkt zur Universität, einem weiteren architektonisch sehr gelungenen Zusammenspiel von Alt und Neu. Die kleine Hochschule hat einen exzellenten Ruf und sehr anhängliche Ehemalige (s. Panorama S. 57). Hier lenkt die ultimative Szenekneipe **Innsteg** 6 (s. Essen & Trinken S. 241) die Studenten mit gutem Essen, kühlen Drinks und Innpanorama von ihren eigentlichen Pflichten ab.

Römermuseum Kastell Boiotro 13

Lederergasse 43, Tel. 0851 347 69, www.stadtarchaeologie.de, März–Nov. Di–So 10–12, 14–16, Juni–Aug. schon ab 13 Uhr, 2 €

Auf dem Fünferlsteg gelangt man ans gegenüberliegende Innufer, wo Museum und Freigelände mit den römischen Kastellmauern Passauer Geschichte von der Steinzeit bis ins Frühmittelalter dokumentieren. Besucher wandeln hier buchstäblich auf historischem Boden: Wo die Römer im 3. Jh. Boiotro errichteten, ließ der hl. Severin im 5. Jh. eine Kirche erbauen. Das Museum residiert in einem mittelalterlichen Haus, das auf diesen alten Fundamenten ruht.

Wallfahrtskirche Mariahilf 14

Und für den letzten Besichtigungspunkt auf dieser Innseite ist etwas Kondition gefragt: 321 Stufen führen steil auf den Mariahilfberg zur Wallfahrtskirche **Mariahilf.** Die im 17. Jh. begründete Wallfahrt gilt einem Marienbild, das als Kopie einer Madonna von Lucas Cranach d. Ä. angefertigt wurde und, in einem Garten ausgestellt, immer wieder Marienvisionen heraufbeschwor. 1630 war die Wallfahrtskirche errichtet worden. Der Kult erhielt Auftrieb durch den Sieg über die Türken bei Wien 1683, den man der Anrufung Mariens zuschrieb. Die Kirche selbst ist schlicht und relativ klein; was den Aufstieg aber lohnt, ist der Blick auf Passaus Altstadt.

Übernachten

Gediegen mit Donaublick – **König** 1: Untere Donaulände 1, Tel. 0851 38 50, www.hotel-koenig.de, 41 Zi., DZ ab 110 €. Schöner kann man nicht wohnen: entweder mit dem Blick auf Donau und Veste Oberhaus oder aber nach hinten in den blühenden Garten von St. Paul. Die Zimmer sind komfortabel und freundlich eingerichtet, das Frühstücksbüfett ist üppig, der Service angenehm und aufmerksam, Gäste können die hoteleigene Garage nutzen. Zum Domplatz und in die Höllgasse sind es nur wenige Schritte.

Historisch – **Altstadt-Hotel** 2: Bräugasse 23–29, Tel. 0851 33 70, www.altstadt-hotel.de, 54 Zi., DZ ab 85 €, im Gästehaus ab 65 €. Gutbürgerlich ist vielleicht die treffende Beschreibung für dieses Haus direkt an den Donauanlegestellen 2 und 3. Freundliche Zimmer, im Gästehaus Zum Laubenwirt gleich nebenan etwas einfacher gehalten, Restaurant und Terrasse direkt auf dem Fluss.

Originell – **Rotel Inn** 3: Hauptbahnhof/Donauufer, Tel. 0851 951 60, www.rotel-inn.de, Ende April–Anfang Okt., 100 Zi., DZ ab 50 €. Vorab eine Erklärung: Die Passauer Familie Höltl hat mit ihren Rotel-Tours (Rundreisen, bei denen die Gäste in Kojen im Busanhänger schlafen) die Studienreisen revolutioniert; mit dem Rotel Inn versucht sie's in der Hotellandschaft. Die Zimmer sind bunt gestaltet und werden auf ihren 1,5 m Breite komplett vom Bett eingenommen. Duschen und WC liegen im Gang gegenüber. Als Fahrradhotel wegen der Nähe zum Bahnhof und Donauradweg beliebt.

Einfach mit Weitblick – **Jugendherberge Passau** 4: auf der Veste Obernhaus 125, Tel. 0851 49 37 80, www.passau.jugendherberge.de, 131 Betten/27 Zi., um 20 €/Übernachtung, Bus 1, 2, 4: ZOB Ilzbrücke oder Pendelbus. Wenn kein Bus fährt, ist der Aufstieg mit Gepäck schon kräftezehrend; oben erwartet die Gäste aber dann besagter Weitblick und das Abenteuer, in einer Burg zu wohnen.

Essen & Trinken

Weinselig – **Stiftskeller Passau** 1: Heiliggeistgasse 4, Tel. 00851 26 07, www.stiftskeller-passau.de, Do–Di 10–24 Uhr, Hauptgerichte 10–16 €. Österreichische und bayerische Spezialitäten, dazu frischer Fisch aus dem Gartenbassin. Im Keller die historischen Gewölbe; bei schönem Wetter ein herrlicher Weingarten – die Bindungen zum Nachbarland sind eng in diesem Traditionsrestaurant und die Weinkarte entsprechend gut sortiert.

Frankophil – **Louis XIV** 2: Schlosshotel Ort, Im Ort 11, Tel. 0851 34 072, www.schlosshotel-passau.de, tgl. 18–1 Uhr, Hauptgerichte ab 12 €, DZ ab 100 €. Das Louis XIV, ursprünglich romantisch-verwinkelt hinterm Dom gelegen, entfaltet seinen frankophilen Zauber nun im Schlosshotel am Dreiflüsseeck. Ausschließlich frische Zutaten, französische und auch einige italienische Kreationen, zudem knackige Salate und Snacks zeichnen die junge, frische Küche aus. Bei schönem Wetter kommt auf der Terrasse der Blick dazu. Empfehlenswerte Unterkunft.

Fein und romantisch – **Scharfrichterhaus** 3: Milchgasse 2, Tel. 0851 359 00, www.scharfrichterhaus.de, Mo–Fr 12–14 und 18–open end, Hauptgerichte 8–13 €. Auch hier regionale Küche aus dem Dreiländereck, saisonal geprägt, sehr fein und ambitioniert, so z. B. die Strudltascherl mit Spargel-Ricotta-Füllung oder die Tafelspitzsülze auf Kürbiskernöl. Das aufmerksame und sehr freundliche Personal empfiehlt zu jedem Gericht den passenden Wein aus dem gut sortierten Weinkeller. Romantisch ist es an lauen Sommerabenden im Arkadenhof.

Lounge mit Fernblick – **Café Diwan** 4: Nibelungenplatz 1, Tel. 0851 490 32 80, Mo–Do 9–19, Fr/Sa 9–24, So 13–18 Uhr, Hauptgerichte um 11 €. Das Retro-Café im Stadtturm ist berühmt für sein Panorama; serviert werden Salate und leichte Mahlzeiten.

Bio & regional – **Zum Grünen Baum** 5: Höllgasse 7, Tel. 0851 356 35, tgl. 10–24 Uhr, Hauptgerichte 8–10 €. Seit 1705 gibt's in der Höllgasse 7 ein Wirtshaus. Heute wird es engagiert als zertifiziertes Biogasthaus geführt. Was man bestellt, kann man also mit gutem Gewissen essen – und mit viel Genuss ebenfalls, denn ob Bayern-Standards wie Lüngerl oder eher Alternatives wie Hirse-Gemüseauflauf: Die Zutaten stammen aus kontrolliert biologischer Produktion und schmecken köstlich!

Studentenflair – **Innsteg** 6: Innstr. 14, Tel. 0851 512 57, www.innsteg.de, Hauptgerichte um 8 €. Die Lage ist nicht zu toppen; auf gleich zwei Terrassen übereinander können Jungs und Mädels in der Sonne bräunen, den Blick auf den Inn genießen, Cocktails schlürfen und alles Mögliche schnabulieren. Auf der Karte findet sich von Schaschlick bis Bärlauchsuppe, von Ciabatta bis Fischspieß auf Hibachi einfach alles, was grad' so angesagt ist.

Kunst-Genuss – **Atelier-Café Ort 2** 7: Im Ort 2, Mi–So 11.30 bis Sonnenuntergang, kleine Gerichte wie Caprese um 5 €. Leckere Kleinigkeiten und wechselnde Kunstausstellungen in schöner Lage unweit des Dreiflüsseecks.

Einkaufen

Süße Verführung – **Café Simon** 1: Rindermarkt 10, Tel. 0851 383 88 50, www.simon-passau.de, Mo–Sa 8–18 Uhr, So/Fei 10–18 Uhr. Köstliche Pralinés und die berühmten Passauer Goldhauben, Marillen- und Nusstrüffel mit einer Blattgoldauflage von feinster Qualität.

Szeneläden – **Höllgasse** 2: Kunstschnitt, Höllgasse 12, fantasievolle Hüte; Glasschmuck & Design, Höllgasse 15, wunderschöne Ohrringe und Anhänger aus Glas; Café Unterhaus, Höllgasse 12, Bücher, Kunst, Snacks und Internet.

Aktiv & Kreativ

Fernradeln – **Verschiedene Radwege:** Radfahrer starten von Passau aus auf dem Donauradweg in Richtung Regensburg oder Wien, auf dem Innradweg zum Papst-Benedikt-Geburtsort Marktl oder auf dem anspruchsvollen Ilztal-Höhenradweg zu einer Rundtour um den Flusslauf der Ilz. Infoset »Radeln in Niederbayern/Passauer Land

Europäische Wochen

Das 1952 begründete Festival ist eine der ambitioniertesten Musikveranstaltungen Deutschlands. Prominente Orchester und Künstler aus allen Musiksparten, von Klassik bis Weltmusik, von Avantgarde bis Jazz, treten im Rahmen der Europäischen Wochen Mitte Juni bis Mitte/Ende Juli (2009: 12. Juni–19. Juli) an den schönsten Veranstaltungsorten Ostbayerns, Böhmens und Oberösterreichs, vor allem aber in Passau, auf. Im Rahmenprogramm gibt's Vorträge, Diskussionen, Ausstellungen und Theater. Infos unter www.ew-passau.de, Karten gibt es auch bei der Kartenzentrale Europäische Wochen Passau, Schustergasse 21/Ecke Michaeligasse, Tel. 0851 75 20 20.

Spätsommer an der Ilz ...

und Rottal-Inn« bei der Touristinfo Passauer Land (s. Infobox S. 230).

Golf – **Donau-Golf-Club** 1: Raßbach 8, Tel. 08501 913 13, www.golf-passau.de. Das 18- und 6-Green liegt reizvoll eingebettet in ländlicher Umgebung. Greenfee wochentags 41 €, Wochenende 49 €.

Abends & Nachts

Kultur, Tanz & WWW – **Café Unterhaus** 1: Höllgasse 12, Tel. 0851 989 04 64, www.unterhaus.com, Mi–Mo 12–1, Di 18–1 Uhr. Ein vielseitiger Laden: Buchhandlung, Internet, Kunstgalerie, Café, abends dann Klub und nebenbei werden ›Leuchtkörper‹ verkauft. Samstags Afrobeats und Soul, dienstags Tango, viele Liveauftritte.

HipHop & FunkHouse – **New Tolstoi** 2: Haitzingerstr. 99, www.beepworld.de/members53/newtolstoi/index.htm, Fr/Sa 21–4 Uhr. Das New Tolstoi ist gerade dabei, sich in der Szene mit viel schwarzer Musik und prominenten Gast-DJs zu etablieren.

Dance & Concert – **Camera** 3: Am Ludwigsplatz, Tel. 0851 342 30, www.camera-passau.de, Do–Di 22–4 Uhr. Livebands und Mottopartys wie Ü 30; eher etwas für die ›älteren Semester‹.
Kabarett & Jazz – **Scharfrichterhaus** 4: s. Essen & Trinken. Fast täglich Liveauftritte von Alten Hasen und Newcomern, teils auch an anderen, größeren Veranstaltungsorten. Aber am schönsten ist es natürlich auf der kleinen Bühne des Scharfrichterhauses.
Sehen und gesehen werden – **Innsteg** 5: s. Essen & Trinken. Auch abends die Location des studentischen Publikums mit höherer Apanage. Im Sommer Super-Stimmung und bunte Drinks auf den Terrassen.

Infos & Termine

S. Infobox S. 230
Passauer Kabaretttage: Milchgasse 2, Tel. 0851 359 00, www.scharfrichterhaus.de. Kabarett vom Feinsten (Okt.–Dez.) im Scharfrichterhaus und an anderen Spielorten. Hier kann man Entdeckungen machen und der Talentierteste gewinnt das ›Scharfrichterbeil‹.
Ilzer Haferlfest: Mitte Juli ist die Ilzstadt, Passaus ehemaliges Fischer- und Schifferviertel, drei Tage lang Schauplatz von Sautrogrennen, Maibaumkraxeln und dem Verschwinden von vielen hundert Hektolitern Bier in durstigen Kehlen.

Naturschutzgebiet Ilzschleife ▶ M 12

Das Ilztal (s. S. 223) ist eine der wildesten Naturlandschaften Ostbayerns, wenngleich die Ilz seit Jahrhunderten für die Holztrift genutzt und dafür auch mittels Triftsperren und -tunnel ausgebaut wurde. Ein lästiges Hindernis für die Trift war die große Schleife der Ilz bei Hals, 1,5 km Ilz-aufwärts von Passau, kurz vor deren Mündung in die Donau. Hier verläuft ein Nebenarm des Quarzriffs Pfahl, und dessen äußerst hartes Gestein zwingt den Fluss zum Ausweichen. Unter König Ludwig I. wurde an der Schmalstelle dieser Schleife ein 115 m langer Trifttunnel gebaut, der die Strecke abkürzte. Heute führen Wanderwege durch das **Naturschutzgebiet Ilzschleife** und durch den Tunnel.

Unser Tipp

Feine Stoffe, traditionelle Muster – Handweberei Moser ▶ O 11/12
Von Obernzell führt eine stetig bergauf kletternde Straße in 15 km nach Wegscheid, ganz nahe an der österreichischen Grenze gelegen. In diesem hübschen Örtchen bewahrt die Handweberei Moser noch die alte Kunst der Leinenweberei auf Handwebstühlen. Seit den 1950er-Jahren produzieren die Weber auf manuell betriebenen Webstühlen feine Leinenstoffe in traditionellen Webmustern aus dem Bayerischen Wald. Besucher können nach Voranmeldung den Produktionsraum besichtigen und beim Weben zusehen. Im Laden der Handweberei fällt die Wahl schwer, so schlicht und schön sind Hand- und Geschirrtücher, Kissenhüllen und Vorhänge und die Stoffe vom laufenden Meter. Natürlich können Sie auch nach eigenen Vorgaben und Maßen arbeiten lassen. (Säumerweg 2, 94110 Wegscheid, Tel. 08592 695, www.handweberei-moser.de, Mo–Fr 9–18, Sa 9–12 Uhr.)

Übernachten, Essen

Unterkunft oder Rast – **Gasthof Zur Triftsperre:** Triftsperrstr. 15, 94034 Passau, Tel. 0851 511 62, www.zur-triftsperre.de, Di–So 10–24 Uhr, 22 Zi., DZ um 55 €. Hauptgerichte wie Forelle oder Wild ab 12 €. Er ist für beides empfehlenswert – für die Rast ebenso wie für die Übernachtung. Mit Biergarten.

Von Obernzell nach Neureichenau ▶ N 12–10

Obernzell ▶ N 12

Museum: Schlossplatz 1, Tel. 08591 10 66, www.obernzell.de, April–6. Jan. Di–So 10–17 Uhr, Eintritt frei
Am Nordufer der Donau nach Osten sind's 19 km bis **Obernzell** mit seinem ehemaligen Wasserschloss aus dem 15./16. Jh., in dem heute ein **Museum** die Bedeutung der Keramik für die Siedlung an der Donau erläutert. Deren alter Name Hafnerzell erinnert daran, dass hier früher die Töpfer beheimatet waren.

Donauleiten ▶ N 12

Haus am Strom: Am Kraftwerk 4, Jochenstein, Tel. 08591 91 28 90, www.hausamstrom.de, März/April und Sept.–Jan. Di–So 10–17, Mai–Sept. tgl. 9–18, Jan.–März Do–So 11–16 Uhr, 2,50 €
Zwischen Obernzell und Jochenstein an der österreichischen Grenze fließt die Donau durch das Engtal der Donauleiten, das man wegen des Aufstaus durch das in den 1950er-Jahren erbaute Kraftwerk Jochenstein als solches gar nicht wahrnimmt. Vielmehr wirkt der Flussabschnitt wie ein von steilen Hängen eingerahmter See. Heute sind die dicht bewaldeten Hänge der Donauleiten Naturschutzgebiet und Heimat seltener Tierarten wie der Äskulapnatter und der Was-

seramsel, im Fluss selbst sind Waller, Äschen, Forellen und Marmorgrundeln zu finden. Den Lebensraum Donauleiten und Themen wie Wasser, Ökologie und Technik präsentiert das **Haus am Strom** (22 km östlich) am Kraftwerk Jochenstein.

Breitenberg und Rastbüchl ▶ N/O 11

Webereimuseum: Gegenbachstr. 50, April–Okt. Mi, Sa/So 14–16.30 Uhr, Mai–Sept. tgl. 14–16 Uhr, 2 €, Infos bei der Gemeinde Breitenberg, Rathausplatz 3, 94139 Breitenberg, Tel. 08584 961 80

Die folgenden 11 km nach Norden bis **Breitenberg** sind besonders schön; Hügel um Hügel klettert die Straße weiter bergan auf die Gipfelkette des Bayerischen Waldes zu. Im Winter ist die Region schneesicher; vom Nordischen Zentrum Jägerbild führen Loipen in alle Himmelsrichtungen. In der Nähe von Breitenberg ein Tipp für Skisprungfans: Im Sommer trainieren die Athleten gerne bei **Rastbüchl,** 3 km westlich, auf drei Sommerschanzen. Mit Glück sieht man hier Skisprungweltmeister und Olympiasieger Michael Uhrmann, den ›Adler aus dem Bayerischen Wald‹, beim Fliegen (www.rastbuechl.de). Im Gasthof Alte Mühle gibt's bayerische Brotzeit (Rastbüchl 2, Tel. 08584 10 07). Wer sich für die kunsthandwerklichen Traditionen interessiert, findet im **Webereimuseum** beim Freizeitzentrum Gegenbach anschauliche Darstellungen der alten Kunst des Flachsspinnens, der Weberei und des Blaudrucks.

Nach Neureichenau ▶ N 10

Auch die folgenden 10 km nach **Neureichenau** geizen nicht mit landschaftlicher Schönheit. Die östliche Anfahrtsvariante führt über **Lackenhäuser,** wo der Dichter Adalbert Stifter auf dem Rosenberger Gut wiederholt arbeits- und genussreiche Tage verbrachte (s. Panorama S. 70 und Entdeckungstour

Der Dreisessel ist markanter Höhepunkt vieler Wanderrouten

Auf Entdeckungstour

Wandern auf den Spuren Adalbert Stifters

»Waldwoge steht an Waldwoge, bis eine die letzte ist und den Himmel schneidet …« – die Wanderung folgt Adalbert Stifters Gedanken und Impressionen über den Bayerischen Wald von seinem Feriendomizil Rosenberger Gut zum Gipfel des Dreisessel. Bildtafeln zeitgenössischer Künstler aus der Region und die Zitate Stifters weisen den Weg.

Reisekarte: ▶ O 10

Zeit: 4 Std.

Planung: Der Literaturweg 4 führt in 4,5 km (500 Höhenmeter) auf den Gipfel des Dreisessels (Gehzeit einfach ca. 2 Std.). Einkehr unterwegs: Zitherwirt (Lackenhäuser 129, Tel. 08583 348, Mi–Mo), Berglandhof (Lackenhäuser 34, Tel. 08583 91 89 40, www.berglandhof.com), Berggasthof Dreisessel (Dreisesselhaus 1, Tel. 08556 350, www.dreisesselberg.de)

Start: Parkplatz Feuerwehrhaus, Rosenberger Gut, Lackenhäuser (800 m)

Wer vor der Tour einen Blick in Adalbert Stifters Studierstube im Rosenberger Gut werfen möchte, sollte die Besichtigung telefonisch bei Frau Boxleitner unter Tel. 08584 98 97 24 verabreden. Die Adalbert-Stifter-Gedenkräume sind schlicht eingerichtet, so wie man es von einem Dichter erwartet, dessen höchste Empfindungen um die Schönheit der Natur kreisten. Dann gibt Tafel 1 einen Überblick über das Wegnetz. Die mit Acryl bemalten Metalltafeln entlang der Literaturwege entstanden übrigens bei einem Symposium im Jahr 2000, an dem Künstler aus Deutschland, Österreich und Tschechien teilnahmen.

Stifter erklimmt den Dreisessel

»Von den Scheuern des Rosenberghauses führt ein Fußpfad einem Wässerlein entgegen am Feldrande bis zu dem Walde. Dort strömt ein klarer Bach aus dem Dunkel hervor. Und von dort geht ein Weg, so trefflich, dass ihn eine Frau mit Stadtschuhen begehen kann, schräge an der Walddachung zu den drei Sesseln hinauf. Man geht beständig unter hohen Bäumen, eine Strecke unter sehr schönen Buchen. Auf der Waldschneide stehen hier und da Granitgiebel hervor, die aussehen, als wären sie aus riesigen Steinscheiben gelegt worden.« (Adalbert Stifter, Aus dem bairischen Walde, Erzählung 1871, zitiert nach der von Paul Praxl herausgegebenen Ausgabe, Morsak Verlag, Grafenau 2005).

Durch den Hochwald

Der rot markierte Literaturweg 4 verläuft zunächst gemeinsam mit Weg 1 über die Tafel 2 von David Svoboda, »Zwei Köpfe, zwei Steine«, mit einem schönen Zitat aus Stifters Briefen zum Thema Wasser: »Ich trinke das Wasser, welches hier aus dem ungeheuren Granitlager ... mit einer Klarheit und Durchsichtigkeit kömmt, von der sich niemand eine Vorstellung machen kann ...«. An der Tafel 3, Rudolf Ranzingers »Stunde des Glückes«, biegt Weg 1 nach Osten ab. Aus Stifters Novelle »Hochwald« können wir hier lesen, wie sehr den Dichter jenes »schwermütig schöne Bild dieser Waldtale« berührte. Der Weg führt nun nordwestwärts und erreicht die Tafel 15, auf der Horst Bernhard Schwarzenberg die Stimmung »Vor dem Gewitter« einfing. Der Dichter schreibt: »Über dem ganzen Mühlkreis ... stand schon eine dunkelgraue Wolkendecke, deren einzelne Zeilen auf ihrer Überwölbung die Farbe des Bleies hatten, auf der Unterwölbung aber ein zartes Bleu zeigten ...« – welche Präzision der Beobachtung! Den Wanderern wünschen wir aber, dass ihnen dieser Anblick auf dem Literaturweg erspart bleibt, denn die Dreisesselfernsicht sollte keine Gewitter trüben. Auf Tafel 16 hat Veronika Mikesova ein versöhnlicheres Motiv gewählt, nämlich »Im Wald«. Der Meister meint dazu: »Und der Wald, wenn ihr in ihm herumgehen werdet, hat köstliche Dinge in sich ...«.

Gipfelsturm

Hier stoßen Literaturweg 3, vom Dreisesselparkplatz und Osten kommend, sowie Weg 2 aus Altreichenau im Westen dazu. Unterhalb des markanten Dreisesselfelsens stört ein Parkplatz das Naturempfinden erheblich; über eine steile Treppe geht's hinauf auf die aus abgerundet verwitterten Basaltfelsen zusammengesetzte Formation. Adalbert Stifter erzählt in »Hochwald« dazu eine Sage, nämlich dass sich hier einstmals die Könige von Österreich, Bayern und Böhmen auf den »Drei Sesseln« versammelt hätten, um die Gren-

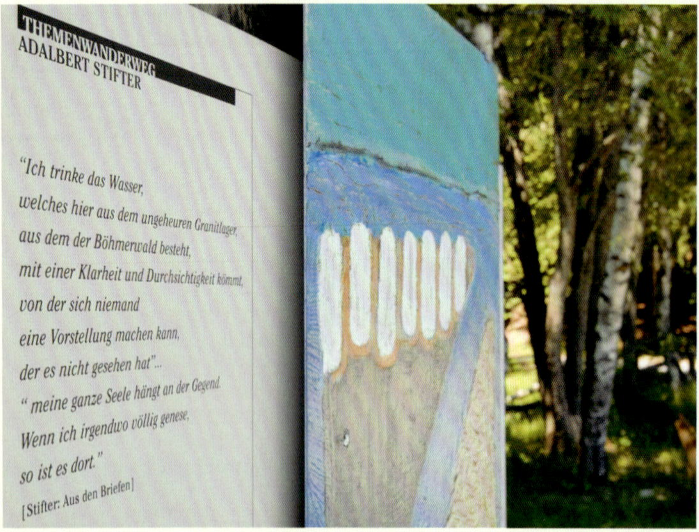

Die Metalltafel mit Stifters schönem Zitat vom Wasser ...

zen zwischen ihren Ländern abzustecken. Die deutsch-tschechische Grenze verläuft nur wenige Meter östlich der Felsgruppe, und die österreichische ist nicht weit entfernt. Der eigentliche Gipfel des Dreisesselberges, der 1333 m hohe Hochstein, muss noch in einem viertelstündigen Marsch erstiegen werden. Von ihm sieht man tief ins böhmische Waldgebirge. Hier findet sich Hubert Hubers Tafel 10 mit dem Titel »... weg ...«. Das dazugehörige Stifterzitat ist dem Roman »Der Nachsommer« entnommen: »Es war ein gewaltiger Reiz für das Herz, das Unnennbare, was in den Dingen vor mir lag, zu ergreifen ...«.

Auf gleichem Weg kehrt man zum Ausgangspunkt zurück.

Vita Adalbert Stifters

Der Dichter wurde am 23. Oktober 1805 im böhmischen Oberplan, unweit des Dreisesselberges, geboren und stammte aus einfacher Familie. Nach dem Tod der Eltern lebte er bei den Großeltern, besuchte das Gymnasium, studierte in Wien Jura und Geschichte, machte aber keinen Abschluss, sondern verdiente seinen Lebensunterhalt als Privatlehrer in Wien und später als Schulrat in Linz. 1837 heiratete er Amalia Mohaupt, deren Verschwendungssucht immer wieder finanzielle Probleme hervorrief. Zwischen 1855 und 1866 hielt Stifter sich wiederholt längere Zeit auf dem Rosenberger Gut auf. In dieser Zeit entstanden seine bedeutendsten Werke, so »Der Nachsommer« (1857) und »Witiko« (1865–67). Seine Novelle »Hochwald«, mit der er dem Bayerischen Wald ein erstes literarisches Denkmal setzte, erschien bereits 1841. Stifter litt zunehmend unter schweren Depressionen und starb 1868 in Linz.

S. 246). Der Luftkurort am Fuß des Dreisessels (1341 m) steht auch sonst ganz im Zeichen des romantischen Poeten, dem mehrere Wanderwege gewidmet sind, so von Neureichenau auf den Dreisessel oder vom Rosenberger Gut auf den markanten Felsgipfel (s. Entdeckungstour S. 246). Entlang der insgesamt 24 km Litera(Tour)-Wanderwege laden 15 Haltepunkte mit Stifter-Zitaten und Werken zeitgenössischer Künstler zur Besinnung ein. Bierfans kennen in Neureichenau nur ein Ziel: Gut Riedelsbach mit Deutschlands erstem geprüften Bier-Sommelier.

Essen & Trinken

Bier-Selig – **Gut Riedelsbach:** 4089 Neureichenau, Tel. 08583 960 40, www.gut-riedelsbach.de, Hauptgerichte ab 8 €, Bierverkostung nach Voranmeldung für mind. 10 Pers., Unterkunft, Zimmerpreise auf Anfrage. Hier berät Deutschlands erster geprüfter Bier-Sommelier Bernd Sitter bei der Auswahl des passenden Gerstensafts zum Gebackenen Bierfleisch oder Biersenfschnitzl.

Infos

Touristeninformation: Dreisesselstr. 8, 94089 Neureichenau, Tel. 08583 96 01 20, www.neureichenau.de. Informationen über Neureichenau, Unterkunftsverzeichnisse und Faltblätter zu den Stifter-Wanderungen.

Über den Haidel nach Freyung ▶ M/N 9/10

An der Ostflanke des Haidels windet sich die Straße 20 km nach Norden und Westen über Haidmühle nach **Bischofsreut,** wo eine kleine Tour auf den Gipfel des Haidels führt. Die ersten 5 km bis zur Wüstung **Leopoldsreut** kann man mit dem Auto bewältigen; der Aufstieg ist aber auch per MTB oder zu Fuß empfehlenswert. Moderne Kartenwerke nennen es Wüstung, die Einheimischen ein »g'schundenes Dorf«: Leopoldsreut wurde auf Geheiß des Fürstbischofs Leopold I. 1618 gegründet, um den Handelsweg Goldener Steig, der über den Haidel nach Böhmen führte, vor marodierenden Soldaten des Dreißigjährigen Krieges zu schützen. Aus den damals neun Siedlern war im 19. Jh. eine Gemeinschaft von 150 Menschen erwachsen, die dem harten Klima mit sechs Monaten Winter trotzten. Ab Beginn des 20. Jh. zogen immer mehr Leopoldsreuter aus dem Dorf hinunter ins Tal und 1963 war das Dorf mit der damals höchstgelegenen Schule Deutschlands verlassen. Historische Fotografien erinnern in der schlichten Kirche St. Nepomuk an die ehemalige Bayerwaldgemeinde. Ob tatsächlich nur die harten Lebensbedingungen die Menschen bewogen hatten wegzuziehen oder ob es auch an der Wiederaufforstungspolitik der bayerischen Staatsregierung lag, ist etwas umstritten. Kartoffeläcker waren den Forstplänen auf jeden Fall ein Hindernis.

Nach 2 km leichten Anstiegs durch dichten Wald ist der **Aussichtsturm** auf dem **Haidel** in 1167 m Höhe ist erreicht. Der Turm selbst ist weitere 35 m höher und damit eine Aussichtsplattform mit Weitblick über die Waldlandschaft des bayerisch-böhmischen Grenzgebirges. Auf gleichem Weg geht es nach Bischofsreut zurück. Im benachbarten **Philippsreut** kann man Abstecher nach Mauth und Finsterau unternehmen, wo ein Freilichtmuseum historische Höfe aus dem Bayerischen Wald prä-

Lieblingsort

Auszeit beim Gidibauer ▶ N 11
Ganz gleich, ob wir ›nur‹ zum Essen vorbeikommen oder uns ein paar Tage Auszeit gönnen wollen: Es muss der Gidibauer sein. Erstens, weil der uralte granitene Vierseithof am Ortsrand von Hauzenberg ohne folkloristischen Schnickschnack auskommt, schlicht-modern mit heimischen Materialien eingerichtet ist und wunderschön liegt mit herrlichem Blick übers Hügelland. Zweitens, weil Alois Ertl ein begnadeter Koch ist, auch in der Küche kein Schischi mag und köstliche regionale Gerichte wie Kalbsbackerl zaubert. (Naturhotel Gidibauer Hof, Grub 7, 94051 Hauzenberg, Tel. 08586 964 40, www.gidibauer.de, Di–So 11.30–14, 17.30–21.30 Uhr, DZ ab 80 €, Hauptgerichte ab 12 €.)

Unser Tipp

Speisen bei der Emmerenz
▶ M/N 10/11
Im Waldkirchener ›Vordorf‹ Schiefweg wurde unter der Adresse Dorfplatz 9 die Bayerwalddichterin Emerenz Meier geboren (1874–1928). Schiefweg mit seinen alten Höfen ist ein Idyll und das Geburtshaus mit seinem bunten Sonnenblumengarten erst recht. Dass Gäste im Landgasthaus Emerenz Meier auch noch vorzüglich bewirtet werden, und zwar mit Saurem Lüngerl ebenso wie mit Perlhuhnbrust auf Lauchrisotto, erhöht den Anreiz, das 200 Jahre alte Bauernhaus aufzusuchen. (Dorfplatz 9, 94065 Waldkirchen-Schiefweg, Tel. 08581 98 91 90, zur.emerenz@gmx.de, Di ab 17, Mi–So 11.30–14, 18–21.30 Uhr, Hauptgerichte ab 8 €.)

sentiert (s. S. 192). Dann führt die Tour 15 km nach Südwesten bis **Freyung,** Ausgangspunkt für den Besuch des Nationalparks Bayerischer Wald vom Hans-Eisenmann-Haus aus (s. S. 192).

Freyung ▶ M 10

Museum und Galerie Wolfstein:
Tel. 08551 571 09, www.freyung.de, Di–So 10–17 Uhr, 2 €
Wolfsteiner Heimatmuseum:
Tel. 08551 12 76, www.freyung.de, Mitte Juni–Mitte Sept. Di–Fr 14–17, Sa 10–12, Mitte Sept.–Ende Okt., Mitte Dez.–Mitte Juni Di, Do 14–17, Sa 10–12 Uhr, Eintritt frei

Um 1200 wurde die den Ort beherrschende **Burg Wolfstein** durch Fürstbischof Wolfker gegründet. Auch sie war Vorposten zur Rodung und Kolonisierung und diente ab dem 16. Jh. den Passauer Herren als Schloss. Das darin untergebrachte Museum widmet sich der Jagd und dem Fischfang, zeigt Waffen, Angelgerät und so manchen ausgestopften Balg. Die ebenfalls im Schloss untergebrachte Galerie Wolfstein präsentiert Werke der Donauwaldgruppe sowie ein Cartoon- und Karrikaturenkabinett. Weil aller guten Dinge drei sind, lädt das Wolfsteiner Heimatmuseum im Schramlhaus zur Besichtigung von Bauernstuben, Trachten und Hinterglasbildern.

Essen & Trinken

Tafeln in der Tafernwirtschaft – **Danibauer:** Falkenbach 2, 94078 Freyung, Tel. 08551 42 83, www.danibauer.de, Hauptgerichte ab 9 €. DZ ab 52 €. Der schöne Vierseithof lädt zu regionaler Küche in der urigen Wirtsstube, im 300-jährigen Säumerkeller unter Granitgewölben oder im lauschigen Biergarten. Gekocht wird bayerisch, teils nach alt überlieferten Rezepten. Wer sich in das Anwesen verliebt hat, kann über Nacht bleiben. Die Zimmer sind einfach,aber gemütlich.

Waldkirchen ▶ M/N 10/11

Auch **Waldkirchen,** 13 km nach Süden, lag einst am Goldenen Steig. Allerdings war es kein Vorposten wie Leopoldsreut, sondern eine mit Wehrmauern befestigte Rast- und Handelsstation. Im 11. Jh. gegründet, ab 1217 Eigentum der Passauer Bischöfe und bei Bränden im 19. Jh. und Bombardements im Zweiten Weltkrieg schwer zerstört, thront der Luftkurort auf einer Hügelkuppe. Einen eindrucksvollen Rest der Stadtmauer mit den Fundamenten zweier Rundtürme kann man am südwestlichen Rand der Altstadt bewundern. An einigen Straßenecken rund um den Markt stehen originelle ›Radabweiser‹, Rammböcke aus Stein, in Gestalt bunt bemalter Granitfiguren. Sie hatten die Funktion, die Hausecken an besonders befahrenen Kurven vor Beschädigung zu schützen. Den Anfang machte der ›Ewige Hochzeiter‹ Ecke Marktplatz/Jandelsbrunnerstraße. Im Lauf der Zeit kamen weitere Figuren dazu, natürlich auch eine Braut für den Hochzeiter.

Museum Goldener Steig

Büchl 22, Tel. 08581 92 05 51, Mai–Okt. Di–So 14–16 Uhr, 1,50 €
Waldkirchens Geschichte und die des Goldenen Steigs, auf dem in erster Linie Salz transportiert wurde, werden hier anschaulich und spannend präsentiert.

Infos

Touristeninformation: Ringmauerstr. 14, *94065 Waldkirchen*, Tel. 08581 194 33, www.waldkirchen.de. Infos zu Unterkunft und Freizeitangebot.

Hauzenberg ▶ N 11

11 km nach Süden durch die Hügellandschaft des Vorwaldes sind es zum Granitstädtchen **Hauzenberg** (12 000 Einw.). Es erlebte im 19. Jh. einen wahren Wirtschaftsboom, als sein Granit, der u. a. am Südrand der Stadt abgebaut wurde, in Europa als Bodenbelag für Straßen und Plätze der Metropolen begehrt war. Zwar spielt heute der Granitabbau keine tragende Rolle mehr, doch stolz ist man doch als Granitstadt, und so löste 2005 der Plan der an der Passauer ›Neuen Mitte‹ (s. S. 232) beteiligten Baufirmen, Granit aus China zu verbauen, eine Welle der Empörung aus. Die Demonstrationen und Proteste zeigten Wirkung. Schließlich verpflichteten sich die Bauherren, dem Stein aus dem Bayerischen Wald den Vorzug zu geben.

Der aufgelassene Granitbruch am Südrand von Hauzenberg dient heute als Rahmen für ein Granitmuseum (s. Entdeckungstour S. 254). Dass der nun für den Ort wirtschaftlich nutzlos gewordene Granit ein touristisch interessantes Thema abgeben könnte – diese von den Hauzenberger Stadtoberen gehegte Hoffnung, die dem Bau des Museums zugrunde lag, wirkte zunächst kühn. Doch die Architektur und die museumsdidaktische Aufbereitung des steinstaubigen Themas ist so überzeugend, dass nicht nur das Museum, sondern der ganze Ort davon profitiert: Plötzlich sind auch die alten, aus Granit erbauten Vierseithöfe rund um Hauzenberg eine Sehenswürdigkeit und der Granit-Erlebniswanderweg ist ein viel begangener Pfad.

Von Hauzenberg sind es noch 15 km zurück nach Passau.

Einkaufen

Dinkelbier – **Apostelbräu:** Eben 11–13, Tel. 08586 22 00, www.apostelbraeu.de. Einen ganz besonderen Sud braut das Apostelbräu, nämlich Dinkelbier. Es schmeckt nicht nur hervorragend, sondern soll auch sehr gesund sein!

Infos

Touristeninformation: Schulstr. 3, Tel. 08586 30 30, www.hauzenberg.de. Informationen, Gastgeberverzeichnisse und Karten der Wanderwege um Hauzenberg.

Auf Entdeckungstour

Granitzentrum Hauzenberg – rund um den Granit

Von Passau kommend präsentiert sich dieses Museum in Hauzenberg in seiner ganzen eindrucksvollen Wucht wie ein aus dem Gestein herauswachsender und mit ihm verbundener Bau, ungemein rau und abweisend auf den ersten Blick, ästhetisch und faszinierend auf den zweiten.

Reisekarte: ► N 11

Für wen: Interessierte an Geologie, Industriegeschichte, moderner Architektur oder zeitgenössischer Kunst

Zeit: 1–2 Std.

Planung: Passauer Str. 11, 94051 Hauzenberg, Tel. 08586 22 66, www.granitzentrum.de, tgl. 9–18 Uhr, 4 €

Start: Granitzentrum

Eine Halde von Bruchstein rahmt das aus Granitblöcken und -platten zu einem polygonalen, sich wie ein Fächer aufblätterndes Museum ein, das in einem stillgelegten Steinbruch erbaut, teils in den Fels gesägt wurde. Es ist Bestandteil der Natur und soll von ihr auch vereinnahmt werden, so sehen es die preisgekrönten Pläne des Architekturbüros Brückner & Brückner aus Tirschenreuth vor. Moose und Flechten sind bereits dabei, das Granitgrau mit Grün zu umhüllen. Wie eine Rampe wirkt die Westfassade aus übereinandergeschichteten Granitblöcken – über 1500 t Granit wurden bei diesem Projekt verbaut.

Auf gewachsenem Fels

Durch einen schmalen Gang gelangen Besucher ins Foyer und auf gewachsenen Fels. Der Boden, auf dem sie gehen, ist 300 Mio. Jahre alt. In der Halle erlebt man auch die besondere Wirkung des architektonischen Konzeptes. Baumaterialien sind nur Granit, Beton, Eisen und Stahl – all jene also, die auch im Steinbruch Verwendung finden. Und der Granit zeigt alle Facetten seiner Schönheit, als rauer, gebrochener oder glänzend als glattpolierter Stein oder aber von den Spuren des Spaltwerkzeugs gezeichnet, in dunklem und hellem, bläulichem oder grünlich schimmerndem Grau, gröberer oder feinster Körnung. Die zurückhaltende Beleuchtung schafft eine magische unterirdische Welt.

In die Erdgeschichte

Der Museumsrundgang beginnt mit einer ›Geostrecke‹ in der Abteilung ›Zeit des Steins‹, und hier mit einer Fahrt ins Erdinnere. Hinein in den Aufzug und keine Angst! Es rüttelt und holpert ein wenig, bis man 15 km Tiefe erreicht hat, wo vor 300 Mio. Jahren die Genese des Granits begann. Hier, im Reich der Kristalle und Urgesteine, erleben Besucher den ganzen Zauber der Unterwelt. Je weiter man geht, desto heller wird es, denn nun beginnt die ›Zeit des Menschen‹: Um 1000 wurde erstmals Granit im Bayerischen Wald abgebaut. Von den ersten einfachsten Werkzeugen und Transportmitteln über den halbindustriellen Abbau im 19. Jh. bis zu den Techniken der Gegenwart reicht der Bogen, den die Abteilung über die Geschichte des Granitgewerbes im Bayerischen Wald schlägt. Im Freigelände haben die Museumsmacher einen Steinbruch aufgebaut, wie er um 1930 ausgesehen hat.

Granit und Kunst

Die unterste Etage ist für wechselnde Ausstellungen reserviert. Sie zeigen die vielen Möglichkeiten, mit Granit künstlerisch oder kunstgewerblich umzugehen, und beleuchten historische Themen, wie es etwa die Fotopräsentation ›Staade Zeit – Winter im Hauzenberger Land‹ tat.

Granit und Wandern

Der Erlebniswanderweg zwischen Hauzenberg und Sonnen erfordert mit 20 km Länge, 400 m Höhenunterschied und 6,5 Stunden Gehzeit Kondition. Aber man könnte nach rund 14 km, bei Niederneureuth, die Wanderung abbrechen und von dort mit Bus 7599 zurückfahren. Unterwegs trifft der Wanderer auf vielfältige Granitzeugnisse – unser Lieblingsort, der Gidibauer, ist eine der vielen denkmalgeschützten Punkte auf dem Weg. Dann gibt's noch Marterl und Wassertröge, Kapellen, Fenstereinrahmungen, den Straßenbelag, noch tätige und aufgelassene renaturierte Granitbrüche. Zur Einkehr am Schluss empfehlen wir den sonnigen Innenhof des Gidibauer (s. S. 250).

Das Beste auf einen Blick

Zwischen Isar und Inn

Highlight!

Landshut: Die alte bayerische Herzogstadt ist ein wunderbares historisches Bauensemble, in dem fast jedes Haus und jede Kirche entlang Alt- und Neustadt Aufmerksamkeit verdient. Originelle Läden, schicke Cafés und Galerien sorgen für ein lebhaftes Flair. S. 258

Auf Entdeckungstour

Landshuts italienische Seite: Landshuts Herzöge litten unter Italo-Melancholie – ein Renaissance-Palazzo war der Trost. S. 262

Kultur & Sehenswertes

Kunst- und Wunderkammer auf Burg Trausnitz: Wie die Renaissance die Welt sah: Das Sammelsurium aus Schönem, Bizarrem und Exotischem war Vorläufer der heutigen Museen. S. 268

Siebenschläferkirche: Ein falsch gedeuteter römischer Grabstein löste eine Wallfahrt nach Rotthof aus. S. 277

Aktiv & Kreativ

Fahrradtour von Landshut nach Landau an der Isar: Gemütlich geht es an der Isar entlang zu historischen Städtchen. S. 272

Kräuterwandern: Mit der Kräuterhex' unterwegs um Bad Birnbach. S. 280

Genießen & Atmosphäre

Fürstenhof: Sterneküche in gediegen-romantischem Ambiente – ein kulinarischer Höhenflug in Landshut. S. 269

Hofgut Hafnerleiten: Wohnen inmitten stiller Natur und der Genuss mediterraner Küche mit Fernblick. S. 282

Abends & Nachts

Skylight Lounge: Wo Landshut ganz cool ist und die Schönen und Schicken in Lichtspielen baden. S. 272

Niederbayerische Toscana

Keine dramatischen Landschaften, sondern sanft gewellte Hügel, durch die Isar, Vils, Rott und Inn der Donau zuströmen, erwarten den Besucher. Eine schöne Gegend für genüssliche Radtouren und stille Entdeckungen von urigen Gasthöfen und erstaunlichen Dorfkirchen. In dieser unspektakulären und ruhigen Umgebung blitzt Landshut mit seinem reichen Architekturerbe und seiner städtischen Dynamik wie ein Solitär hervor. Altes Bauernland mit einer auffälligen Häufung von einzeln stehenden Vierseithöfen prägt die Landschaft zwischen den Flüssen Vils und Rott. Vor allem der Osten dieser Region fährt noch einmal feine Kirchen, Klöster und Burgen auf und heißt deshalb Klosterwinkel. Dem Süden hingegen haben Thermalwasser aus den Tiefen der Erde einen Zeitensprung ins Jahrtausend von Wellness und Golf beschert. Mit dem Fahrrad kann man einige der beschriebenen Routen abstrampeln; ein Fahrradverleih findet sich in den meisten größeren Orten.

Infobox

Infos

Touristische Informationen gibt www.ostbayern-tourismus.de. Hier kann man Prospekte, Unterkunftsverzeichnisse und teils kostenlose Radtouren- und Wanderkarten anfordern. Die Gemeinden zwischen Isar und Inn haben sich außerdem zur Marketingplattform ›Bayerisches Golf- und Thermenland‹ zusammengeschlossen (www.bayerisches-golf-und-thermenland.de).

Aktiv

Vor allem Radfahrer haben an der sanften Hügellandschaft und den vielen Themenwegen entlang der Isar, der Vils oder auf der Bockerlbahn ihre Freude. Das Bäderdreieck ist ein Paradies für Golfer.

Verkehr

Überregionale Bahnverbindungen nach Landshut und Passau (www.bahn.de), von dort Regionalbahn oder -bus (www.bayern-fahrplan.de).

Landshut! ►E 12

Dass Landshut (62 000 Einw.) einst reich war, ja, reicher sogar als München, sehen Besucher auf den ersten Blick: Die prunkvollen historischen Fassaden am ›Altstadt‹ genannten Markt, der kühne Backsteinturm der Pfarrkirche, nicht zuletzt die trutzige Feste Trausnitz auf ihrem Felsen hoch über Landshuts Altstadtkern – sie alle bezeugen, dass das heute so geruhsame Städtchen an der Isar einst eine einflussreiche Metropole gewesen sein muss. An diese Zeiten erinnert auch die alle vier Jahre begangene ›Landshuter Hochzeit‹, ein farbenfrohes Spektakel um die Hochzeit Herzog Georgs mit der böhmischen Prinzessin Jadwiga 1475 (s. Panorama S. 53), bei dem ganz Landshut mitmacht. Das moderne Landshut ist ein bedeutender Wirtschaftsstandort in Niederbayern, es hat eine Hochschule, vor allem aber besitzt es Charme, der jeden Besucher sofort bezaubert.

Altstadt und Neustadt heißen die beiden Hauptachsen bzw. Straßenmärkte, die, nahezu parallel zueinander verlaufend, den historischen Kern Landshuts, von der Isar kommend bis

Am prachtvollen Markt von Landshut, Altstadt genannt

unterhalb des Burgbergs, durchschneiden. Nur damit kein falscher Eindruck entsteht: Der Name Neustadt sagt nichts übers Alter aus: Sie wurde im 14. Jh. angelegt, nachdem die nach 1200 gegründete Altstadt zu eng geworden war. Besucher befinden sich also auf altehrwürdigem Boden, wenngleich die ältesten Siedlungsspuren unter zumeist barockem Überbau nach zahlreichen Stadtbränden verschwunden sind.

Von der Isar zur Altstadt

Der Stadtbummel beginnt an der **Luitpoldbrücke** 1 über die Isar, die sich östlich des Übergangs zur Großen und Kleinen Isar verzweigt. Die Brücke führt auf eines der zwei noch erhaltenen Tore der im 14. Jh. erbauten Stadtbefestigung zu, das **Ländtor.** Wenige Schritte an der Isarpromenade nach Süden trifft man auf den im 15. Jh. erbauten **Roecklturm,** in dessen Mauern und im Biergarten davor das **Literaturcafé** 8 (s. Essen & Trinken S. 271) mit Kunstausstellungen, Lesungen, köstlichen Suppen und leckeren Kuchen zur Rast lädt. Vom Ländtor führt die Theaterstraße zur Altstadt und direkt auf den ältesten Besiedlungsteil zu. Die Häuserzeilen zwischen der St.-Martins-Kirche und der Steckengasse mit ihren tiefen Laubengängen, die teils noch mit Kreuzgrat überwölbt sind, wurden wohl kurz nach der Stadtgründung erbaut.

Pfarrkirche St. Martin 2

Mit 130,60 m hat St. Martin den höchsten Ziegelsteinturm der Welt, der übrigens gar nicht stehen kann, wie Statiker kürzlich errechnet haben. Tut er aber doch, und das schon sehr lange.

Landshut

Sehenswert
1 Luitpoldbrücke
2 Pfarrkirche St. Martin
3 Landschaftshaus
4 Oberndorferhaus
5 Stadtresidenz
6 Pappenberger-Haus
7 Rathaus
8 Heiliggeistkirche
9 Kloster Seligenthal
10 Rottenkolberstadel
11 Dominikanerkirche
12 St. Jodok
13 Freyung
14 Neustadt
15 Skulpturenmuseum Sammlung Koenig
16 Salzstadl
17 Dreifaltigkeitsplatz
18 Burg Trausnitz/Kunst- und Wunderkammer

Übernachten
1 Fürstenhof
2 Goldene Sonne
3 Bergterrasse
4 Jugendherberge Ottonianum

Essen & Trinken
1 Fürstenhof
2 Zum Ainmiller
3 Landshuter Hof
4 Gasthaus zur Schleuse
5 Anno 1475
6 Bistrorant Michelangelo
7 Cohiba'r
8 Literaturcafé im Röcklturm
9 Café Aran

Einkaufen
1 Schweiger-Markt
2 Poetikus Keramikus
3 Schallplatten Meyer

Abends & Nachts
1 Sausalitos
2 Bauhaus
3 Skylight Lounge

Bei Renovierungsarbeiten wurden Fundamente einer romanischen, aus der Stadtgründungszeit stammenden Basilika entdeckt; der Bau von St. Martin begann 1385 und verschliss vier Baumeister: Hanns Kumenauer, der später am Passauer Dom beteiligt war, Hans von Burghausen, dem der ›Backsteinstil‹ zu verdanken ist, dann den Landshuter Hanns Stethaimer und schließlich Stefan Purghauser, Sohn des Hans von Burghausen, der den Turm 1500 vollendete. Erscheint das Gotteshaus bereits von außen überaus eindrucksvoll, ist der Eindruck im Inneren dank der schmalen und 29 m hohen, das Netzgewölbe tragenden Säulen geradezu atemberaubend. Der gotische, aus Stein gemeißelte Hochaltar wurde erst im 19. Jh. unter einem barocken Überbau entdeckt; auch die Kanzel stammt aus der Gründungszeit der Kirche. An den Wänden legte man bei der Renovierung einige gotische Fresken frei. Zwei ungewöhnliche Darstellungen verdienen Aufmerksamkeit: Vom westlichen Nordportal aus gesehen ist auf dem zweiten, nach dem letzten Weltkrieg eingesetzten Glasfenster links ein seltsames Motiv zu entdecken: Adolf Hitler (mit Stahlhelm und Schwert) und Joseph Goebbels (mit Keule) sind hier als ›Plagen der Menschheit‹ festgehalten. Eine zweite Skurrilität: Unweit des Hauptportals schmücken zwei Indianerköpfe ein Renaissancegrabmal. Nach der Entdeckung Amerikas waren solche exotischen Motive *en vogue*.

Die Altstadt entlang

Das **Landschaftshaus** 3 gegenüber der Kirche besitzt eine der markantesten Fassaden von Landshut. Auf ihr sind die großen Wittelsbacher verewigt. Oben im breiteren Bildfeld links z. B. König Ludwig der Bayer, das letzte Motiv unten rechts stellt Kurfürst Maximilian I. dar, der 1599, als die Fassade bemalt wurde, regierte. Den Namen

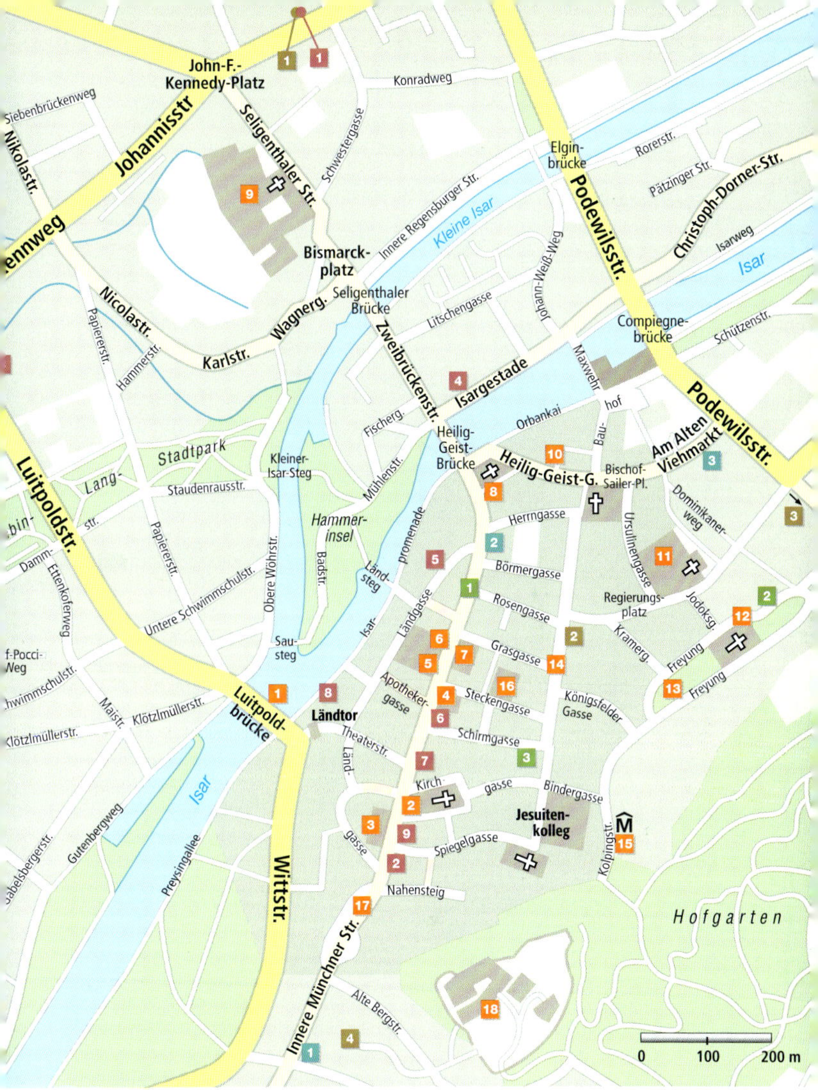

verdankt das Haus seiner Funktion als Tagungsort der Landstände. 1868 wurde im Landschaftshaus der Impressionist Max Slevogt geboren, dessen künstlerisches Talent vielleicht auch durch die Fresken seines Geburtshauses angeregt wurde. Von St. Martin nordwärts gehend, liegen rechter Hand die gotischen Häuserzeilen mit Kreuzrippenlauben, die im Kern noch aus dem 15. Jh. stammen. Ecke Steckengasse bietet die im **Oberndorferhaus** 4 residierende Filiale der Sparkasse Einblick in das Innenleben eines

Auf Entdeckungstour

Landshuts italienische Seite

Den Streit, welche unter den bayerischen Städten nun die italienischste ist, befeuern die Konkurrentinnen mit immer neuen Argumenten. Auch die Stadt Landshut erhebt Ansprüche, aber ihr Italo-Flair ist nicht auf den ersten, schnellen Eindruck zu greifen, sehen wir einmal von den vielen Straßencafés entlang der Altstadt ab. Ein Blick hinter die Kulissen.

Für wen: alle, die gerne die weniger bekannten Seiten einer Stadt entdecken, und Fans der Renaissance

Zeit: 2 Std.

Planung: Stadtresidenz Landshut, Altstadt 79, April–Sept. Di–So 9–18, Okt.–März 10–16 Uhr, 3 €; Burg Trausnitz, Öffnungszeiten s. S. 268. Die Stadtresidenz Landshut zeigt wechselnde Ausstellungen zur Landshuter Geschichte. Die Ausstellung 2009 stellt Ludwig X. als Renaissancefürsten vor (28. Mai–27. Sept. 2009, 6 €).

Start: Landshut Tourismus, Altstadt 315

Landshut im 16. Jh.: Nach den bayerischen Erbteilungen und dem Landshuter Erbfolgekrieg hat die Stadt ihre politische Bedeutung an München verloren, doch Herzog Ludwig X. (1495–1545) träumt von Prunk, Schönheit und Macht. 1534 bricht er nach Italien auf, um dort Kaiser Karl V. zu treffen, und kommt dabei auch nach Mantua. Zu Gast im Palazzo Ducale ist Ludwig so beeindruckt von der italienischen Renaissance, dass er beschließt, den bereits begonnenen Deutschen Bau der Residenz, auf dessen heute klassizistische Fassade man vom Rathaus aus blickt, durch italienische Flügel und Innenhöfe zu erweitern. Er beordert einen Maler nach Mantua, damit dieser dort die richtigen Techniken lerne, und er lässt italienische Handwerker kommen, die sein einheimisches Team verstärken. 1540 sind 26 Maurer aus Italien auf der Baustelle beschäftigt. Die Perfektion geht so weit, dass selbst die Ziegel für den italienischen Bau die in Italien üblichen Maße haben müssen.

Niederbayerischer Palazzo

Von all dieser Italomanie ist an der Altstadt nichts zu sehen. Doch sobald man durch den Rundbogen die **Stadtresidenz** 5 betreten und die Eingangshalle des Deutschen Baus durchquert hat, in der noch die Gotik nachschwingt, findet man sich im Innenhof – vorausgesetzt die Sonne scheint – in Italien wieder: vor einer überaus eleganten Renaissanceloggia mit tiefen Arkaden auf Rotmarmorsäulen und wunderbarem Bildschmuck wie Rankenwerk. Das Vorbild für diesen Bau soll in Triest stehen, der Palazzo del Buon Consiglio. Landshuts Stadtresidenz, so sagen die Kunsthistoriker, war der erste italienische Renaissance-Palazzo nördlich der Alpen. Wenn also die Sonne scheint, beleben Stühle und Tische des Residenz-Cafés die steinerne Italien-Nostalgie. Dann ist dies einer der schönsten Orte Landshuts für eine kleine Pause *alla italiana.*

Die Prunkräume

Herzog Ludwig X. nutzte seine neue Residenz nur kurz, denn er starb zwei Jahre nach deren Vollendung. Die nachfolgenden Generationen und Bewohner haben einiges verändert und besonders im Klassizismus Räume umgestaltet. Wer die Stadtresidenz ohne Führung besichtigt, achte besonders auf das Arachne-Zimmer mit der Darstellung des Streits zwischen Athene und Arachne – wahrscheinlich stammen diese Gemälde aus der Hand des eigens nach Italien geschickten Malers Hermanus Posthumus. Wunderbar ist auch der berühmte und oft abgebildete ›Italienische Saal‹ mit seiner tonnengewölbten Decke, in deren Kassettenfeldern das Thema Eintracht und Zwietracht, vielleicht in Anspielung auf die Landesteilungen, dargestellt ist. An römische Mosaiken erinnert die Decke im ›Sternenzimmer‹; sie zeigt die Sternbilder im Bezug zum Polarstern. Im ›Bacchus-Saal‹ im ersten Stock begegnen die Besucher dann auch Ludwig X. im Gewand eines Renaissancefürsten, wie ihn Hans Mielich malte.

Warum ausgerechnet Italien?

Es mag tatsächlich der Zufall gewesen sein, der Herzog Ludwig X. in Liebe zu Italien fallen ließ. Vielleicht verspürte er auch eine Affinität zur italienischen Lebens- und Genusslust, denn der Herzog liebte es zu feiern, zu essen und zu trinken und er verkörperte geradezu sinnlich den Renaissancefürsten, der in all seiner Körperfülle keine Ausschweifung auslässt. Eine Verbindung zwischen Landshut und Italien muss es aber auch schon vor Ludwig gegeben haben – anders jedenfalls lässt sich ein eigentümliches Terrakottarelief nicht erklären, das man bei genauerer Betrachtung in der Schirmgasse 268 über dem gotischen Türspitz entdecken kann: ein Markuslöwe in Niederbayern! Nun, die hier im 15. Jh. ansässige Familie Kreidenweiß handelte mit Venedig und der Löwe war wohl eine kleine Reverenz an den Partner.

Närrische Treppe

Einmal Italien, immer Italien – die niederbayerischen Prinzen ließ die Begeisterung nicht los: Wilhelm V., Neffe von Ludwig, Begründer der Wunderkammer auf **Burg Trausnitz** 18 und Erbprinz zu München, wollte zwar nicht im Palazzo seines Onkels leben, aber er ließ die Trausnitz im Stil der Renaissance umgestalten. Und er gab den Auftrag für einen ›Italienischen Anbau‹ neben dem Fürstenbau. Darin befindet sich ein originelles Zeugnis seiner Italophilie: die Narrentreppe. Wilhelm V. und seine Gattin Renata von Lothringen verehrten nämlich die Commedia dell' Arte, seit sie einer Aufführung italienischer Schauspieler beigewohnt hatten. Die Figuren der Commedia tanzen deshalb, angeführt vom jungen Fürstenpaar, die Wände der Treppe empor.

Nach so viel italienischer Kunst nun Hunger auf Pizza und Ramazotti? Dann nichts wie hin ins **Bistrorant Michelangelo** 6 für einen entspannenden Ausklang in der Altstadt (s. Essen & Trinken S. 271).

Ideal Italien – Renaissance-Palazzo Burg Trausnitz

solchen Patrizier- und Kaufmannshauses, dies aus dem 14. Jh., in dem angeblich die polnische Prinzessin Jadwiga vor ihrer Hochzeit wohnte. Direkt gegenüber liegt die **Stadtresidenz** 5 der Wittelsbacher, wenngleich man dies angesichts der schlichten klassizistischen Fassade gar nicht glauben mag. Die Schauseite des Fürstenhofs liegt nicht zur Altstadt, sondern zur Isar hin – aber dazu und zum darin untergebrachten Museum mehr in der Entdeckungstour (s. S. 262). Wer hier schon eine Pause einlegen möchte, entdeckt im **Cohiba'r** 7 (s. Essen & Trinken S. 271) Landshuts bayerisch-kubanische Seele unter den gotischen Arkaden.

Pappenberger-Haus 6 und Rathaus 7

Das **Pappenberger-Haus,** Nr. 81, wurde 1405 wahrscheinlich nach Plänen des Kirchenbaumeisters Hanns Krumenauer errichtet und besitzt eine der auffälligsten Fassaden Landshuts. Der Stufengiebel besteht abwechselnd aus Rundtürmchen und Zinnen. Typisch für Landshut ist der Rauputz, eine Mode des 17. Jh. In der Bankfiliale im Erdgeschoss können Kunden und Besucher das Netzgewölbe mit wappengeschmückten Schlusssteinen bewundern. Direkt gegenüber zeigt das aus drei mittelalterlichen Häusern zusammengewachsene **Rathaus** eine neugotische Fassade mit Erker – eine absolute Ausnahme in Landshut, denn per Bauvorschrift von 1405 waren diese im Stadtbild verboten. Im südlichen der drei Rathausgebäude fanden die Tanzveranstaltungen der Landshuter Hochzeit 1475 statt.

Heiliggeistkirche 8

Museen der Stadt Landshut, Heiliggeistgasse 394, Tel. 0871 922 38 90, www.landshut.de, Di–So 10–18 Uhr, Eintritt je nach Ausstellung.

Den Abschluss der Altstadt zur Isar hin bilden links das Heiliggeistspital und rechts die **Heiliggeistkirche.** Das Spital wurde bereits 1208 gegründet und Anfang des 18. Jh. im barocken Stil neu erbaut. Die Kirche dient heute als Ausstellungsraum. Konzipiert hat sie der auch bei St. Martin beschäftigte Hans von Burghausen ab 1407 im Stil der Backsteingotik. Eine kleine Sensation ist das mit Ranken, Getier und Heiligenfiguren geschmückte Westportal, das die Kranken, Alten und Gebrechlichen aus dem Spital gegenüber ans Jüngste Gericht gemahnen sollte. Zahlreiche Grabdenkmäler finden sich an den Wänden des Gotteshauses, das mit seiner weitgehend schmucklosen Gotik heute einen wunderbaren Rahmen für wechselnde Ausstellungen zu sakralen Themen abgibt.

Kloster Seligenthal 9

Bismarckplatz, Tel. 0871 82 10, www.seligenthal.de, Führung So 10.30 Uhr oder nach tel. Vereinbarung, Spende erbeten

Die Zisterzienserinnenabtei stiftete 1232 Ludmilla, die Witwe vom Stadtgründer Ludwig dem Kelheimer, nach dessen Ermordung 1231. Der älteste, noch aus der Romanik erhaltene Teil des Zisterzienserinnenstifts ist die Afrakapelle. 1259 war die Klosterkirche fertiggestellt. Sie diente die folgenden drei Jahrhunderte als Grablege der Wittelsbacher Fürsten. Mitte des 18. Jh. wurde das Gotteshaus zur 500-Jahr-Feier im Stil des Frührokoko umgestaltet. Weil der Kostenvoranschlag der Asam-Brüder zu hoch war, erhielt Johann Baptist Zimmermann den Zuschlag für Stuck und Fresken – ein Glücksfall! Seine Deckengemälde gelten als Meisterwerk und harmonieren perfekt mit den Proportionen der Kirche. Neben vielen anderen Wittelsbacher Herzögen ist auch der Renaissancefürst Ludwig X. beigesetzt. Die ro-

Unser Tipp

Kreativität im kleinen theater
Das Theater, originell im mittelalterlichen **Rottenkolberstadel** 10 untergebracht, ist eine der kreativsten Bühnen Bayerns. Hinter den historischen Mauern wird ganz im Geiste von Giorgio Strehlers *piccolo teatro* mit Leidenschaft interpretiert und gespielt. Ganz gleich ob Sven Grunerts hoch gelobte »Antigone« oder das herrlich anarchistische Musical »Shockheaded Peter – Struwelpeter« mit Musik von den Tiger Lillies gegeben wird – jeder Besuch hier macht Spaß, provoziert, regt zum Nachdenken an. (kleines theater, Kammerspiele Landshut, Bauhofstr. 1, Tel. 0871 294 65, www.kleinestheater landshut.de.)

manisch-gotische Afrakapelle birgt neben dem schönen Renaissancehochaltar mit Heiligenfiguren eine seltene Kostbarkeit: die um 1300 geschnitzten Figuren des Stifterpaares Ludwig und Ludmilla. Ludwig hält das bayerische Rautenwappen, das erst durch die Heirat mit Ludmilla in Besitz der Wittelsbacher gekommen war. Die weißblaue Raute, heute Inbegriff des Landes Bayern, war ursprünglich das Wappen der Grafen von Bogen (s. S. 168). Nach dem Tod des Bogener Grafen Adalbert III. ehelichte seine Witwe Ludmilla 1204 den Wittelsbacher Ludwig den Kelheimer. Da ihre Söhne aus der ersten Ehe kinderlos starben, fiel das Bogener Wappen an die Wittelsbacher Linie in Landshut.

Dominikanerkirche 11 und St. Jodok 12

Nun wieder südwärts gehend trifft man auf den breiten Straßenmarkt Neustadt, gleich zu Beginn gesäumt von der barocken Fassade von St. Ursulakloster und -kirche, die im 18. Jh. Ziel einer bedeutenden Wallfahrt war. Danach öffnet sich linker Hand der Regierungsplatz mit der **Dominikanerkirche,** einem gotischen Gotteshaus, das im Rokoko mit Stuck und Fresken von Johann Baptist Zimmermann prunkvoll ausgestattet wurde. Hier führt die Jodokgasse nach Osten in den Stadtteil Freyung mit der **Kirche St. Jodok.** St. Jodok selbst ist älter als St. Martin, brannte Anfang des 15. Jh. ab und wurde dann unter der Leitung von Hans von Burghausen, dessen Markenzeichen, unverputzter Backstein und ein vom Viereck zum Achteck übergehender Turm, auch St. Jodok trägt, wieder aufgebaut. Im Inneren ist St. Jodok neugotisch gestaltet.

Freyung 13

Freyung bedeutet, dass die hier wohnenden Bürger von Abgaben befreit waren. Herzog Heinrich der Ältere ließ diesen Teil 1338 als Erweiterung der erneut zu eng gewordenen Stadt auf feuchtem Grund, dem Schwemmland der Isar, anlegen und gewährte den Handwerkern, die sich niederließen, zehn Jahre Befreiung von Abgaben. Rund um den großen, Freyung genannten Platz um das Gotteshaus reihen sich schmale, geduckte Häuschen aneinander – ganz offensichtlich zogen nicht die wohlhabendsten Bürger hierher. Hübsch ist dieser Stadtteil zur Zeit des Christkindlmarktes. In der Tradition des alten Handwerkerviertels sind auch heute noch Kunsthandwerker in der Freyung zu Hause. Einmal im Jahr findet Anfang September ein Haferl-, also Töpfermarkt statt und auch einige Keramikateliers wie das des **Poetikus Keramikus** 2 (s. Einkaufen S. 271) sind hier zu finden.

Neustadt 14 und Stadtmauer

Entlang der südlichen **Neustadt** sind weitere Fassaden und Häuser sehenswert: Der Gasthof Goldene Sonne (Nr. 520), im Kern um 1700 erbaut, besitzt noch ein teils barockes Treppenhaus. Beachtung verdient auch die Durchgangshalle zum Innenhof unter Hausnummer 500, dem Restaurant Cantina Mexikana: Auf Säulen aus Rotmarmor ruht ein Kreuzgratgewölbe aus dem 16. Jh. Im rückwärtigen Flügel des Anwesens sind doppelstöckige Holzgalerien erhalten. Hinter der neoklassizistischen Fassade von Nr. 467, Ecke Steckengasse, lebten zwei prominente Landshuter: 1804 wurde in dem Haus der Philosoph Ludwig Feuerbach geboren (gest. 1872). Kurz darauf bezog Friedrich Karl von Savigny das Anwesen und lud seine Schwägerin Bettina von Brentano, die spätere Schriftstellerin Bettina von Arnim (1785–1859) ein, von 1808 bis 1810 bei ihm zu wohnen. Über die Bindergasse erreicht man ein Stück der alten **Stadtmauer** und unternimmt dahinter einen Sprung in die Moderne.

Skulpturenmuseum Sammlung Koenig 15

Am Prantlgarten 1, Tel. 0871 890 21, www.landshut.de/skulpturen museum, Di–So 10.30–13, 14–17 Uhr, 3,50 €

Der Bildhauer Fritz Koenig (geb. 1924 in Würzburg) erfüllte sich 1998 den lang gehegten Wunsch eines Skulpturenmuseums mit eigenen Werken und Exponaten seiner umfangreichen Sammlung, das er unterirdisch unter dem Hofberg hinter der mittelalterlichen Stadtmauer anlegen ließ. Die Ausstellung kombiniert Koenigs Skulpturen mit Werken bekannter Bildhauer wie Auguste Rodin, mit Exponaten seiner volkskundlicher Sammlung und mit wunderbaren Kunstwerken und Alltagsgegenständen aus Afrika.

Salzstadl 16 und Dreifaltigkeitsplatz 17

Zurück in der Neustadt, laden die Gassen hin zur Altstadt zu einer Erkundung ein. Da gibt's viel Historisches zu entdecken, den im 14. Jh. erbauten **Salzstadl** in der Steckengasse bei-

Landshut literarisch

Rund um die Freyung waren gleich drei bedeutende bayerische Literaten zu Hause: Das Haus, in dem Ludwig Thoma (1867–1921) als Abiturient lebte, befand sich an der Unteren Freyung 594, dem heutigen Jodoksstift hinter St. Jodok. Über Landshut schrieb er in seinen »Erinnerungen«: »Die wohlhäbige Stadt … gefiel mir sehr gut … die breite Altstadt mit ihren hochgiebeligen Häusern und der mächtigen Martinskirche als Abschluss war die Hauptstraße, auf der nachmittags die Herren Offiziere, Beamten, Fähnriche und Gymnasiasten bummelten, um den zahlreichen hübschen Bürgerstöchtern Beachtung zu schenken.« Hans Carossa (1878–1956) besuchte in Landshut ebenfalls das Gymnasium und lebte als Externer bei einem seiner Professoren an der Oberen Freyung. Nach bestandener Prüfung bestieg er mit Freunden den Turm von St. Martin – eine Episode, die er in der »Turmbesteigung« literarisch verarbeitete. Lena Christ (1881–1920) wohnte kurz vor ihrem Freitod 1917/18 in der Maximiliansstraße 8 (Ecke Jodokgasse), weil ihr Ehemann in der Landshuter Garnison stationiert war. Hier begann sie mit der Arbeit an einem ihrer wichtigsten Werke, »Madam Bäuerin«.

Unser Tipp

Wundersames, Kunstvolles, Exotisches

»Ein Archiv kunstvoller und wundersamer Dinge« sollte die **Kunst- und Wunderkammer auf Burg Trausnitz** 18 sein, ein Spiegel der kunstsinnigen Renaissancegesellschaft, die durch die Entdeckung neuer Kontinente plötzlich mit exotischen Tieren, Pflanzen, Gebräuchen und Menschen konfrontiert war und sich ohne wissenschaftliche Klassifizierung einfach am Kunstvollen oder Absonderlichen berauschte. Die Wunderkammer auf der Trausnitz ist wie das Spielzimmer eines Kindes vollgestopft mit Dingen, die fremd, kostbar, schön oder alles zugleich sind: ausgestopfte Nilkrokodile und Nachbildungen der Alraune, Pastigliakästchen, in denen Moschus, Ambra und Zibet lagen, ein Majolika-Service und Vitrinen voller Bernstein konkurrieren mit Korallen aus Trapani, Astrolabien stehen neben medizinisch genauen Nachbildungen menschlicher Ohren. So chaotisch die Auswahl auf den ersten Blick wirkt, so ist sie doch geordnet nach vier Themenbereichen: Artificialia, also von Menschen geschaffene Abbilder der Natur, Naturalia, Belebtes aus der Natur, Exotica, Kostbarkeiten aus neu entdeckten Ländern, und Scientifica wie eben die Astrolabien. Wir entdecken hier bei jedem Besuch etwas Neues und finden es spannend, die Welt mit dem eigenwillig strukturierenden Blick der Renaissance zu sehen.

spielsweise, dem heute die Stadtbücherei und ein Veranstaltungsort für Lesungen viele Besucher bescheren. Den Abschluss der Altstadt nach Süden bildet der **Dreifaltigkeitsplatz** mit dem imposanten Herzogkasten, bis 1450 Standort der Synagoge der kleinen jüdischen Gemeinde von Landshut. Herzog Ludwig der Reiche forderte bei Amtsantritt von den Juden, sich zum Christentum zu bekennen oder die Stadt zu verlassen; die Synagoge wandelte man zur Kirche um, die mit der Säkularisierung abgerissen und dann durch das König Ludwig I. gewidmete Denkmal ersetzt wurde. Der im 15. Jh. errichtete Herzogkasten nahm die Abgaben aus dem Landshuter Land auf, mit denen der Hof auf Burg Trausnitz seinen Unterhalt bestritt. Über die Alte Bergstraße wurden die Lebensmittel zur 150 m über der Stadt gelegenen Feste gebracht. Wer den Aufstieg über Bergstraße und Fürstentreppe scheut, kann auch mit dem Auto hinauffahren.

Burg Trausnitz, Kunst- und Wunderkammer 18

Burgverwaltung Landshut, Burg Trausnitz 168, Tel. 0871 92 41 10, Infoline Tel. 0871 924 11–44, www.burg-trausnitz.de, April–Sept. tgl. 9-18, letzte Führung 17, Winter 10–16, letzte Führung 15 Uhr, letzter Einlass 30 Min. vor Schließung, Burgführung 4 €, Kunst- und Wunderkammer 4 €, Kombi-Ticket 6 €; Bus 7 bis zur Haltestelle Kalcherstraße, Parkmöglichkeiten nur oberhalb des Hofgartens

Landes Hut hieß die Burg, deren Bau etwa zeitgleich mit der Gründung der Stadt 1204 begann und die als herzögliche Residenz immer wieder umgeformt, erweitert und verbessert wurde. Den Namen Trausnitz taucht Mitte des 16. Jh. auf. Aus der Gründungszeit stammen der markante Bergfried, der Wittelsbacher Turm, die Schlosskapelle sowie Fürsten- und der Dürnitzbau. Umbauten im Stil der Renaissance nahm man im 16. Jh. vor (s. Entdeckungstour S. 262). Schwere Verwüstungen richtete 1961 ein Brand im Fürstenbau an. Die Burganlage ist so weitläufig, dass ein geführter Rundgang unbedingt zu empfehlen ist. Ohne Führung können Besucher die Kunst- und Wunderkammer besichtigen, ein zauberhaftes Sammelsurium von Exotica aus allen Teilen der Welt, das Erbprinz Wilhelm in der zweiten Hälfte des 16. Jh. zusammentragen ließ (s. Unser Tipp links). Im Anschluss an die Burgbesichtigung bietet sich bei schönem Wetter ein Spaziergang durch den Hofgarten, eine der ältesten Parkanlagen in Bayern, an.

Übernachten

Romantisch genießen – **Fürstenhof** 1: Stethaimer Str. 3, Tel. 0871 925 50, www.fuerstenhof.la, 24 Zi., DZ um 120 €. Romantik und Stil werden großgeschrieben in diesem kleinen, feinen Haus etwa 10 Gehminuten von der Altstadt. Die Zimmer sind komfortabel mit Stilmöbeln eingerichtet, im Restaurant wirkt ein Meister seines Fachs (s. u.).
Gediegen & zentrumsnah – **Goldene Sonne** 2: Neustadt 520, Tel. 0871 925 30, www.goldenesonne.de, 60 Zi., DZ ab 80 €, Hauptgericht ab 12 €. Hier wohnt man am Puls der Stadt, mit Blick auf Neumarkt oder Burg in komfortablen, freundlich eingerichteten Zimmern mit WLAN: Im Hotelrestaurant wird überdies in guter Qualität bayerisch und international aufgekocht; besonders lecker ist die Bauernente auf Apfelblaukraut.
Ruhig & familiär – **Bergterrasse** 3: Gerhart-Hauptmann-Str. 1A, Tel. 0871 891 90, www.hotel-bergterrasse.de, 10 Zi., DZ ab 70 €. Die Pension Garni liegt oberhalb der Burg am Rande des Hofgartens absolut ruhig im Grünen. Freundlich eingerichtete Zimmer und aufmerksames Personal sorgen für eine angenehme Atmosphäre.
Einfach & preiswert – **Jugendherberge Ottonianum** 4: Richard-Schirrmann-Weg 6, Tel. 0871 234 49, www.jugendherberge.de, 100 Betten in 2- bis 8-Bett-Zimmern, Bett ab 15 €. Am Rand der Altstadt parallel zur Alten Bergstraße am Hang gelegen.

Essen & Trinken

Kulinarisches Highlight – **Fürstenhof** 1: Stethaimer Str. 3, Tel. 0871 925 50, Mo–Sa 12–14, 18–21.30 Uhr, 4-Gang-Menü 56 €, Hauptgerichte ab 20 €. Sternekoch André Greuil verwöhnt seine Gäste mit köstlichen Kreationen wie bayerischem Sushi vom gebeizten Seesaibling, Carpaccio vom Semmelknödel oder Gänsestopfleberspätzle mit frischen Morcheln. Empfehlenswert sind die vorgeschlagenen Menüs, darunter ist auch stets ein vegetarisches.
Bayerisch verwurzelt – **Zum Ainmiller** 2: Altstadt 195–197, Tel. 0871 211 63, www.zum-ainmiller.de, Di–So 11.30–14, 17.30–24 Uhr, Hauptgerichte ab 10 €. Hier sind Krustenbraten, Ente oder Tafelspitz Pflicht, denn im Ainmiller wird schon seit 1609 bayerisch gekocht. Auch die kleinen Schmankerl wie Weißwürste oder Kartoffelsuppe schmecken nach mehr!
Bayerisch light – **Landshuter Hof** 3: Löschenbrandstr. 23, Tel. 0871 96 27 20, www.landshuter-hof.de, Mo 16–24,

Mi–So 10–24 Uhr, Hauptgerichte ab 10 €. Der Landshuter Hof liegt in der Nähe des Bahnhofs und gilt als hervorragende Adresse für mediterrane wie bayerische Küche, Letztere aber verfeinert und der Schwere beraubt. Wie wäre es mit gemischtem Braten von Kalbstafelspitz und Spanferkel oder Bachsaibling in Wurzelsud?

Biergartenselig – **Gasthaus zur Schleuse** 4: Isargestade 739, Tel. 0871 285 88, tgl. 9–1 Uhr, Hauptgerichte ab 6 €. Das Wirtshaus auf der Isarinsel ist keine Gourmetadresse, eher schon ein Tipp für Leute, die im Biergarten entspannt vom Plätschern der Isar ihr Augustiner trinken und den lieben Gott einen guten Mann sein lassen wollen.

Wie im Mittelalter – **Anno 1475** 5: Ländgasse 118, Tel. 0871 965 70 22, www.anno1475.de, Di–Sa 11.30–14.30, 17.30–1, So 11.30–14.30 Uhr, Hauptgerichte ab 6 €. Zeitreise ins Mittelalter – hier gibt's nur Gerichte, die schon 1475 auf die Tische kamen: z. B. gebratene Wildschweinschulter oder frisch gebackenes Dinkelbrot. Dazu fließt Met in Strömen.

Ganz Landshut ist auf den Beinen – mittelalterliches Spektakel der Landshuter Hochzeit

Italophil – **Bistrorant Michelangelo 6**: Altstadt 297, Tel. 0871 262 61, www.bistrorant-michelangelo.de, So–Mi 8.30–1 Uhr, Do–Sa bis 3 Uhr, Pizza ab 4,60 €, Pasta ab 4,50 €. Für einen entspannten Abend in der Altstadt: ein Glas Prosecco, italienische Snacks und Sehen & Gesehenwerden.
Niederbayrisch-Kuba – **Cohiba'r 7**: Altstadt 256, Tel. 0871 261 01, tgl. 11–24 Uhr, Hauptgerichte ab 4 €. Unten auf dem Freisitz oder oben im ersten Stock an den Fenstern zur Altstadt gibt's Kässpatzen, aber auch Steak & Prawns. Abends und nachts tobt hier die Jugend mit bonbonbunten Cocktails in der Hand.
Künstlerflair – **Literaturcafé im Röcklturm 8**: Isarpromenade 2, Tel. 0871 974 04 74, www.literaturcafe-landshut.de, im Sommer Di-Fr 11–18, Sa/So 10–18, bei schönem Wetter Biergarten bis 23 Uhr, im Winter eingeschränkte Öffnungszeiten, Panini und Suppen um 3 €. Wechselnde Kunstausstellungen, Lesungen und eine Speisekarte mit Leckereien für den kleinen Hunger.
Knusprig frisch – **Café Aran 9**: Kronprinz-Haus, Altstadt 29, Tel. 0871 276 47 85, www.aran.coop.de, Mo–Fr 8.30–19, Sa 8.30–18 Uhr, Brot um 2,50 €. Knusprig gebackene Brote aus dem Holzofen mit vielerlei frisch angemachtem Belag – eine ideale Adresse für den Mittagssnack. Im Aran gibt's all die Köstlichkeiten auch zum Mitnehmen, außerdem verschiedene Kaffee-, Tee- und Schokoladensorten.

Einkaufen

Entspannter shoppen lässt sich's wohl nirgends in Bayern. Landshut fehlt die Hektik der großen Fußgängerzonen und Einkaufszentren, aber es mangelt nicht an Läden: Entlang der Altstadt und teils auch der Neustadt sowie in den kleinen Gassen dazwischen reiht sich ein Geschäft ans andere; die großen Modeketten wie H&M sind ebenso vertreten wie kleine Boutiquen.
Alles frisch & gesund – **Schweiger-Markt 1**: Mo–Do, Sa Vormittag an der Altstadt.
Töpferkunst – **Poetikus Keramikus 2**: Freyung 604a, Tel. 0871 252 38, Di–Fr 11–13, 15–18 Uhr. Landshut war Sitz der ersten Keramikschule Deutschlands. Kein Wunder also, dass noch heute viele Töpferateliers angesiedelt sind. Der Poetikus verkauft schöne Ge-

brauchskeramik mit traditionellen Motiven.
Ohrwurm – **Schallplatten Meyer** 3: Schirmgasse 275, Mo–Fr 10–12.30, 14–18, Sa 9–14 Uhr, kein Tel. Historisches und Modernes, Schlager und Jazz, Weltmusik und Heavy Metal – Detlev Meyer pflegt hier eine Fundgrube für Musikfans und stellt sein schier unerschöpfliches Reservoir von Wissen gerne in den Dienst des Kunden. Nur angerufen werden mag er nicht, dann käme er nämlich gar nicht mehr zu seiner Lieblingsbeschäftigung, dem Musikhören.

Abends & Nachts

Bewährt & beliebt – **Sausalitos** 1: Innere Münchner Str. 6, Tel. 0871 975 05 83, www.sausalitos.de. Tex-Mex nahe an der Isar, in quietschbuntem Ambiente mit Biergarten und Longdrinks bis zum Abwinken. Regelmäßig auch Salsa-Partys und andere Events.
Klubbing – **Bauhaus** 2: Altstadt 362, www.bauhaus-landshut.de, Do, Fr, Sa. Wechselnde DJs heizen an den Wochenenden die Stimmung im Herzen der Stadt an.
Cool – **Skylight Lounge** 3: im CCL, Am Alten Viehmarkt 5, Tel. 0871 319 93 33, www.eisgrubers.de, Fr/Sa ab 21–3 Uhr. Ein besonderes Lichtdesign sorgt dafür, dass in der kühlen Bar über Landshuts Dächern immer neue Stimmungen entstehen; Themenpartys und Longdrinks heizen den Gästen ein.

Infos & Termine

Touristeninformation: Altstadt 315, 84028 Landshut, Tel. 0871 92 20 50, www.landshut.de, März-Okt. Mo–Fr 9–18, Sa 10–16, Nov.–Febr. Mo–Fr 9–17, Sa 10–14 Uhr.

Bus/Bahn: Hauptbahnhof Landshut, Bahnhofsplatz, Tel. 118 61, Züge nach München, Nürnberg und Salzburg; Busse Richtung Passau und in die Umgebung. Auskunft: www.bahn.de.

Landshuter Hofmusiktage: alle zwei Jahre (in geraden Jahren) Anfang Juli, Programm unter www.landshuter-hofmusiktage.com. Das Festival zählt zu den anspruchsvollsten Konzertreihen Alter Musik, dargebracht u. a. in den historischen Räumen der Residenz, in St. Jodok und im Rathaussaal.
Landshuter Hochzeit: alle vier Jahre (nächster Termin 2009), Ende Juni–Mitte Juli, Infos unter www.landshuter-hochzeit.de (s. auch Panorama S. 53). Über 2000 Mitwirkende sorgen für mittelalterliche Stimmung in Landshut und um das Veranstaltungsgebäude auf der Grieserwiese.

Mit dem Rad von Landshut bis Landau

Die 45 km lange Fahrradtour (▶ E–H 11/12) führt auf meist unasphaltierten Wegen an der Isar entlang in Richtung Donau und passiert die beiden altbayerischen Städte Dingolfing und Landau; die unberührte Natur der Altwässer kontrastiert auf der Strecke mit den industriellen Zeugnissen des niederbayerischen Wirtschaftsaufschwungs. Wer über Landau hinaus noch Kondition verspürt, kann die Tour auf dem Bockerlradweg in Richtung Pfarrkirchen verlängern (weitere 52 km). Autofahrer befahren die Strecke in etwa parallel zur Isar auf Bundesstraße oder Autobahn.

Start ist in **Landshut** an der Heiliggeistbrücke, auf der wir die Isar von der Altstadt kommend überqueren, um ihrem Lauf dann nach Osten (Isargestade) zu folgen. Der Isarradweg quert eine Brücke weiter wieder auf die rechte Isarseite und tut dies auf den folgenden 7 km immer wieder. Welches Ufer man wählt, ist Lust und Laune überlassen. Zunächst geht's am **Altheimer Stausee** entlang zum **Kernkraftwerk Ohu,** dessen Bau in den 1970er-Jahren ebenso umstritten war wie heute der des Zwischenlagers für Brennstäbe. Hier empfiehlt es sich, am rechten Isarufer zu radeln – nicht wegen der größeren Entfernung zum KKW, sondern weil die **Untere Au,** ein fast verwunschenes Biotop mit Altwässern und dichtem Baumbestand, den Radweg begleitet. Gleich darauf folgt der nächste Stausee, ein weiteres Stück durch die Isarauen, und dann ist nach rund 29 km eine Pause in Dingolfing angesagt.

Dingolfing ▶ G 11/12

Seit der freudig begrüßten Ansiedlung des BMW-Werks vor den Toren der Stadt gilt Dingolfing als dynamische Autometropole. Dabei bilden der bereits im 8. Jh. angelegte Herzoghof der Agilofinger (Unterstadt) und die im 13. Jh. gegründete Wittelsbacher-Residenz (Oberstadt) ein hübsches historisches Ensemble mit in Teilen erhaltener Stadtmauer, dem zinnengekrönten Wollertor und einigen eindrucksvollen Barockfassaden. Die **Pfarrkirche St. Johannes** (15. Jh.) ist wie viele niederbayerische Kirchen aus unverputztem Backstein und mit achteckigem Turmaufsatz auf quadratischem Unterbau errichtet. Im Inneren zieht das monumentale Kruzifix unter dem Chorbogen die Aufmerksamkeit auf sich. Ebenso wie die beiden Johannesfiguren am Hochaltar wird dieser »Kolossale Herrgott von Dingolfing« einem unbekannten Meister von Dingolfing zugeschrieben, der Anfang des 16. Jh. tätig war. Wenn die Wadln jetzt schon zwicken, lädt der schattige Biergarten des Gasthofs Alte Post mit Brotzeit und Radler zur Einkehr (Bruckstr. 7, Tel. 08731 314 60, Hauptgerichte ab 6 €).

Zum Wachsenden Felsen

▶ H 11

Weiter am rechten Isarufer beginnt nach 9 km hinter Mamming ein weiterer See, den das Wehr Landau aufstaut. 5 km geht's am Wasser entlang, dann weist ein Schild zum ›Wachsenden Felsen‹ nach rechts. Das Naturphänomen rund 300 m abseits des Radwegs entsteht und wächst durch die Kalkablagerungen einer darüberliegenden Quelle und ist mittlerweile etwa 5 m hoch. 3 km weiter erreicht die Tour das Städtchen Landau an der Isar.

Landau an der Isar ▶ H 11

Ludwig der Kelheimer war ein engagierter Stadtgründer und legte auch den Grundstein für das seit 1224 60 m über dem Fluss auf der Isarterrasse thronende Landau. Trotz der langen Geschichte ist nicht allzu viel Historisches erhalten – Landau litt unter Dreißigjährigem wie auch unter dem Erbfolgekrieg, und das 20. Jh. ging nicht gerade pfleglich mit der Altstadt um. Dennoch lohnt der Weg hinauf in die Oberstadt: Im Kastenhof, dem ehemaligen Herzogsitz, residiert eines der interessantesten Archäologiemuseen Bayerns.

Niederbayerisches Archäologiemuseum
Oberer Stadtplatz 20, Tel. 09951 23 85, www.kastenhof.landau-isar.de, Di–Fr 10–16, Sa/So 10–17 Uhr, 2,50 €

Museumscafé: Mo 9–14, Di, Do, Fr 9–24, Mi, So 9–18 Uhr
Der Rundgang beginnt mit einem Einblick in die Arbeitswelt der Archäologen. Dann erfahren Besucher, welchen Weg unsere Vorfahren vom Jäger zum Bauern zurücklegten. Die nächste Abteilung widmet sich Magie und Religion – unter anderem mit einem keltischen Goldschatz. Die Ära der Kelten und Römer beschließt diese wirklich sehenswerte Ausstellung. Die vorbildliche Präsentation wurde mit dem Europäischen Museumspreis belohnt. Einen Preis verdient auch das hübsche Museumscafé mit seiner Auswahl kalter und warmer Mahlzeiten und einem kleinen Biergarten.

Bockerlbahnradweg

Von Landau kehrt man mit der Bahn nach Landshut zurück, folgt dem Isarradweg weiter bis Deggendorf oder radelt auf dem Bockerlbahnradweg nach Süden: Die familienfreundliche, knapp 50 km lange Radtour durch sanft hügeliges, fruchtbares Bauernland verläuft auf der ehemaligen Bahntrasse der Bockerlbahn 25 km von Landau bis Arnsdorf und kann um weitere, dann allerdings anspruchsvollere 27 km bis Pfarrkirchen verlängert werden (hier Bahnanschluss). Die Strecke ist durchgehend asphaltiert und wird deshalb gerne auch von Skatern befahren. Eine Beschreibung des Radweges steht z. B. auf www.bayernbike.de oder auf www.achim-bartoschek.de (mit Fotos).

Kloster und Kirche Aldersbach ▶ K 12

In der Klosterkirche, südöstlich von Landau a. d. Isar an der Vils gelegen, begegnet man alten Bekannten. Es waren wieder einmal Egid Quirin und Cosmas Damian Asam, die das im 12. Jh. zusammen mit einem Kloster gegründete Gotteshaus im 18. Jh. in ein Rokokokunstwerk verwandelten, dessen goldene, lichte Farben den Kirchenraum zum Glühen bringen. Aldersbach gilt als besonders gelungene Symbiose von Architektur, Dekoration und Ausstattung. Um das Hauptfresko richtig zu sehen, sollte man es aus dem Westteil der Kirche betrachten. Die Weihnachtsgeschichte verlegte Cosmas Damian in den Tag, rosa Wölkchen umspielen den Stall und vom ganzen Fresko geht ein fast magischer Schimmer aus. Zum Pflichtprogramm gehört es, darauf die Schwalbe zu finden.

Kein Barock ohne Bier – zumindest in Bayern: Gebraut haben in Aldersbach schon die Mönche, doch so richtig professionell wurde der Brauereibetrieb erst nach der Säkularisierung, als die Familie von Aretin das Kloster erwarb. Deshalb endet der Kirchenbesuch in Aldersbach fast zwangsläufig mit einer Rast im Biergarten oder Bräustüberl bei einem Weißbier mit Radi und Brez'n.

Essen & Trinken

Bier & Barock – **Brauerei Aldersbach:** Freiherr-von-Aretin-Platz, Tel. 08543 960 40, www.aldersbacher.de, im Sommer tgl. ab 14 Uhr, im Winter Mo–Sa. Ob im Bräustüberl oder im Rosengarten – die Brotzeit kann man selbst mitbringen.
Ökobiergarten – **Der niederbayerische Biergarten:** Hinding 2 (an der Straße nach Sammarei), Tel. 08542 910 81, www.hinding.de, Do/Fr ab 18 Uhr, Sa/So/Fei ab 16 Uhr, Hauptgerichte ab 6 €. Wurst aus eigener Herstellung, Most und Saft vom Biobauern, in diesem Biergarten wird sehr auf Qualität

Bitte um Heilung – Votivtafel in der Wallfahrtskirche Sammarei

geachtet – und die schmeckt einfach gut: Hindinger Brotzeitplatte, frische Tellersülze oder Schmalzbrot mit Zwiebeln bleiben unvergessen. Und natürlich auch der gemütliche Biergarten.

Wallfahrtskirche Sammarei ▶ K 12

8 km an der Vils entlang in Richtung Vilshofen und dann auf einem Sträßchen nach Süden geht's nach Sammarei, bereits im 13. Jh. als Hof des Klosters Aldersbach erwähnt. Der eigenartige Name bezieht sich auf die Marienkapelle und ist eine niederbayerische Umformung von Sancta Maria. 1619 brannten in Sammarei ein Bauernhof und der über die damalige Holzkapelle ragende Kirschbaum – das Gotteshaus aber blieb verschont. Angesichts dieses Wunders begann die Wallfahrt zur 1629 um die Kapelle herum errichteten Kirche Mariä Himmelfahrt. Sie ist eine ziemlich eigenwillige Komposition von der Kirche in der Kirche: Die Kapelle im Chor ist durch eine die ganze Breite und Höhe einnehmende Altarwand vom Langhaus getrennt. Wie auf einer Bühne erzählen auf dieser Schauwand geschnitzte Figurengruppen Heiligengeschichten. Jakob Bendl, der Schöpfer dieses bewegten Werkes, muss einen gewissen Sinn für Humor gehabt haben: Dem ›g'schlamperten Engel‹ setzte er Maikäferflügel an und ließ ihn einen Weinbecher schwenken; mit der anderen Hand zeigt der himmlische Lausbub dem Betrachter den Vogel. Zwei Durchlässe links und rechts führen zur Holzkapelle, deren Wände wie auch die des Chorraums über und über bedeckt sind mit Votivbildern. Draußen

können Wallfahrer auf einer Tafel nachlesen, welche Sünde wie viel Ablass kostet.

Schloss Ortenburg ▶ L 12

Schlossmuseum Ortenburg: Vorderschloss 1, Tel. 08542 12 00, www.schloss-ortenburg.de, April–Okt., Di–So 10–16 Uhr, 3 €
Mag sein, dass derlei katholische Auswüchse wie der Ablasshandel die Ortenburger auf die Palme bzw. in die Arme der Lutheraner getrieben haben – jedenfalls war die reichsunmittelbare Grafschaft **Ortenburg,** die von einer stolzen Burg 5 km östlich von Sammarei aus regiert wurde, seit dem 16. Jh. eine protestantische Enklave im katholischen Bayernland, im 17. Jh. verstärkt durch Flüchtlinge aus dem Dreißigjährigen Krieg. Graf Joachim, der zum Protestantismus übergetreten war, ließ auch die mächtige Burg über dem Ort im Stil der Renaissance neu errichten. Trotz mancher Umbauten lässt sich auf ihr so richtig Burgenromantik erspüren. Innenhof und Arkaden wurden 2008 restauriert, und auch die berühmte Kassettendecke in der Hauskapelle erhielt neuen Glanz.

Diese Decke ist dann auch der Höhepunkt des **Schlossmuseums Ortenburg:** Sie ist von phänomenaler Kunstfertigkeit und filigranen Schmuckelementen geprägt, ein Meisterwerk der Renaissance. Das Museum zeigt außerdem bäuerlichen und fürstlichen Hausrat, eine Folterkammer, historische Dokumente und Bilder.

Essen & Trinken

Wurstsalat mit Aussicht – **Schlosskeller:** Vorderschloss 1, Tel. 08542 23 74, Di–So 10–24, Küche bis 21 Uhr, Hauptgericht 8 €. Vom Freisitz vor dem Schlosskeller reicht der Blick weit über den Klosterwinkel. Dazu munden Jungschweinbraten oder aber besagter Wurstsalat.

Kloster und Kirche Fürstenzell ▶ L 12

Klosterbibliothek bis auf Weiteres geschl., Infos zu Öffnungszeiten und Besichtigung bei der Touristeninformation, Tel. 08502 802 28
8 km nach Osten ist man zurück im Katholizismus und in einem Kloster mit einer wertvollen Bibliothek. Und keine Asams! Beim Neubau (18. Jh.) der im 13. Jh. gegründeten Abteikirche kamen andere Künstler zum Zuge: Johann Michael Fischer als Baumeister, Johann Baptist Modler als Stuckateur und Johann Jakob Zeiler als Freskant. Der Hochaltar stammt von Johann Baptist Straub. Ein illustres Quartett, jeder für sich als Meister bekannt, arbeitete hier zusammen, doch das Ergebnis von verspielter Lichtheit und Leichtigkeit kam nicht ohne Probleme zustande. Modlers Stuckierung gelang nicht so, wie Bauherr und Baumeister es wünschten. Ein Teil wurde sogar abgeschlagen und durch Arbeiten seines Gesellen ersetzt. Die spektakuläre Rokokobibliothek ist ein durch geschickt platzierte Fenster heller und durch die Schnitzfiguren von Jakob Deutschmann wie ein Reigen bewegter Raum aus dem Jahr 1770, ein Rokokomeisterwerk von hohem Rang.

Rotthof ▶ L 13

Von Fürstenzell in Richtung Schärding fahrend, erreicht man nun das Inntal; kurz nachdem die Bundesstraße die Autobahn nach Passau unterquert, heißt's aufpassen. Ein Sträßchen nach links führt in das Dorf Rotthof mit einem ganz besonderen Gotteshaus, der **Siebenschläferkirche St. Peter und Paul:** Bis zur Decke füllt ein aus Stuckmarmor gearbeiteter Altar den spätgotischen Chor der im 16. Jh. geweihten Kirche. Er zeigt die »Siebenschläfer« in plastischer Ausformung – übrigens modelliert von Modler, der in Fürstenzell so tragisch scheiterte. Hier ist ihm die Umsetzung der Heiligenlegende gelungen: Sie erzählt von sieben junge Christen im römisch besetzten Ephesus, die vor Häschern in eine Höhle flüchteten. Die Römer mauerten sie zu, Gott aber ließ die sieben in Schlaf fallen. 200 Jahre später wurde die Höhle geöffnet und die Schläfer erwachten. Seither werden sie als Heilige verehrt, allerdings vor allem im Orient. In Europa ist dieser Kult nahezu unbekannt. Was also war der Auslöser für die im 18. Jh. plötzlich einsetzende Wallfahrt zu den Siebenschläfern und für den Bau des Altars? Die Antwort gibt die südliche Außenmauer der Kirche. Dort wurden um 1500 zwei römische Grabsteine eingemauert, der eine zeigt vier, der andere drei Köpfe. 250 Jahre später muss sie irgendjemand als Omen gedeutet und die ›Wallfahrt zu den Heiligen Siebenschläfern‹ initiiert haben. Im Übrigen wurde hier noch mehr Römisches gefunden, ein Altar beispielsweise, der lange als Weihwasserbecken seinen Dienst tat.

Essen & Trinken

Rast mit Panorama – **Siebenschläferstüberl:** Tel. 08531 324 57, www.siebenschlaeferstueberl.de, Mi–Sa ab 14, So/Fei ab 10 Uhr, Hauptgerichte ab 4,50 €. Im Biergarten hat der Gast Muße, sich die sonderbare Geschichte von den Siebenschläfern noch mal zu überlegen und beim Schweinebraten den Blick über Rott- und Inntal zu genießen.

Im Bäderdreieck

Kurz nach dem Krieg und dann noch mal Anfang der 1970er-Jahre fand man bei Bohrungen Thermalwasser und damit war das niederbayerische Bäderdreieck **Bad Füssing, Bad Griesbach** und **Bad Birnbach** geboren. Die Entwicklung brachte einerseits unerwarteten Wohlstand, andererseits fegte sie die gewachsenen Strukturen geradezu hinweg. In den 30 Jahren seit Beginn des Kurtourismus hat sich die Zahl der landwirtschaftlichen Betriebe in der Region halbiert. Dafür entstand bei Bad Griesbach das größte Golfresort Europas. Am nachhaltigsten sind die Veränderungen im ältesten Thermalbad **Bad Füssing** (▶ L 13/14), das sich in eine wahre Hotelstadt von ausnehmend unattraktiver Architektur verwandelt hat. **Bad Griesbach** gibt sich einen mondänen Touch, ist mit Pensionen und Hotels auch weit ins Land hinausgewachsen, hat sich aber nicht bedingungslos der Urbanisierung ergeben und besitzt einen hübschen Ortskern. **Bad Birnbach** wirbt als ›ländliches‹ Bad um Gäste; es erinnert in der Tat als einziges noch an ein etwas zu groß gewachsenes, aber dennoch charmantes Dorf.

Bad Griesbach ▶ K/L 13

Der Kurort verdankt seine Existenz der Hartnäckigkeit des Alt-Bürgermeisters Alois Hartl. Der glaubte an die Vision vom Thermalbad, ließ auf eigene Kosten bohren und war in 1500 m Tiefe erfolgreich. Seitdem ist aus dem Dorf Griesbach ein Kurort geworden und

Familie Hartl ist mit ihrem Hartl-Golfresort eine der einflussreichsten Unternehmer Niederbayerns. Nicht nur die Münchner Bussi-Bussi-Prominenz schwingt beim Hartl den Schläger; auch internationale Spieler schätzen die sechs hochqualitativen und reizvoll angelegten 18-Loch-Plätze sowie die weiteren kleinen Anlagen auf einer Fläche, die grob 950 Fußballfeldern entspricht. Golf ist die Nummer eins in Griesbach, ja es droht gar die ›Wohlfühl-Therme‹ zu überrunden, in der die Gäste im fluoridhaltigen Heilwasser Rheuma kurieren oder das Wellnessprogramm nutzen. Das Unterkunftsangebot ist mit knapp 6000 Gästebetten groß und umfasst Hotels und Pensionen aller Kategorien; die Kurverwaltung organisiert diverse Aktivitäten, vom Nordic Walking über Bridgenachmittage bis hin zu Diavorträgen.

Übernachten

Am besten lässt man sich von der Gästeinformation (s. S. 279) ein Unterkunftsverzeichnis schicken oder man besichtigt die Hotels auf der Website des Kurorts. Wer eine ungewöhnliche, dabei sehr romantische Unterbringung schätzt, sollte sich ›Unseren Lieblingsort‹ auf S. 282 ansehen.

Essen & Trinken

Fesch & guat – **Lebzelter:** Sparkassenstr. 6, Tel. 08532 96 22 16, www.altstadthotel-griesbach.de, Do–Di 11–22 Uhr, Hauptgerichte ab 10 €. Im Restaurant des Altstadthotels servieren die beiden Chefinnen gehobene regionale Küche aus frischen Produkten. Köstlich der Feldsalat mit Kernöl oder der Bachsaibling auf Thymiankartoffeln, die

Gegen Rheuma und für ein gutes Gefühl – Therme in Bad Griesbach

man, wenn möglich, im idyllischen Biergarten verzehren sollte. Einige hübsche Gästezimmer (DZ ab 70 €).
Lounge & Food – **Badhaus:** Passauer Str. 70, Tel. 08532 92 00 44, www.badhaus-griesbach.de, Mi–Mo 18–2 Uhr, Pizza/Pasta ab 5 €. Die Lounge ist bunt und etwas schrill eingerichtet, besitzt aber eine angenehme Sommerterrasse. Longdrinks, Burger, Pasta und Pizza bilden das gastronomische Programm.

Aktiv & Kreativ

Baden & mehr – **Wohlfühl-Therme:** Thermalbadstr. 4, Tel. 08532 961 50, www.wohlfuehltherme.de, tgl. 8–21 Uhr, bis 3,5 Std. 10 €. 13 Thermalbecken innen und außen, Hamam, Wellness- & Beautycenter, Kuranwendungen. Die Therme ist mit den umliegenden Hotels durch beheizte Gänge verbunden.
Golf – **Hartl Resort Bad Griesbach:** Bad Griesbach, Tel. 08532 79 00, www.hartl.de. Rund um Bad Griesbach: sechs 18-Loch-Greens, mehrere Hotels, Restaurants und Shops. Und wo sonst können Golfer auf einem Green spielen, dem Kaiser Franz Beckenbauer die Ehre und seinen Namen gibt?

Infos

Gästeinformation Altstadt: Stadtplatz 1, 94086 Bad Griesbach im Rottal, Tel. 08532 792 40, www.badgriesbach.de, Mo–Fr 8–12 Uhr.
Gästeinformation Thermalzentrum: Kurallee 1a, Tel. 08532 792 47, Mo–Fr 9–18, April–Okt. Sa 10–13, So 10–12, Winter Sa 10–12 Uhr.

Bahn/Bus: Nächste Bahnstation ist Karpfham (Passau–Mühldorf); alternativ von Passau mit dem Bus (mehrmals tgl.). Auskunft unter www.bahn.de

Rottal ► K/L 13

Es ist eine der schönsten Ecken im südlichen Niederbayern, eine fruchtbare Hügellandschaft mit unzähligen kleinen Siedlungen oder Einzelgehöften, mit schmalen, bergauf, bergab mäandernden Straßen, altes Bauernland. Zweierlei verbindet man mit dem Rottal: köstliches Obst und die daraus gepressten Säfte sowie Pferdezucht. Bis heute gibt's zahlreiche Events rund ums Pferd.

Kößlarn ► K 13

Im südlichen Rottal lohnt ein Besuch des Städtchens, dessen Kirche **Hl. Dreifaltigkeit** seit 1364 Ziel der größten Marienwallfahrt Bayerns war. Das heutige Gotteshaus wurde Mitte des 15. Jh. erbaut und mit einer Wehrmauer gesichert. Befestigung wie Kirche sind wunderbar erhalten, das Gotteshaus wirkt im Inneren auffallend breitbehäbig und dank der farbigen Kreuzrippen des Gewölbes, die von Ranken- und Blumenfresken eingerahmt sind, auch sehr bäuerlich. In dieser spätgotischen Umgebung steht ein barocker, mit vergoldeten Akanthusblättern geschmückter Hochaltar, dessen Rokokoschrein die Gnadenfigur, eine aus Holz geschnitzte gotische Madonna birgt.

Rotthalmünster ► L 13

Im Nachbarort locken die spätgotische Pfarrkirche **Mariä Himmelfahrt** mit schönem Netzgewölbe und der Gasthof Herndl mit einer gemütlichen Gaststube und bayerischen Köstlichkeiten wie Hirschkalb, Schweinebraten oder gebackener Milzwurst (Marktplatz 39, Tel. 08533 91 28 86, www.gasthof-herndl.de, Mi–So 10–24, Mo 10–15 Uhr, Hauptgerichte ab 7 €).

Bad Birnbach ▶ K 13

Der Kurort hat von den Fehlern der anderen gelernt und sich eine sanfte und nachhaltige Entwicklung verordnet. Das Motto ›ländlich‹ steht ihm trotz 100 000 Gästen im Jahr immer noch recht gut. Während das nahe Griesbach explodierte, gaben die Birnbacher Stadtoberen ein wissenschaftliches Gutachten in Auftrag. Nach dessen Vorgaben wurde dann gebaut und entwickelt. Ergebnis ist ein Ortsbild, in dem noch einige der alten Höfe und die Dorfkirche für niederbayerisches Flair sorgen.

Übernachten

Wie in Bad Griesbach: Einfach Infos bei der Gästeinformation (s. u.) anfordern oder auf der Homepage www.badbirnbach.de surfen! S. auch ›Unser Lieblingsort‹ Hofgut Hafnerleiten (S. 282).

Essen & Trinken

Urig bayerisch – **Gasthof Wasner:** Passauer Str. 9, Tel. 08563 871, tgl. 10–22 Uhr, Hauptgerichte ab 7 €. Familie Wasner betreibt neben dem Gasthof zwei Metzgereien und bringt deshalb feinste Fleischgerichte der Rottalküche auf den Tisch. Der Biergarten unter Kastanien ist im Sommer eine kühle Oase.

Dörflich einfach – **Gasthaus Kirschner:** Dorfplatz 3, Hirschbach, Tel. 08563 914 11, Di–Sa 11–21, So 11–14 Uhr, Hauptgerichte ab 7 €. Gutbürgerliche Bauernküche mit großen Portionen, auch hier stammt das Fleisch aus der hauseigenen Metzgerei. Das Wirtspaar vermietet auch gemütliche Fremdenzimmer.

Kuchenparadies – **Café Guglhupf:** Sammareier Gutshof, Pfarrkirchner Str. 20–22, Tel. 08563 29 70. Hier gibt's den besten Guglhupf des Rottals – und andere Kuchen natürlich auch.

Aktiv & Kreativ

Wellness – **Rottal Terme:** Prof.-Drexel-Str. 25–27, Tel. 08563 29 00, www.rottal-terme.de, Gesundgarten 8–18, Erholungsbad 9–21 Uhr, Thermalbaden bis 3,5 Std. 9 €. Becken, Massagen, Saunen, Kurbehandlung und Wellness für jeden Geschmack.

Golf – **Bella Vista:** Bella-Vista-Allee 1, Tel. 08563 97 74 00, www.golfplatz-bellavista.de. Birnbachs funkelnagelneues 18-Loch-Green mit wirklich schönem Blick übers Hügelland.

Kräuterwandern – **Gisela Sebele:** Bachweg 1, 94137 Bayerbach, Tel. 08532 26 86, www.rottaler-heilkraeuter.de. Sie nennen sie die Kräuterhex': Gisela Sebele aus Bayerbach, ausgebildete Hebamme, Natur- und Landschaftsführerin, lädt die Bad Birnbacher Kurgäste zu Kräuterwanderungen, Seminaren oder Kochkursen mit Wildkräutern ein. Ihr Wildkräutergarten ist ein Aromaparadies, in dem z. B. 32 verschiedene Minzearten wachsen. Er ist so angelegt, dass sich seine Vielfalt auch Blinden oder Gehbehinderten erschließt.

Infos

Gästeinformation: Atrium, Neuer Marktplatz 1, Tel. 08563 96 30 40, www.badbirnbach.de, Mo–Fr 9–18, Sa 10–13, So 10–12, Nov.–März Mo–Fr 9–17, Sa 10–13 Uhr.

Bahn/Bus: Bahnhof 1,5 km außerhalb. Verbindungen nach München und Passau. Vom Bahnhof ›Badebus‹ zu den Hotels bzw. ins Zentrum. Auskunft unter Tel. 08563 96 30 43.

Pfarrkirchen ▶ J 13

Der Hauptort der Region Rottal-Inn hat einen äußerst hübschen Marktplatz, den einige bunte barocke Fassaden mit Arkaden und hohen Vorschussmauern säumen. Der Ort wird von der **Wallfahrtskirche zur Schmerzhaften Muttergottes** mit ihren zwei von Zwiebelkappen gekrönten Türmen überragt – ein Barockbau mit italienischer Finesse von Domenico Zuccalli und Carlo Antonio Carlone.

Freilichtmuseum Massing ▶ G 13

Steinbüchl 5, 84323 Massing, Tel. 08724 960 30, www.freilicht museum.de, Mai–Sept. Di–So 9–18, März/April/Okt. 9–17 Uhr, 4 €

Wie in Finsterau (s. S. 192) setzten die Museumsmacher auf Klasse statt aufv-Masse, stellten wenige, aber wirklich sehenswerte Höfe und Schober auf und beschrifteten sie ausführlich. So können Besucher hier erfahren, welche Konsequenzen es hat, wenn man den Hof nicht rechtzeitig übergibt: Der Sohn kann nicht heiraten und wenn's dann so weit ist, muss die Braut Schwarz tragen, denn Jungfrau ist sie lang nicht mehr. Über das umfangreiche Veranstaltungsprogramm informiert die Website. Im Wirtshaus gibt's Presssack (4 €) und Tellerfleisch (6 €).

Gelebtes Brauchtum – Erntedank in Kößlarn

Lieblingsort

Wohnlandschaften im Hofgut Hafnerleiten ► K 13

Welches der sieben Themenhäuser dieses ungewöhnlichen Hotels unser Lieblingsort ist? Im Augenblick das Wasserhaus, auf dessen Terrasse wir das Gefühl haben, auf dem See zu schweben. Davor war es das Baumhaus im Wäldchen, erfüllt vom Vogelgezwitscher am Morgen. Und abends ist es der lange Holztisch im Haupthaus, an dem alle Gäste gemeinsam den Blick über die stille Hügellandschaft genießen und sich auf das Menü freuen, das Erwin Rückerl aus mediterranen Köstlichkeiten kreiert. (Hofgut Hafnerleiten, Brunndobl 16, 84364 Bad Birnbach, Tel. 08563 915 11, www.hofgut.info, 7 Themenhäuser für 2 Pers., 1 DZ, Übernachtung/HP ab 280 €, mindestens 3 Nächte.)

Abbildungsnachweis

akg-images, Berlin: S. 120
Bildagentur Huber, Garmisch-Partenkirchen: Titel, S. 23, 110 re., 118/119, 125, 229 li., 239 (Schmid)
Bilderberg, Hamburg: S. 257 li., 270/271 (Jakob); 79 li., 109 (Steinhilber)
F1 ONLINE digitale Bildagentur, Frankfurt am Main: S. 222/223 (age/Siepmann)
HB Verlag, Ostfildern: S. 9, 32, 36/37, 72/73, 76/77, 87, 156, 158 li., 162/163, 167, 200 li., 205, 226/227, 275 (Hirth); 115 (Schulze); 256 re., 281 (Widmann)
Hofgut Hafnerleiten, Bad Birnbach: S. 11 u. re., 282/283 (Standl)
Friedrich Köthe, München: S. 8
laif, Köln: S. 78 li., 89 (Hemispheres); 12/13 (Hub); 63, 233 (Huber); 80 (Selbach); 19, 177 (Vogel)
Look, München: S. 57, 198, 220 (Stankiewizc)
Picture-Alliance, Frankfurt am Main: S. 256 li., 262 (akg/Lessing); 101 (akg/Tremel); 15 (dpa/Elsner); 29 (dpa/Führer); 242/243 (dpa/Warmuth); 20, 27, 43, 50, 52, 55, 75, 130 li., 130 re., 131 li., 135, 136/137, 139, 147, 149, 153, 259, 278 (dpa/Weigel); 71 (imagno/Hubmann); 67 (imagno/Trumler)
Leila Schlieper, Rettenbach: S. 49
Hanna Wagner, Wörth: S. 47, 158 re., 183, 264
Thomas Peter Widmann, Regensburg: S. 10 alle, 11 o. li., 11 u. li., 11 o. re., 44/45, 59, 60, 64, 68, 78 re., 92/93, 96, 98, 104/105, 110 li., 111 li., 122/123, 126, 127, 128, 140, 142, 159 li., 170, 175, 178/179, 184 li., 184 re., 185 li., 188, 191, 194/195, 197, 200 re., 201 li., 210/211, 214, 216, 218, 219, 228 li., 228 re., 245, 246, 248, 250/251, 254

Kartografie

DuMont Reisekartografie, Fürstenfeldbruck

Titelbild: Kallmünz an der Naab in der Oberpfalz

Zitat
S. 69: Georg Britting, Der böhmische Wald, in: Sämtliche Werke.

Hinweis: Autoren und Verlag haben alle Informationen mit größtmöglicher Sorgfalt geprüft. Gleichwohl sind Fehler nicht vollständig auszuschließen. Alle Angaben erfolgen ohne Gewähr. Bitte, schreiben Sie uns! Über Ihre Rückmeldung zum Buch und über Verbesserungsvorschläge freuen sich Autoren und Verlag: **DuMont Reiseverlag,** Postfach 3151, 73751 Ostfildern, info@dumontreise.de, www.dumontreise.de

1. Auflage 2009

Grafisches Konzept: Groschwitz, Hamburg
Druck: Sommer C. M., Ostfildern